本書選用中國國家圖書館藏本影印

甬上水利志

寧波歷史文獻叢書

寧波歷代專志選刊（二）

【二】

寧波市人民政府地方志辦公室 整理

寧波出版社

序

句甬爲古於越區瀕江帶海居

所屬之最下阡疇交錯每苦灌

輸之難自有唐王陸兩邑令築

它山堰濬萬金湖而郡塘江東

西之水咸予所蓄洩遂無以旱潦
為虞者歷來賢守土官談相其
高下度其陰陽作堤堰防障以
通塞其要害而均畜之水利始
有備而無患焉沿革既久多荒

廢不治民乃復以艱食爲憂後
將所治圍穡并前賢之功盡
議之是亦誰之責也周廣文介園
留心掌故甚於湖渠利弊究研考
證詳明駕宋元五志而上之著書

六卷凡堤堰之屬悉因乎流之所經
眉列其下蓋體例本潘氏河防
一覽而又囊括無漏信而有徵其碑
文議論之可採者亦附之真可謂要
善而美者矣余猶守是郡方有

濬錢湖與復烏龍碶之役而今圖遂成畢書浼余序其首兩程雪吾暨吾人不患地方事之不可為也矧水利一門究要乎民食之大者哉因論列其大略而應之時

道光二十八年十月

欽加道銜嘉興府知府署寧波府事調

授杭州府知府臨川徐數譔

甬上水利志目錄

甬上水利志

卷一

周道遵攷述　介園

前守之留意水利者莫如吳正肅公故所著開慶志於創建碶閘並載碑記延祐志今闕三卷河渠適在闕中王元恭稱其於兩湖言之最詳惜無從見之至正志凡舊乘所已具者皆畧不書而增補亦甚周悉多與魏峴書相表裏成化嘉靖二志似於水利備覽未及一閱者閱志體裁割裂湖潭溪渡隄堰碶閘各

以類從夫水利當誌其源流而隄堰碶閘之設則隨河流所經詳其遠近俾覽者得稔其形勢之所在豈特分載其名而已邱志但作一總論統東西鄉言之然自錢湖它堰之外一概從畧并不詳載諸碶閘及水道之昔通而今塞者輒以爲後人修復之地李志曹志直襲邱志原文一字不加增損錢志僅附載於山川卷內專據胥吏案牘記現存碶閘丈尺之數郎舊志亦不甚加採取蓋纂修者初不爲鄉邦利病計也今從蔣樗菴先生水利考之例先叙城內河渠次

及東西爲二隄堰碶閘橋梁卽隨河流所經而附列焉至廣德湖已廢邱志仍與諸河渠牽連並書今另爲一條誌其巔末諸碑記則盡錄之使賢守令之用心有可考焉

在城河渠水則三喉橋梁附

城之河渠一水自它山經仲夏而入南門一水自大雷經廣德湖而入西門淫潦泛溢則城之東北隅有碶以洩於江碶閘猶存二水之入城爲州民之利今猶昔也

乾道圖經

府東河

北通府後池接府學前河南歷府東橋寶慶志作府東門橋東達鹽街西抵府西橋渡母橋本名杜母寶慶志報恩觀西一名純孝橋西抵行用庫橋東達東渡門迎鳳橋東達千歲坊西抵醋務橋通平橋河敬止錄支港二一由渡母橋裏轉西通董廟門內河歷清瀾橋在清瀾池上亦稱明遠橋俗呼府橋南抵平橋北達永豐街通察院門內河出行用庫橋東達渡母橋西達河利市橋入挽花滙大河此支今已淤塞一由渡母橋外轉東直通縣前河據宋羅城圖新增

清瀾池

在譙樓前即今鼓樓東通府東河於渡母橋北西通府西河於行用庫橋北宋節度錢億浚爲火備後州守李夷庚復浚之以其土增鎮明嶺有橋北直譙樓名府橋舊名清瀾橋元至治閒帥府同知德哥副使沙的重浚築短垣閘護城水門東扁題曰清瀾西扁題曰碧濟以便民汲今湮敬止錄案今董廨內關及察院行臺各門下皆其遺址尚有府橋即清瀾橋可證

府學前河

南通府後池接府東河東歷鑒橋南達費橋北達貢院橋歷乾溪

橋寶慶志作石碶橋抵乾碶頭西至貢院橋一名鹽倉橋今稱高遷橋南達鑒橋北抵豐河頭北經佽飛廟前報德橋入豐河頭爲渠出引仙橋北達白衣寺前橫衛大橋南達永豐衛北抵豐河頭李衙橋南通東上橋北郎白衣寺前橫衛達白衣寺前通府西河參散止錄

平橋河

平橋舊名四明橋案唐太平三年刺史李文儒建亭其上宋開慶間判府吳潛於橋西立石書平字爲水則寶慶志無平橋幷四明橋之名有永濟橋注云路分衛前景德四年僧惟一建乾道五年守張津作亭其上嘉定十三年火亭廢於西北廂與成化志平橋注合必平橋又名永濟也北過謙樓抵寧波衛治南抵均書橋其河西通月湖東折南歷竹行橋千歲坊一名光祿橋衆

寶慶志迎鳳坊橋南湖千歲坊稱南湖頭盡自垂橋起西牽三板橋河月湖十洲環於內爲月湖盡處平橋以東至千歲坊河其水自捧花橋來爲日湖盡處故曰南湖頭

章耆巷橋一名都憲橋東抵千歲坊西達平橋街

曾家滙橋在章耆巷橋之南南通廣濟橋

永巷橋寶慶志注曾家滙西今橋欄刻永安橋者乃廣濟橋對北應云滙東北

廣濟橋曾家滙東南即古四柱橋東抵漁欄橋直街西達紫徵街

握蘭橋舊有握蘭坊故名寶慶志作木欄誤西過蹟福寺前達湖橋東抵漁欄橋直街寶慶志云屛院前東

新橋西過縣學達鎮明嶺直街東過郡城隍廟抵福明橋

周家橋新橋對南

普照橋舊有普照尼寺故名東達紡絲巷西折北又西過寶雲寺達鎮明嶺直街

東歷捧花橋寶慶志亦作奉化南達廽慶寺前北通市心橋直街

龍舌頭入日湖其支流有四

一東入市心橋北達千歲坊南抵漁欄橋

北流爲萬壽寺西渠歷廣

慧橋東過萬壽寺出大梁街巷口抵開明橋直街西抵千歲坊直街柴家廟橋東出小梁街巷口抵開明橋直街西抵高𦤎等萬壽寺西直街又西達貫橋直街至蕭家橋口通縣前河一自握蘭橋北側東入漁欄橋又名吳欄鄞土音讀魚爲吳北抵市心橋南達龍舌頭初淤後爲里人戴氏開濬數丈隨復淤遺址尚存流爲城隍廟後渠今悉入民家不可復覓一自章耆巷橋南側西入章耆巷南今淤在黃僉憲甲第中南出解元橋孫解元鑰居此故名一名孫家橋今淤東抵廣濟橋西達紫微街爲縣學後河歷傅家橋南抵縣學後街北達廣濟橋大街均奢橋北抵平橋南達鎮明嶺入衆樂橋河西出建碑橋在月湖東畔昇平橋今名館驛橋東南側北達府基巷南達鑄冶坊巷入月湖一自廣濟橋南西入通安橋曾家滙南寶慶

志名靡院橋與孫家橋一支合敬止錄

縣前河

西歷蕭家橋北抵縣前街南達大梁街貫橋寶慶志作千歲橋注周廣順二年建一名萬歲橋一名貫橋北達豐橋南達市心橋飯巷橋舊名慈行南達南飯巷北達北飯巷通府東河

東歷黃封橋寶慶志作皇封北抵縣前街南達牢城巷抵小梁街回渡橋南抵小巷北達魏家巷開明橋寶慶志一日通明鄞縣前宋時縣治即按察分司址北抵按察分司前南達三角地龍舌頭抵奉化橋積善餘慶二橋鄭清之宅前照池左右俗呼大池頭積善南達廿九營餘慶南抵巷俱北抵大街琅琊橋在二境廟拱星坊南達廿條橋街北達東門大街做絮橋廊頭巷東北達廊頭巷南達搬柴巷案此橋蓋建城開運河後所造鹽蛤橋東直東渡門大街南達東

橋圜橋北直東渡門大街南達車橋至近東城斷今從生薑橋直出東渡門碶閘未至圜橋數丈南折入生薑橋北達大街南達小巷入葛家橋東達東城下西距東敎廟直街於橋南東折入四港橋市舶司後鹹塘滙橋東又稱市舶司後橋斷又自葛家橋歷鹹塘滙橋海神廟東成化志稱張家橋四明談助鹹塘之所以稱滙者以東門進潮西行至圜橋轉南經鹹塘滙橋至小江橋轉西過泥橋再轉北至廿條橋碶閘有此一大曲也若指市舶務後之碶言止有一橫一直何滙之有南折入鼖鼓橋東達東渡門南街西達鹹塘滙又東南合車橋河又自生薑橋西南折入滑石橋鄮俗所謂淸水廿條橋直渠四明談助橋下北首向有碶閘想當日蓄淡水以灌田於句江之尾設碶至灌城後爲便於潮運始開河直至生薑橋與進城江浦相接遷碶閘於東門潮汐變江

爲河而名仍其舊故今之澄濤橋寶慶志稱小江橋至乾隆間邑令錢維喬浚河廿條橋之碶閘始滅入東壽昌寺橋俗呼釘打橋即冲虛觀前大街左又南折達破石河頭橋嘉靖志作伴食橋南達江心巷俗稱家井巷北抵冲虛觀前街敬止錄

嶽廟西河

北歷車橋東出靈橋門西抵新碑橋西入小江橋寶慶志積善坊北達鹹塘滙南抵車橋大街爲渠歷迎春橋成化志作林家橋在小江橋側全捷營前北抵直街南通小巷直出車橋街覓橋成化志作泥橋北達搬柴巷南達江心巷合破石河據成化志江心橋注云塗漲橋塞應是泥橋江浦有支港轉南江心橋在大街上旁有江心巷然今不可考矣又北通鹹塘滙河

南歷皂莢廟橋東抵東城西達白咎巷巷鄞江廟橋東抵東城西達沙泥街石

橋四府前至明州橋寶慶志南寺前直南南抵南城北抵自龍王廟四明談助自明州橋至鄞江廟前河寶慶志至成化志俱稱東河際以外即爲甬江內蓄淡水灌田稱甬水村此河瀕江爲東河之邊際也入於日湖爲延慶寺前一支西入獅子橋寶慶志與教寺南鄞江廟橋側南達塔兒橋北達車橋街歷興教橋今名大橋北抵沙泥街境清寺巷口南達直指菴街戚家橋北抵沙泥街忠信巷南達直指菴街寶慶志南寺後門大福橋北抵沙泥街南達廣積南倉巷長石橋北入塔前路南達軍營西經塔前至王監橋西即龍舌頭東達廣積南倉巷入日湖此爲天封塔東河也一支西入青龍橋東達軍營西抵官路歷袁學士橋獅子橋西行宮橋今稱驗點橋相傳方氏養馬於五臺寺基每遇點驗馬匹令過此橋不使與混故名又北折通沙泥街河於大福橋

東敬止錄

天封塔西河

北歷天封橋西達壽昌寺巷東達沙泥街福明橋寶慶志景福寺東今縣隍廟東俗呼石柱橋西達新橋東達皂莢巷洗馬橋寶慶志新寺後門東達黿橋巷西達新街新牌橋東達車橋西抵大街泰和坊橋東過沖虛觀達鹹塘滙西西達大梁街隱仙橋沖虛觀後東達大池頭西抵大街通縣前河其南至甎橋西郎龍舌頭東達塔前路過王監橋甎橋前入日湖於龍舌側據寶慶志王監橋在戚家橋東在龍舌頭者為史學士橋敬止錄

南水門裏河

郚所爲甬水也源自它山入南水門東入淸洞橋舊名甬水門裏橋俗呼兵馬司橋案宋圖舊名錦照南出甬水門北達傳桂坊大街東歷洪橋南抵南城北達揜花橋北歷水月橋東過延慶寺西抵洪橋路採蓮橋東達塔兒橋路西郚直街寶慶志南寺前郚爲日湖而於淸洞橋內北有藕花漕俗呼牛尾巴漕一支自採蓮橋邊東入歷行香橋延慶寺後寶慶志舊日焚香採蓮橋東塔兒橋旁有石橋南達明州橋北達獅子橋通嶽廟西一帶河又自南水門直北歷桂芳橋東抵南門大街西達長春道院宋高閱居此兄弟五人登第故名西經靈應廟前歷畫錦橋俗呼大廟橋宋樓氏所居舊有畫錦坊故名東抵廟前街西入王家墩北歷尙書橋因宋尚書汪大猷所居得名又名汪運使橋東抵鎮明嶺大街西達王家墩

縣社壇橋一名勞家橋宋時縣社壇在焉今有社壇廟俗稱南社壇橋東過大街達寶雲寺巷西達湖心東橋韓家橋俗名磆嘴又名永寧東抵鎮明嶺大街西達鑄冶坊巷衆樂橋案宋圖在幢幢東橋之東乃四明驛東之第二橋俗呼湖橋頭東直衙縣學後小巷以上俱傍鎮明嶺右直北下又北歷柴家橋九山巷橋後所營橋寶奎廟側橋以上四橋俱一直北對下東抵武鎮坊至平橋直街二丈許至平橋水側左入月湖又一支自桂芳橋直進入倉橋東抵大街西達鎮明嶺歷褚家橋簡要志云殳家廟橋注北抵蔣家帶巷南達捧花橋橋疑即此褚殳音相近之訛又今之聚福廟橋亦疑是通普照橋一帶河見平橋河又自褚家橋側北入爲前所河今北入之案今北入之瀆已湮尚有一綫溝渠故瀆直進內有一池今名腰帶河頭是也敉

止錄

府西河

即古子城之西濠其北行西入祝都橋北抵頂戴橋南達火筒營巷爲屠家橫河又自祝都橋直北行西入頂戴橋南達祝都橋北抵東上橋爲金家橫河又自頂戴橋側直北行西入東上橋北抵孝聞坊南達頂戴橋俗以橋側有小橋名爲東雙橋西上橋亦然至西上橋北達北門南達河利市巷俱西通天寧寺西河又自東上橋側直北入忠佑廟門橋循道衕西入塌水橋今稱秀水橋南通東上橋北達白衣寺前衕至李衕橋南通東上橋西即白衣寺前橫衕西折至白衣寺西斷又北折

入白衣寺西小橋北行繞白衣寺後其東過李衙橋入大橋南折數十丈斷其北折入引仙橋通費河頭河其南歷府西橋寶慶志作府西門橋東抵府東橋西抵西門街過清瀾池口歷行用庫橋通西水門裏河敬止錄

天靈寺西河

其北行過烏龜潭西入楊家橋南達西門大街北達水浮橋爲橫河經章銀橋北達西河營南達虹橋巷入烏黷橋因董孝子故名近避孝子諱改烏含南通西門大街北通西河營向北折西歷大雙橋東達烏黷橋西抵西城下達西門界河與西水關來水會今河已大半淤塞其斷續溝渠尚存又自楊家橋

外側北行入芳嘉橋（寶慶志作方家西抵河利市橋東抵西門直街）西入水浮橋（南達楊家橋北達西上橋）爲橫河入永安橋（南達都憲橋橫街北達西河營）數丈南折入都憲橋（西抵西城下東抵河利市橋巷）與烏鰂橋橫河合又自水浮橋外側北入林鰂魚橋（東達西門街西達河利市橋巷）洞橋（林鰂魚橋內）至西上橋東側合橫河東則通東上橋西歷觀音寺基西河營入許家橋（北達北門南通虹橋巷）北折入魏家橋（東達忠佑廟西達西城下）近八圖浦（舊有穴城水道分水落江雍正初修城築實）東折細流至白衣寺西側又自西上橋東側北入四港橋（東達東上橋西抵觀音寺前街）歷渡母橋（東達李衙橋西達西城下）亦通白衣寺西側俗稱天

字號河棚者今壅矣其許家橋東側南入數丈斷其南行歷河利市橋東達行用庫橋西達望京門通西水門裏河敬止錄

西水門裏河

源自大雷林村入城西水門歷迎恩橋一名仁安北抵大街南抵褚家灣巷府社壇橋大德元年重建改名大德俗稱西社壇橋北抵大街南達菱池頭虹橋俗呼虹為降北達虹橋巷抵烏顆橋街南達聚福菴巷惠政橋俗名天寧寺橋北直寺門南達醋務橋東出貫船巷抵水仙橋西小巷直接西城下東至石灰埠折北通行用庫橋南歷醋務橋舊名酒務西達惠政橋大街東跨平橋大街達迎鳳橋南側達水仙橋入月湖

一支自府社壇橋歷經閣橋福聚菴右明嘉靖間閘源塞河而廢通菱池

頭河敬止錄

水仙橋河

水仙橋舊名感聖一名緩帶又名衮繡案宋刻月湖圖感聖橋舊有保聖崇教二寺其坊曰緩帶通醋務橋故橋亦以坊名名之是時史彌遠相府右鑠觀音橋即虹橋左鑠此橋衮繡之名更於此簡要志謂衮繡北達醋橋南達虹橋與宋圖合又考縣北保豐碶老人洪壽甫嘗建言廢在城衮繡橋石修之則知衮繡古蹟已廢今之水仙橋蓋規故址而小之無復昔時之傑制也水仙云者以側有水仙廟俗稱水仙廟橋又案嘉靖志列此橋無注別列衮繡橋於虹橋之後注云史相府前一名緩帶且誤以今虹橋爲感聖橋殆未見宋圖而月湖西畔虹橋左右將何處安頓此一橋也其河東通月湖西歷青石橋東達衮繡橋西達褚家灣錦里橋即三板橋北抵聚福菴路南抵承宰倉巷

橋在尚書楊康簡公守隨宅前楊以兄弟尚書故橋以錦里名爲菱池頭本與西水門裏河通後爲主事聞源塞斷水南流入其宅內設水門閉之爲已有今屬天一閣范氏敬止錄

明邑人陸世科張邑侯大浚城渠記鄞侯張公浚復城渠洎宏四鄉水利役竣邑父老子弟歡然手額曰今而後吾儕之長子孫而康粒食皆侯賜也敢世世不忘侯之勞勣咸乞予言紀諸石以告來者俾守成緒如一日余惟一著而備六曹之事者無如令諸河渠嘉肺錢穀農桑簿書營繕之屬靡一不關職守然亦視邑所最棘

者宣勤於夙夜而若吾鄞則所棘無如河渠何者鄞負海枕江民稠而地鹵薄即遇有年歲之入不足供歲之食郊以外倘困天旱妨稼猶十之二三困蚆蟦且損救十之八九若城中十日不雨不第舟膠於渠民又病汲矣顧大江自蛟川蜿蜒東來至桃花渡口一折而北流一折而南流劃然中分吾壤而支流則紛綸莽互隨處與河渠相距所恃惟咫尺之隄圩爲坊碶閘爲之封洩在東偏則東錢一湖居上流司瀦東岡一碶居下流司封洩在西偏則它山一堰司洩司瀦西津一壩風堋長

春諸隄坊洩穴城引水注爲日月兩湖疏湖之派如縷修渠引帶環萬家之烟火而又提封洩之衞於平橋水則前人之法備矣顧比來新者圯故者湮疏者梗支東詘西之歎爲令者無日不仰屋焉歲壬戌侯以歸安移繁吾邑視城中東北陬地亢甚且乏一綫之流稍旱井竭輙走數里西南汲於湖無論負戴惟艱鬱攸莫禦且脉絡關而不貫故東北之登雋較西南遼遜焉侯議浚復故渠爲士民百世利猶念日湖源它山月湖源桃源藉令泉竭漏卮卽兩湖且告涸安所疏衆流哉於是因

宏水利以營版築又因課農桑勸爭業以核水利歲無
虛月月亦無虛旬概邑之關鍵爲壩四爲閘五爲塘十
爲碶二十八爲堰七十有七靡不在訪悉至最爲一邑
喫緊者江以西南則閱治它堰築風堋塼廻諸山之水
於渠西則重築西津壩併無漏諸山之水於江江以東
治東岡虞封淺太過增東錢諸碶使萬頃一波所豬恆
足三渠有半侯曰夫今可議疏城渠矣遂於癸亥冬十
月經始晨起坐堂皇了一切公事即巡行委巷以勞來
其民命傍渠之家分尋尺取土從事者如子來閱月疏

導殆盡嗣天雨隨處以竿測水諸不中程者更浚之八
春大雨復乘舟核深淺偶遇中梗又再浚之遇水漲可
深八九尺即水落亦深五六尺猶念淤土無歸浚猶不
浚也稔得長春一塘界於江渠間如馬鬣不護隄址隄
必壞遂復募夫百捐俸僱民舟四十載砠礫護隄由是
城渠故道無弗盡刷永豐和義東渡靈橋四城隅百餘
年不見舟舫者今蕩槳之聲盡日識者謂浚渠有八利
展然哉猶念四郊碶堰道里遼遠待旱潦而議封洩晚
矣復濬水則於平橋淤土中視平字出没準啓閉而西

郊之新河洩王氣不尠弁從積土築塹瀼漭中冀後來之甲第雲起是役也浚內渠因固外圩瀦外渠遂盈內渠斥鹵之鄉因成沃壤即風雲嘉會城南北行並鼎盛矣昔史起鑿漳鄭國導涇倪寬穿六輔渠皆貽後人美利至今頌之不衰跡侯所行水通與情於成法中以創爲因鏤心嘔肝拮据婉摯又超前賢而上之矣侯諱伯鯨字瀚伯籍直隸揚州府之江都薦歷丙辰進士

國朝士民感頌汪郡伯浚河碑記郡名寧波蓋取海定則波寧意也、其水利之大者、左襟海、右帶江、固無俟於浚導矣、若其內河道發源、一由四明山行口十里、折於它山、又行七十里、而入郡城之長春門、一由大雷山、逦迤渟滙三十餘里、折於桃源、又行五十里、而入西水關、滙於日月兩湖、支分派別、其周流於郡城外者、村烟霧列、阡陌雲連、滋灌溉、通舟楫、民咸賴之、宦斯土者、自唐邑令王公元暐、陸公南金、宋則郡守李公夷庚、使相吳公潛、皆殫力經營、勞心水利、載在志乘、班班可考、至明季湮塞、幾如斷港絕流矣、至城中水道、淤渟淺隘、蓋有不可言者、乾隆七年春、廣陵汪公（名超）春命由倘書郎、來守是邦、甫下車、而廣樂育、厚民生、修舉廢墜、方將大有造於茲土、乃不旋踵、而是冬十月即以憂去、□念勿忘、明年春、特捐己貲運自維揚、自估修學宮一千二百四十餘金、助贍育嬰堂五千金外、又以二千爲浚河經費、□□興工、先清侵佔、以開廣其道、次拆河掤以疏通其氣、流之淤塞者掘之、使會於大河、岸之崩頹者築之、俾齊於漕、□工非一工、自春徂冬、候非一候、且淘出泥沙瓦礫、處處如山堆積、則裝載□船以固長春塘、而近江之水患息、各處支河、淤塞難治、則晝夜車厍以通其血脈而闔城之水利興遂使寧郡數百年來久淤河道一旦俱通不惟人心大快從此地氣亦且上名天和旱澇無憂而豐亨有象矣利民裕國之舉孰逾於斯然謀始者未必謀終有美勿增有善維不□□□□□時則恭逢觀察葉憲又爲籌畫萬全資斧無憂不給更賴提督陳憲諭民兵協力事無推諉刺史魏公計久遠定規模兼之司馬陳公別駕周公與明府傅公復圖度區畫盡善因地制宜而巡司鄭君又殫心督理行所無事不踰年而告厥成功堪垂永久克繼唐宋前

徽則郡侯去後之恩尤深而各上憲同心之舉咸欲銘諸金石用傳奕禩偕河流永潤於無盡也是爲記

日湖

宋嘉定間丈尺圖甬水門東錦照橋取浮木橋一帶湖港長一百十丈八尺方七太屋後取竹墅三丈二尺趙侍郎水閣取南城下七丈九尺浮木橋取延慶寺橋二丈九尺延慶寺橋取採蓮橋七十四丈五尺延慶寺荷花池取西官路三丈四尺池中取官路二丈六尺延慶寺牆取西荷花池十二丈六尺荷花池取採蓮橋港口

五丈五尺採蓮橋取捧花橋一帶小湖五十八丈陳少師屋基側取西十二丈六尺門樓基取西九丈一尺樓軺院屋基取西十六丈八尺成化志四明山水自它山入南水門瀦爲日湖郡治東南一名細湖一名競渡湖昔有鍾黃二公競渡於此縱一百二十丈橫二十丈周迴二百五十丈有奇今僅存湖之名而已乾道圖經以爲小江湖非敬止錄

上有四橋曰採蓮橋水月橋行香橋塔兒橋見前聞志

宋王應麟小江湖辨唐志鄮縣南二里有小江湖溉田八百頃開元中令王元暐置民立祠祀之按九域志鄮

它山堰也今有舊政候王長官祠郡志指寶慶志乃謂城中之小湖誤矣圖經云小江湖在鄞縣南二十里唐貞觀十年縣令王君照修與唐志不同唐志又云東二十五里有西湖溉田五百頃天寶二年令陸南金開廣之蓋今之錢湖也南豐記云鄞東鄉之田錢湖溉之西鄉之田廣德湖溉之唐志鄮縣東有西湖西有廣德湖可以見西湖之爲錢湖矣郡志以西湖爲今城中之西湖亦誤

元袁桷小江湖辨舊志小江湖在縣南溉田八百餘頃

葢鄮縣令王元暐所濬九域志晉它山堰是元暐建今有祠在堰側今惠光院舊號小江塔院正在西南則小江湖其地相近旁有千丈鏡支港尤多以是得名而城小江葢由靈橋之小江里非小江湖也

月湖

宋嘉定間丈尺圖南城下至竹洲五十一丈竹洲取湖心寺前三十八丈八尺湖心寺後至逸老堂一十九丈五尺湖亭外椿取碧沚八十八丈一尺碧沚取紅蓮閣四十一丈樓三學士宅取樓安撫宅後四十九丈六尺

南城下至樓安撫宅後六丈三尺自此取南水門一百四十七丈錦里橋取竹洲西岸七丈三尺汪尚書宅取竹洲東岸九丈九尺徐運使宅取湖心寺西岸二十一丈趙敷文賃屋取湖心寺東岸四丈四尺楊侍郎宅取湖亭西岸二十一丈馮統制宅取湖亭東岸一十八丈八尺豐尚書宅坍處至觀音橋五十六丈八尺感聖橋至碧沚西岸二十四丈九尺碧沚東岸至史越王府八丈二尺史越王府至史丞相府街五十一丈九尺船坊取西至民屋後二十二丈七尺五寸成化四明志

四明山水一

自大雷經林廣德湖入西門瀦爲月湖郡治西南一名西湖縱三百五十丈衡四十丈周廻七百三十丈有奇今則四旁民居日侵削爲地廣長減十之六七而所有汀洲島嶼不可復識矣敬止錄

連支流上有十二橋曰憧憧東橋一名昇平又名湖東以在四明驛東俗稱館驛宋天禧五年僧德璩建乾道五年守張津建亭於上東達湖橋西達尚書橋

憧憧西橋一名澄清一名湖西二橋明天順間守張瓚爲大司寇陸瑜建坊於橋西改名尚書橋東達館驛橋西達聖功寺巷橫達湖西大街

湖心東橋舊湖心寺之東西達尚橋東達錦照坊巷

湖心西橋舊湖心寺之西東達東橋橋西達大巷橫達大街

錦照橋通竹洲以洲中舊有錦照堂故名今俗呼貼水橋者即其故址

錦里橋竹洲之西爲宋學士趙彥逾宅

又名五馬以彥逾當與鄉郡也今俗呼莊衙瀆橋者即其故址

虹橋 賑盈倉之左倉基舊爲能仁觀音寺橋亦名觀音成化志誤作感聖

問字橋 花果園廟之右明嘉靖間尚書張時徹既廢湖心寺爲巳書院乃建此橋

建碑橋 月湖東畔北達府基巷南達鑄冶坊巷

水仙橋青石橋三版橋 見前聞志

宋舒亶西湖記湖在州城之西南隅廢久矣獨西隅存焉今西湖是也其縱南北三百五十丈其衡東西四十丈其周廻總七百三十丈有奇其中有橋二絕湖而過日憧憧天禧間直館李侯夷庚之所建也然僻在一隅初無遊觀人蹟往往不至嘉祐中錢侯君倚始作而新

之總橋三十丈橋之東西有廊總二十丈廊之中有亭曰衆樂其深廣幾十丈其前後有廡其左右有室而又環亭以爲島嶼植花木於是遂爲州人勝賞之地方春夏時士女相屬鼓歌無虛日亭之南小洲前此有屋纔數椽乃僧定安守橋之所後浸廣今遂以爲僧院壽聖是也其西又有佛寺四并其東皆鄉士大夫之所居其北有紅蓮閣大中祥符中章郇公嘗倅是州實始創之有記在焉閣之北郎郡酒務故時使人卽湖以汲水勞費甚乃隄湖之中蓄清流作樓於其上以轆轤引而注

之至今以爲便然是湖本末圖志所不載其經始之人
與其歲月皆莫得而攷蓋嘗聞之父老明爲州瀕江而
帶海其水善洩而易旱稍不雨居民至飲江水是湖之
作所以南引它山之水蓄以備旱歲始未之信也熙寧
中歲大旱合境取汲於其中湖爲之竭既又穴爲井置
廬以守之鄞令虞君大寧嘗記其事刻石於壽聖院乃
知父老之傳不誣也錢侯去距今幾三紀矣而湖輒浸
廢不治其亭南既隄以爲放生池瀕湖之民又緣隄以
植菱芡之類至占以爲田淀淤蕪没幾不可容舟元祐

癸酉劉侯純父來守是邦適歲小旱乃一切禁止而疏浚之增卑培薄環植松柳復因其積土廣爲十洲而倣壽聖之閣以其名名之蓋四時之景物具焉湖遂大治然其意初不在遊觀也古人於事蓋不苟作惟其利害伏於久遠難知之中所以後世貴因循者或莫之省而好功之士至樂爲之紛紛也明有數湖危於廢者不獨是湖也若劉侯可謂有志於民矣故具論之以冠諸圖庶來者有考焉元祐甲戌三月

水則　縣治西南平橋下宋寶祐間丞相吴潛來治郡

三年凡碶閘堰埭皆爲修改又於郡城平橋南立水則書平字於石視字之出沒爲啓閉瀦洩之準且空其旁地使守令車馬過輒見之卽時稽察水候可否明嘉靖十三年知府鄭威建社學於空所失初意矣後百有餘年社學久已不存而水則盡埋入瓦礫中

國朝順治七年海道王爾祿開掘乃克復見水則考實慶志議曰碶閘之設必啓閉得宜則水有所洩旱有所瀦水常爲利其或當啓而閉當閉而啓則胥爲害矣四明水害至民居沈竈禾稼生耳者無他惜水太過諸碶

不盡放故也淳祐二年夏淫雨不止者兩月餘一飽壞於垂成郡守陳塏籌之遂置平水尺朝夕度水增減以爲啓閉大槪郡城河濱之水常以三尺爲平餘可類推過平以上則當洩閘數夕暴雨水驟漲至四尺有奇守夜聽雨聲日視水則時常啓閉率分遣官吏四出斟酌尺寸爲放水分數亦或盡板一決城中三喉晝夜使之流通是年雖積潦穀米蔬果一無所傷乃以稔告蓋常年放水田氓告之都保都保告之縣縣告之郡往復行移動經數日水之溢者已鑿稻之浸者已芽今州縣一

閘雨驟水泛不待都保縣道申到放閘之人已遣行矣防患未然後所當法也李志嘉慶二十四年觀察陳中孚浚河以平橋爲水道要口加倍開闊北岸多壓舍不動南岸開至小街旁有老磡仍在水則平字於瓦礫中尋出仍立原處四明談助道光二十六年慈谿國學生潘鎔重修新增

宋制使吳潛水則記四明郡阻山控海派於江其勢卑達於湖其勢高水自高而卑復納於海則田無所灌注於是限以碶閘水溢則啓涸則閉是故碶閘者四明水

利之命脈而時其啓閉都四明碶閘之精神異時加意
於碶閘者至今猶有遺論此未暇問也而考其爲啓閉
之則曰平水尺往往以入水三尺爲平夫地形在水之
下者不能皆平水面在地之上者未嘗不平執三尺以
平水嗟乎異哉余三年積勞於諸碶至洪水灣一役大
畧盡矣已未勸農翠山自林村由西門汎舟以歸暇日
又自月湖沿竹洲檥城南徧履水勢其平於田塍下者
刻篙識之歸而驗諸平橋下伐石爲準榜曰水則而大
書平字於上方暴雨急漲水沒平字戒吏卒請於郡亟

啓鑰若四澤適均水露平字鑰如故平橋距郡治巷語可達也都鄙旱潦之宜求其平於此而已余數丐歸老行且得請然於此郡之豐歉不能忘故置水則於平橋下而以平字準之後之來者勿替茲哉

國朝郡守楊鉅源重修水則亭記水則亭者宋寶祐間觀文殿學士吳毅夫丞相判府事時創建也亭在城南四明橋下取適中之地測量水勢鐫平字於石上城外諸碶閘視平字出没啓閉民以是無旱潦憂稱四明橋曰橋平橋下之東立廟祀公紀公績而報公德也自

宋迄今垂六百餘年歷時既久幾就淹沒
皇上御極之元年前觀察陳公勤求民瘼因疏濬城河
得是石於古址乃重加修葺併復舊觀碑記具在僉舊
德者猶能稱述不衰水利之關係民生大矣哉古者溝
洫畎澮之法用備水旱爲者注之涸則存之宣洩得宜
故能豐亨屢慶災害不生民食足而民氣恬焉甲辰春
余奉
命守越中展謁先朝名宦湯太守廟於三江口周視二
十八閘取上應列宿之義蠲田納租歲修有常費固宜

完好鞏固久而彌新洋洋乎前徽未墜也去秋九月調
攝寧篆考郡志知吳公立水則於城南按圖履勘則石
猶存而亭已圮謀所以鼎新之務與越中湯太守應宿
閘兩相屹立天下事利與害原相因前賢類能收其利
防其害與斯民相養於無疆惟休亦無疆惟恤後之膺
是任者竟聽其或有或無漠然無所動念於其中爲心
民事者豈至出此上冬積雪凝寒春復陰雨不斷未遑
集事入夏以來暘雨應時正擬卜吉鳩工適慈谿上舍
潘君鉉毅然以獨任是舉爲請以此見人之好善誰不

如我且君子莫大乎與人爲善善之在人與善之在已奚以異遂允其請而勉之潘上舍庀材命衆踴躍赴功不踰月而蕆事余謂吳公當日之剏斯亭也祗爲民計安全耳而民之報功者至今且繫遠思口碑勿替則夫後之人苟有勳施於民民亦將思念而不能忘觀斯亭者宜何如感發而興起也上舍急公好義修舉廢墜其志亦足嘉尚故於其落成也爲之記以誌嚮往之私云爾

三喉　至正續志水喉閘在東渡門牆下都稅務前四明

談助都稅務在東渡門內門臨大街街南即水喉碶見寶慶志圖故舊志俱云水喉碶在東渡門牆下宋之都稅務前也元因宋舊址至至正元年重建見至正續志至明洪武間移都稅務於街南故海神廟地即故城守署見敬止錄因憶前開河時尋喉道別於大街之南深濬一溝見下有條石實砌如河衖未解其故今始知宋都稅務之照牆脚也以板爲閘潮長則與板平市河之水充溢則啓閘以洩於江食喉閘視氣喉閘稍小在市舶務之南牆下止用洩水不通江潮氣喉閘在獅子橋東舊鄞江廟側舊圖同皆穴城出水者敬止錄

國朝乾隆五十年邑令錢維喬修復喉道誤以食喉爲水喉別開食喉於靈橋門側後令周撿知其錯而塡滅

之嘉慶二十四年觀察陳中孚因疏濬城河搜訪故址三喉並行開復新增

國朝觀察陳中孚浚復城河三喉記予始至明州覽其地大海環匝而噏吸民生利害所係莫要於水利城中舊有河經支計四十五道堙塞過半稽諸志乘宋吳丞相潛道水則於平橋之南下刊平字於石視其出没以爲啓閉則城河實衆水之標極焉水自四明諸山發源從西南二水門入城東北地隆起流無所洩自唐刺史黄公晟建羅城穿城爲水道以通江至宋而有水喉食

喉氣喉之名古之稱水者或原也或委也向無三喉則原委之義不備其始置之意乎乾隆五十年邑令錢君維喬從紳士請集貲疏浚未得半而止食氣二喉畧復其舊水喉悮以靈橋門內小溝當之蓋因明以來郡縣志紀載俱失其實惟宋寶慶志圖說甚明郡城藏書之家缺軼首卷無可徵信邑紳黃君定文赴武陵文瀾閣抄得之參諸高武部敬止錄所載始確知經東渡門南首穴大城穿甕城東出者為水喉而吳丞相水則平字亦同時掘得故道前人成蹟乃湮於唐宋以來

數千百年塵埃瓦礫之中一旦軒豁呈露其亦有數存
與先是江右楊中丞捐廉三千金以備海疆不虞適興
茲役請於公挈而助之又自割俸千金爲之倡於是集
夫匠操畚鍤居民佔蓋河基者悉令遷還狹者闊之淤
者浚之斷者通之工始於月湖提其要也次經河挈其
綱也次支河理其緒也河寬二三丈至一丈二三尺有
差深一丈五六尺有差於闤闠湫隘之區設水倉四十
餘處俾兩舟相値交讓而行修改橋梁六十餘座撤而
新之食喉氣喉導其壅遏而已水喉適修城之便伐木

采石於城根作背負之勢上横以梁旁甃以石中矗以闌又近裏爲閘狀設板禦潮河溢則啓放以時流東北至四明驛會氣喉水過船廠歷羊府廟前入江以達於海皆循其舊非創也浚起汚泥運載城外繼增江海塘隄又於甬東沿江築塗地願售者聽取其值充公用經始於嘉慶二十四年四月告竣於道光元年七月度支三萬緡有奇民不知役鼓舞懽頌之聲不絶於耳何其淤之久而成之易與抑本其興舉之由而皆自於人與是時郡守姚君令俞縣令孔君龍章署縣令郭君淳章

董其役首事黃君定文張君烜錫君桓馬君士龍縣書張承懷尤實力勤瘁其事朝夕相度不遑告勞捐輸各紳士如亟家事皆當勒名於石以垂不朽後之人尚覩茲哉是爲記

邑人黃定文復水喉記鄞城之有水喉舊矣然其名僅存其迹若滅若沒不可詳攷大約始於吾祖刺史公建羅城時則已有之而書缺有間無復可徵其明晰可依據者莫備於寶慶志之羅城圖於東渡門側畫水道曰水喉碶而都稅院即臨其北又循城而南至市舶門北

爲食喉碶又南至鄞江廟前爲氣喉碶三喉踪蹟羅列
宛然而吾鄉藏書家所貯寶慶志俱闕其首三卷雖前
輩博極古今者求其書不可得見乾隆五十年知縣錢
公開復三喉乃誤以食喉爲水喉而於其南尋得小溝
穿城者爲食喉郡人多有疑義溝亦旋塞戊寅春郡人
有浚城河開水喉之議觀察陳公中孚邑侯孔公龍章
力主其議而水喉故蹟終未有定余閱四庫全書提要
見有寶慶志全書乃請於當道就
文瀾閣錄其首三卷幷圖以歸於是家目曉然知水喉

之在東渡門牆下實宋都稅院前無可疑者然其地爲商賈滙集之所民皆篤巨屋其上不可動觀察公督責益勤孔公及繼任郭侯亦力任其事先於月城中掘得其蹟則寬闊倍於食喉兩岸石砌堅潔中皆撑以十數圍巨木工緻密栗爲近今未有於是循蹟施工則屈曲穿月城東牆而出凡民屋當喉道者皆拆去以至城外一律循故道開通巨屋當道者尤夥盡撤去無敢違者喉道凡九曲至四明驛乃會食喉下流以注於江於是就江口撤故閘而新之堅厚宏偉倍於舊設閘夫以司

啓閉會其年縣方領帑修城則盡撤城垣址益搜掘喉
蹟凡昔時以巨木擋柢者木既毀則易以巨石兩岸益
用巨石堅築如舊有加焉遂直接城河呼吸相通潮大
時可至鹹塘滙以南水潦則啓閘奔放如注而城河之
淤濁遂以一清於是六七百年若滅若沒之古蹟乃始
顯然呈露而收其功人皆頌陳公及孔郭二侯之德不
衰而益知
國家開四庫館搜羅遺籍其爲功於斯民不淺也嘗考
錢志竊謂其所以致誤者實緣於魏峴之它山水利備

覽其所稱曰二堰曰氣喉曰食喉曰又有水喉而唯氣喉通江與寶慶志圖顯背魏與修志之胡公同時不知何以致誤如此然至正續志所載喉名喉址皆一一與寶慶志合而莫謬於閘志以東渡門牆下之喉爲氣喉而水喉則云在靈橋門左喉名喉址皆顛倒錯雜遂啓錢公誤開小溝之失今則書既有徵地復顯列乃於工竣之後志其始末使後有考焉

邑人徐兆昺三喉說三喉之名本無謂乾道圖經僅云城東北隅有碶以洩水至寶慶志始有三喉之名顧寶

慶時去乾道時不遠水之渡江圖經明云碶石猶存寶慶志何以不云水從市河碶閘直出而渾云水喉在東渡門牆下至紹定元年守胡榘開於朝但云禁民居立屋以壅氣喉食喉者並不提起水喉即宋末魏廬陵峴所著水利備覽亦云、詢諸耆老、僅知氣喉視食喉稍大。經都稅務前、在東渡門牆下。不特不明指所在、并所稱喉名亦不清。想因當時兵燹之後、主事者惑於形法家言、滅其直出之故碶、而別開碶於鹹塘滙。明時都稅務前以致守令不敢明言。又嫌其太小。更開碶於市舶務前。合鄉子橋之故碶而爲三。遂加以水喉食喉氣喉之名而不順自然之水性、皆因講形法者之誤入也。昔謝山先生嘗言蛟門李君陟兹遊郡城至五臺寺東云此地宜有水道入江、而竟無之、至平橋之下、又云宜有水道入江、而亦無之、此亦泥於形法之言也。而謝山信之。況其它乎。乾隆五十年間錢大令維喬因疏城河兼訪三喉故址蒇於盧月船之記。而以明時都稅務前者爲水喉。更尋食喉於市舶務前。其說皆本於謝山先生。議復三喉之文。第謝山之時、東門河道、塡爲平地、已數百年、惟餘生薑橋碶閘一柱故誤認開於明都稅務前鹹塘滙者爲水喉而云惟水喉尚有遺蹟月船之時正值開掘東門河道開至城下將近橫街見有碶閘兩柱平直完固埋於地下何以反稱此係未建城前之碶閘將其柱與生薑橋之柱一并放倒而仍開市舶務前之喉此則不可解也後數年周邑侯掞莅任大議此舉之錯當即塡滅將欲開東門之碶并重修縣志未幾病卒又數年廣太守審胥心水利令衆紳士具呈興辦已掘出東門城梯下直出至方井頭水道正將辦理爲不利於開者阻

撓、事復中此、要而言之、靈橋門之稧爲後人誤開、可不必說、獅子橋之稧、至長春塘落江、所以洩南路水也、今長春塘已塞、或此稧不設、南路水并出於鹹塘滙、亦無不可、而所重在東門之稧、若嫌其太小、不足以洩水、或變穴爲門、可通舟楫、城外築壩、城內照古制運河開闊設緯路連築圓洞大橋、將小街變作大街、闤闠鋪戶洋行俱可臨河布列、豈不甚善、惟俟氣運之至耳、茲因新縣志內有月船食喉八辦、恐再誤後人、故詳言之、

乾隆五十年修復三喉示禁碑文正堂錢爲永遠餉禁

事據各紳士呈請捐資復喉濬河以期利濟奉提道府
憲批飭遵行在案今三喉業經開復經支各河亦俱一
律淘濬誠恐兵民人等不知條禁日久漸淤除現行出
示曉諭遵行外合行勒石永禁所有條則開列於後
一三喉出水最宜通暢現於喉內近城橋洞添設木樟
以闌水面浮草斷梗一切污淤等物俾水流澄澈每遇
水大之時著該啚地保於各該處照管隨時撈淨以防
淤塞倘日久該保玩忽不行經管無論紳士兵民許即
報明責處　一三喉內各設有閘板飭令各該保收存

遇有秋汛大潮著即時閘止以免鹹水入城　一經支
各河有磡石崩頹者著該保報明即押業戸隨時修築
如實係無力修築及官街地面即著莊首估計於畝內
按戸出資公修如敢玩延推諉許該莊首稟明押辦
一河身上不許搭蓋棚閣如有隔河房屋欲通往來只
許用板橋寬不得過四尺旁用木欄幷不許搭蓋竹席
篷屋其橋板離岸升高三尺俾水滿毋礙行舟違者許
隣保呈報責處押拆　一河身浮浸木竹往往上堆土
石取用時隨將土石落水最易塡淤深爲水利之害嗣

後如有復蹈前轍許隣保呈報責處並卽押令淘深

一東門城內外有開設棕舖及織席爲業者棕屑草皮毋得仍傾河內違者許鄰保報明責處外差押淘浚

一有淘沙生業者止許在城外河寬水深之處淘漉不得於城內各河淘沙違者許在城就地居民投保呈明責處

一附近居住兵民貪圖近便傾倒灰泥穢物等類最易塡塞河身應行飭禁違者許鄰保指名稟究

三喉總閘　東城外江浦自羊廟前進水朱時潮汐直至水食兩喉內蕩滌市河穢濁又恐水盡鹹鹵故近喉

各橋俱有閘城外未設壩難通舟楫故亦不建水門即以江浦作濠城中市河自西門入城至大池凡三大曲自二境廟東入廿條橋河至鹹塘滙自南而東而北又一大曲始直出東門月城今從二境廟東歷瑯琊橋傲絫橋鹽蛤橋生薑橋直出水喉碶至方井頭再轉北落羊廟浦通謂之界河嘉慶二十四年浚河新設閘於羊廟前題曰三喉總閘四明謝助

甬上水利志

周道遵攷述

卷二

四鄉河渠 橋梁碶閘隨河附列

鄞邑東西各七鄉武康鄉統東北隅安東鄉統西南隅並在城中老界鄉陽堂鄉在縣正東手界鄉豐樂鄉鄞塘鄉在縣東南勾章鄉在縣正南通遠鄉光同鄉桃源鄉在縣西南清道鄉湖田隅在縣正西自鄞塘鄉以上皆屬於東自勾章鄉以下皆屬於西蓋就江流所界言之也河渠絕不相通

蓋大浹江自鎮邑來直至城東桃花渡亦名三江口分爲二

支一支自北而西至西壩渡與慈谿江接歷餘姚通明壩而止一

支迤邐而南由北渡入奉化江至市橋而止其自奉化而西南行者繞出它山堰之外故東西鄉之水因江流南北橫亘其間遂劃然中判蔣樽菴水利考

東鄉河

東鄉之水凡三支俗呼爲中塘河外塘河裏塘河而俱以補陀寺東直河在縣東老界鄉二都南至嘉慶橋入謝婆港口河北入東塘大河其支一東流入界橋分爲三籌都之港一西流入縣鹹橋注之江一西流入甬公橋爲渠灌田爲之經其河北自張斌橋至嘉慶橋合營三塘之水而其西有大石橋碶江東碶閘林家道頭閘以洩水其林家道頭閘久廢捌開

烏龍碶以洩裡塘河西流其內爲大河橋河俗呼王家墳頭河直出張斌橋爲直河其江東碶閘內爲補陀寺前河在萬齡老界鄉甬東隅東至高滙橋入寺東河西至江東碶閘入江其支流一入廨院橋一入會安橋各分爲渠灌田直出高滙橋爲直河其大石橋碶碶即爲直河西岸內爲鎮安橋新河演武場內明嘉靖九年父老應文澄嚴訑等請於知縣黃仁山引橫溪河之水由大石頭入演武場西轅門止因建此橋東接大石橋碶西過江口閘爲今要害之衝又過道士堰內謝婆港河而東出白鷁橋爲直河敬止録其東塘河合流橋梁凡二十四東鄮橋王家橋大河橋俱林家道頭廢閘內東達官塘路西達后塘衢浦東橋一名陡門又名余家南抵大衢北抵河泊所衢澄波橋一名夾家與浦東俱爲宋

守陳壋增高二尺改今名

米行橋 南抵大街北達小巷

胡家店橋

董孝子廟橋 一名徵君廟橋

會安橋 東達廨院橋西達浮橋與廨院橋俱橫河水分合

崇壽橋 俗名七塔寺橋北直寺門南達華嚴巷

掬水橋

廨院橋 西達會安橋東達買席橋

高家滙橋 一名買飯橋南達綵戲橋北達雷公橋　已上十橋俱江東碶閘內

鎮安橋 演武場南

綵戲橋 宋史彌鞏故宅西彌鞏乞祠歸爲娛親行樂之所故名

大石橋 俗名四眼碶橋

李家橋

白鶻橋 東達大石碶橋西達十九都　已上五橋俱大石碶及道士堰內

虹橋 東南達王家衕等處

東北達錢龍漕西抵補陀寺東直街

買席橋 一名和安西達廨院橋東達二等都

嘉慶橋 南直達莫枝堰北曲達演武場　已上三橋俱跨補陀寺東直河

界橋 南達十九等都北達二三等都

雷公橋 北達張斌橋南達高滙橋爲直河水西入爲渠

海碶橋 南達白鶻橋北達高滙橋　新增

南塘河

一名外塘河有二源一爲金峩之乾坑源（在縣東南四十五里）北行爲橫溪河自南來至大象橋入橫石橋合於朱昭橋前後水一爲白杜源自西南來至趙泥橋東入太平橋合橫溪水（源出橫溪等溪敬止録）同由黃山橋而顏橋而胡墅橋而張村橋而錢家橋而三橋而繆家橋而白鶴橋（其支流西通入字橋撇火橋宋昭橋爲謝婆港口河聞志謝婆港口河縣東萬齡手界鄉東至嘉慶橋入補陀寺東河西流抵道士堰南至橫石橋抵莫枝堰北流入白鶴橋爲渠合綵戲橋之水而西注之江）乃西入嘉慶橋至補陀寺東直河大石橋碶與補陀寺前河江東

碶入江（內茅山左右諸河連絡其閒另列於後）其水皆西北流所經之碶不一其大者爲雲龍碶支流南經貝則碶上接雲龍碶之水入內江至銅盆浦堰下爲大江其經流則自雲龍碶迤西合於中塘河（蔣樗菴水利考）所歷橋梁凡二十八曰大象橋周賣魚橋武陵橋（俗名繆家橋東抵官塘路西抵十八都）三橋（東西同上）錢家橋（東抵官路西抵十八都）張村石橋（東達十五都西達二十一都）胡墅橋（東達十六都西達二十二都）鄧橋雲龍碶橋虹橋翻石橋顏橋（東達二十三都西達二十五都）鄭灣橋太平橋（東抵官塘路西達橫石橋）黃山橋（東抵官路西達故千里等處）滕公橋擇陽橋陸廣橋（已上自橫石橋抵橫溪一路）趙泥橋

張義橋坊橋王家橋都憲橋惠鄉橋朱家碶橋迎恩橋同方橋上游橋縣東南四十八里接奉化縣界已上自太平橋抵白杜一路新增茅山左右河渠連絡於南塘河其北凡四支一奉先橋港南通大荻港北通櫟社長汀西南通坊橋一大荻港東通石觀音堂南通斗門橋北通坊橋一小何家橋港東通五港南通斗門橋北通坊橋一唐家港東通南林堰南通五港西通小何家橋北通斜橋裏河橋其上橋梁凡十有二曰蔣家店橋山北一里娑婆橋山北四里以樹似娑婆以名豫章橋山北四里塔浮橋山北五里旁有石塔郎恩橋山北五里裏河橋張

和尙橋俱山北八里　蔦蘆橋三石橋俱山北九里　春化橋躬稼橋俱山北十里　慈雲寺橋楝樹碶東　其東凡五支一斜橋河東通姜山南通東林寺西通車旗堰北通楝樹碶一姜山河東通定橋南通蔡橋西通斜橋北通銅盆浦一鮑家滙南通南林堰西通唐家港北通斜橋一五港曰保豐曰通江曰濟民曰濯纓曰洗馬東通南林堰南通蔡橋西通茅山後河北通小何家橋一走馬塘港案臨河直路相傳是張兵馬鈐轄使仁皓騎從往來處故名走馬塘　在茅山南宋嘉定間陳塤置莊種竹稱君子河東通五港南通王大悲港西通劉家港北通

茅山後河其上橋梁凡二十一曰高塘橋山東北十五里後莊橋姜山後斜橋姜山燕山橋山東北九里石浮橋山東北七里相傳翻石江中之沈石扛此作橋王伯橋山東北八里東林橋山東北七里西林橋山東北六里豐樂橋涼橋俱山東七里顧家橫橋山東北五里五港橋山東五里新塘橋山東十里蔡郎橋山東十二里皐家橋山東一里寶慶橋清河橋俱山東南七里袁繡橋山東南九里晝錦橋山東南六里隴公橋山東南三里蒜橋山東南五里下產蒜草香同石菖蒲其葉無脊訛稱蒜家橋案凡單注山者俱係茅山　敬止錄

大石碶天童育王兩山之水自此入江歲久湮塞宋淳祐間郡守陳塏遂於橋下作平水石堰而於浦口置

閘立橋內可以洩水外可以捍潮（王正續志）元末浦漲堰閘皆廢址入演武場一遇大水東七鄉之民輒病昏墊嘉靖間尚書張時徹力言於府縣尋故道而修之廢舊大石橋碶於今橋下甃石置閘由是衆流皆由此入江上流無泛溢之患（李志）老界鄉十九都一啚俗呼四眼碶長三丈四尺闊六尺（錢志）

明沈一貫重修大石碶記畧鄞邑倚於郡其境中分於江江西田仰溉於它山桃源之泉泉從四明山來最遠故多腴江東田仰溉於横溪錢湖小白諸泉泉從金峩福

泉太白山來源近故多瘠入夏半月不雨農病矣雨三日不休復澇蓄洩之時惟藉人力哉三面濱江釃爲水門以碶名者十餘而最著爲雲龍爲烏豐爲五鄉雲龍南洩烏豐西洩皆入江而五鄉東洩入小港達海最捷波流靡不能爲澇故烏豐亦嘗前廢不修自定海人别碶東岡於五鄉五十里外環游渟瀠壅不時下淫霪適來皺爲巨浸人享其利吾不能無蒙其害至萬歷甲午急矣民乃相率言於郡縣而奮鐇揚钁排烏豐之隄曰江東大石者而洩之土始獲平江東大石者烏豐之第

三第四碶也碶有五此居其要宋淳祐間守陳公塏治之壩今嘉靖間守周公希哲曾公鎰又治之復壩江東介民居中瀆宛宛在顧瘠蔵沮洳水不行疏之行矣大石在演武場中地曠力易施而渠阨石陁又止一洞泰瀕江潮易咽於是守吳公安國與令翁君憲祥採予之言而爰視爰相經始其事白之海憲吳公鴻洙而新之徙基去江干十餘丈倍其洞爲三密築以松鉅石鉤連而甃之梁互其中空以防盜舟之決橋於其旁便人往來浚河倍寬之俾瀦有游又慮啓閉宜置守當守宜有

以食之賦諸民非久計則視演武場多餘地而建菴如干楹召僧居之履二十畝不稅以給供蔬茹於其間且當兩碶樓費菴以碶設名曰永利所沾溉田起甬東一都至三十都凡三十七萬畝不欲多徵畝取釐銀以兩計者僅四百益以助俸時疏罪人執役不浮浪一錢故善而亟余惟水者天下之大利害也過之與不及之皆害向東岡之未碶也人皆言東岡利比碶之又言東岡害有所以除其害而後其利全既三倍大石之洞則烏豐之他湮可無間其利又全此雖一役而計水之平已

審可記以爲法尚冀後之人之視此也無廢厥初焉

江東碶閘　鄞錢家道頭閘洪武二十七年修（永樂志）宋淳祐二年士民上言江東米行河舊有碶閘隨時啓閉内通東湖水脉外障大江潮汛沿河兩岸各有石礎近年以來兩岸民跨河造棚汚穢窒塞余家橋夾家橋低塌河面舟不能通有妨運載況父老相傳此河通塞有關四明風水乞行開濬復還故蹟仍乞增高兩橋以通舟楫郡守陳塏遂俾屬開浚重修浦口疏水二閘改造浦東橋（原名余家橋）澄波橋（原名夾家橋）各增二尺仍差官打量

自浦口橋河道南北兩岸闊狹丈尺從制置司置立石
碑於閘官舍内以示久遠浦口橋（卽斗門橋）下濶一丈一尺
浦口閘外數如之衕東橋下西闊一丈二尺五寸東闊
一丈三尺六寸澄波橋下西闊二丈三尺東闊一丈六
尺米行橋下西闊一丈三尺八寸東闊一丈四尺疏水
閘裏闊一丈四尺胡家橋下闊一丈五尺五寸徵君廟
橋下闊二丈六尺七寸徵君廟橋東至棲心寺橋一帶
並係大河以上自浦口橋打量至徵君廟橋河道東西
通長二百丈三尺七寸並係浙尺事載寶慶志中至今

殆四百年於茲河日湮塞水無所洩而傍河居民不時起蓋浮棚又皆鑿石增岸俾左右古遺丈尺僅存三分之一且浦口閘東西之民盡爲岩戶居常以鐵砂壅積成隄碶閘日湮没不爲用一遇大水淹榻沈竈數日不退而東七鄉之田告病矣明嘉靖三十八年知府周希哲據里人唐宗玉狀令鄞主簿張纁督役興事起徵君廟至於江爲丈者二百有奇碶閘可仍者仍之於是東鄉之水盡由此民得免患厥後百十年湮塞如故至康熙十年海道副使史光鑑復浚之水道以通然今東鄉

之水盡趨於大石碶而此碶非値洪水初無所洩與大
石碶利害相遠矣李志

甬東二圖乾隆三十一年知縣張
又奉疏濬錢志

明徐時進重修江東浦口碶記瓌郡而江郭東出度浮
橋爲江東浦口碶者江東市廛中導河入江時蓄洩而
均浸漑之渠也郡所抵東極海爲邑爲衛所棋置盤廻
數百里而遥率以江東爲綰轂小民生活其中容膝則
給故其地湫隘直上昂劃寸則寸而涓涓之一綫無幾
存矣猶未厭而跨渠爲棚通前後衢爲一肆碶與閘湮

於灌莽中不可詰歲暑雨則水橫流而居之稍窪者以沈竈病負壓而拓耕地上腴澇則經市而赴於江甚近碶壅則無途之從環而東注於二三十里之外其爲道也迂其洩不以時而稽事病河紆縈屈闤闠爲地肺清泚疏流自昔謂東七鄉之水朝宗郡城脉絡此矣碶夷爲平陸而地壅且以抵滯病極其勢不一大創更正之民且惡知其非有矣於是諸士民偕而白其狀於邑江侯侯曰吾責也輒往察故址石砌具如士民狀卽爲請於郡縣觀察撤浮舍若干樹刊滌滯垢俾水由閘入江

具如狀又設司碶老人一名兼攝大石碶及氷行橋河一帶有觸禁不以首以其罪罪之且坐賄論於是民大悅相勸不日竣役諸文學造予請記其事予爲考郡志宋淳祐二年守陳公塏嘗復江東大石二碶江東即今之所謂浦口也宋以前已有此碶而不能詳其所始其不能不湮而有俟於後之治且渝昔與今無異獨難如守陳公者踵接得耳入明嘉靖三十八年守周公希哲方經始淘米行河并修諸碶繼爲曾公鎰仍肩事而令田公登年鉤稽得度省督有程渠西下如龍尾洒洒注

於江如舊志今之父老猶有及見者而其湮也已若爾
江東於郡爲巨鎭從睥睨眺江東鄮一區詎古所稱萬
家邑奸僞萌生所當按治奚恩貸人情惟已之圖不遺
餘力而以妨於公則勿恤曾不思已亦公中之一人已
之踞此何日之有愚夫婦何能以戶曉侯惟曰惟有三
尺從事已爾志又稱前事士人以私故抵攔百方今慮
無不唯唯退舍抑亦有澗於侯之坦衷非有作於正夫
斥汰矣或又言自築東岡廢回江今日浦口之導流又
有賴於曩時所由陰受侯貺詎惟一壓之爲賴王駐洋

之周家堰四都之楊木堰皆碶之關之以補回江之廢去東錢之茹葑通米行之內口議載前志皆侯所欲次第舉者俟名秉謙徽之歙縣人庚戌進士碶渠深廣丈尺備如志仍以勒碑陰云

開慶碶　寶慶志云已廢爲田延祐志載開慶元年判府吳潛興水利遍乎四境復剏爲此碶河流不復滲漏海潮不復入河名曰開慶紀更造之年也嘉靖志云今復廢敬止錄

縣東十里丰界鄉舊名鵲巢碶聞志

廟堰碶　二十都三圖雍正十一年修築長三丈一尺

闊四尺北距大石碶五里南距蕭皋碶十里接塘河臨大江東南山水悉由此洩乃東鄉第一要害之所而郡邑舊志俱無廟堰碶之名嘗訪其緣起則里老相傳云是地逼近大江河水外洩江水內泛宋時有鍾分者創是碶民德之建廟碶旁洎碶廢廟遷水患復作乃於廟址築堰以禦之後又築碶以宣之因名廟堰碶今之鍾廉廟卽創是碶之神也按鍾廉廟舊志謂建於開元間當其先既已創碶碶豈無名稽考之寶慶志則云鵲巢碶在縣東十里手界鄉吳判府之改名開慶碶亦卽此

址自後諸志則云已廢今此鄉鵲巢閘慶之蹟杳不可
得而廟堰碶適當其缺稽之時代相之形勢核之里老
流傳則廟堰之爲鵲巢無疑惟是此碶啓閉之宜較之
他碶實更重大所賴當道賢令宰嚴其禁約毋使營私
自便之徒有所侵佔更易則東七鄉之田畝永被其惠
矣錢志

蕭臯碶　天順五年知府陸阜修築成化志　縣東南十五
里手界鄉聞志　二十二都四啚與二十一都一啚合管長
一丈五尺闊五尺乾隆十九年知縣宋鑒重修錢志

貝則碶　天順五年知府陸阜修成化志縣東南三十里手界鄉聞志二十二都一啚與二啚合管長二丈五尺闊八尺額設碶夫一名工食銀三兩腦板銀一兩五錢乾隆四十年知縣張天相重修錢志

雲龍碶　縣東南三十里手界鄉二十一都又名荻埭碶宋熙寧間邑簿黃宁創築寧曹隋成之元大德十一年邑丞盧廷信重修置上下梁又建僧舍俾之守理歲久湮圮明天順五年守陸阜修而未成八年守張瓚成之聞志二十一都四啚與五啚合管長五丈闊一丈二尺

額設楔夫一名工食銀三兩六
錢扁板銀二兩八錢　錢志

元趙孟河記鄞之東三十里凡七碶襟江帶河狹埭最巨劉自邑簿黃公宁而宰曹公隮成之設僧舍以守力大勢危驚濤舂薄歲久仆且決鄉民病焉歲丁未孟春丞盧公廷信以都水監募鄉甲戶治舊蹟晝運石夜搬木以築中固旁堅且道上下梁虞其洩越四月落成餘則畀僧理守舍是役也視前制爲壯民忘其勞身先之也丞貞定人性簡毅涖政清以明省若臺檄下率日委廉能盧將仕晉政之多茲復何述然繼黃曹凡幾政而

陵逮如昨此時此役寧無彙成蹟上太史氏者乎始述鄉民之歌曰截荻江而瀦兮練雲龍之碶兮可澇可疏私有蓄兮公有輸丞之德兮易已民之思兮瞻以水

鄮碶　縣東南四十里豐樂鄉二十三都聞志

東周碶　豐樂鄉二十五都李志

古塘碶　豐樂鄉二十五都聞志

樟木碶　縣南三十五里鄞塘鄉二十八都一啚明天順五年知府陸阜重修聞志長五丈闊一丈五尺舊設碶夫一名工食銀三兩牐板銀一兩土塘長十丈一尺闊一丈二尺係七啚十

啚合管（錢志）

棟樹碶　縣南三十五里鄮塘鄉三十都二啚（闕志）長三丈一尺闊五尺（額設碶夫一名工食銀二兩牐板銀一兩）乾隆二十一年知縣朱鑒重修（錢志）舊志作棟木碶（新增）

莽針碶　縣南四十五里鄮塘鄉永樂志名茅山港口碶（敬止錄）

中塘河

出於東錢湖栗樹塘木㯭前堰高湫諸堰下等水支絡派合高錢之北高塘頭邸隘橫涇王家衕諸處之前河

西出盛店橋里許至港口直對大石橋碶又自嘉慶橋而為鷺涇滙四港橋等河則可抵栗樹又為高錢之前河其北下則出盛店新橋之南側上則繞鹿山而出滙縴橋與北塘河通所歷橋梁凡十有四曰宋昭橋西達十八都東抵官塘路港口橋東抵官塘路西達道士堰朱家橋隸手界鄉橫石橋東抵官塘路西達橫溪路蔡家橋撒火橋東達三都西達十六都四港橋東達三都西達十五都報恩橋楊木橋東達二都西達十七都沙家店橋八字橋東達十都西達十八都已上自嘉慶橋至栗樹一帶盛家橋蔣橋方橋敬止錄

北塘河

一名裏塘河其源有三一自寶幢而來爲寶幢河聞志源出太白諸山西流台東吳小白二河之流經滙緯橋至張斌橋南入補陀寺東河而注之江其支一自鄭山橋南入分流抵梅湖等堰一自盛店橋南入分流抵高湫等堰一自張斌橋西流合大河橋之水而南抵王家墳頭一自天童而來爲小白河聞志源出凰下等溪西流合東吳河入大涵山橋至滙緯橋注於東塘大河一自東吳而來源出三溪爲三溪浦歷府前橋秋波橋鄭家橋與小白河合至大涵山橋與寶幢河合至滙緯橋爲東塘大河歷鄭山橋盛店橋祁明橋七里店橋其水皆西流所經碶則五鄉碶爲大嵩爲回江東西二碶其外通鎭邑之小浹江自鎭分宋繼祖從碶於東岡過江爲河今僅存斗門不甚關於蓄洩及城東張斌橋西合大河

橋之水而迄楊柳道頭土名王家墳頭以洩於林家道頭閘迨明閘廢乃從張斌橋至補陀寺前河洩於江東碶閘後緣大河橋河水爲北塘河西流之下流倒流入補陀寺前河其勢不敵上流之健因別開烏龍碶以洩之參蔽止錄甬東軼事蔣樗菴水利考所歷橋梁凡二十三曰張斌橋元豐二年里民張斌建因以其名名之北抵東官塘路南達雷公橋七里店橋店一作墊南達福明二都北達一都橋南北同上盛店橋店一作墊南達三都北達四都盛店港口橋南北與七里店橋同新橋南北同盛店橋鄮山橋南達十都北達六都滙緯橋南達大涵山北抵官塘路已上八橋三漾合流而下者舟舟分二路東向北往育王東向南往東吳小白回江碶閘橋皎

碶橋斗門橋鄭溪橋姜皇后橋下莊鎮橋口同舉葛家橋
已上七橋育王水所一名故西抵九
經行舟自寶幢河頭李家洋橋敬橋鄭家橋星橋路
東達小九星橋繹路因河凹乀故建此已上東吳橋
白河頭三橋天童東吳水台流而下者
在大涵山足嘉靖間有大涵山橋一名大橋南
乃重列也南達瓶窰北達小白橋秋波橋達東吳市北
達官府前橋有史嵩之墓府基南三溪橋南達大嵩官
路抵官路北達小白路路北達小白
路爲三溪等溪所出已小白橋與東吳橋同岸並列
上四橋東吳水之所出相去十丈許南達秋
波橋北達東吳橋此天童水所出進
五里爲小白河頭行舟始此敬止錄
林家道頭閘洪武二十七年重修永樂志縣東三里許
老界鄉聞志即甬東原五啚之楊柳道頭今廢其閘柱一

枝尚存十鑑樓南漕新增

烏龍碶　在林家道頭閘之北錢氏芍藥沚之西其龍脈發自慈谿驃騎山由龍尾河渡鐵沙滙大江入烏龍碶屈曲滙於塘河又越河至芍藥沚而龍脉潛焉故漕曰潛龍俗作錢龍漕以錢氏聚族而居也　其碶港初不甚廣非若林家道頭閘河港之闊可任侵塘河遠來之水直達於江且分洩於錢家道頭閘入米行河而出於江東碶也自林家道頭河久戴湮塞正嘉之間有傍閘而居之唐錫範者潛掘其兩旁石磡佔蓋房屋其子宗玉壻於張尚書

時徵之子邦岱倚勢作威闢其居址改造樓房中貯所蓄秦漢古鏡十牓其樓曰十鑑且於嘉靖己未呈請郡守周公希哲濬復米行河以通水道葢恐人之議闢林家道頭舊港也時周郡守方修郡志延張尚書爲總裁遂遞分修者之尚書從姪邦翰詭云洪武初湯和總兵明州以林家道頭閘水自寶幢而來綿亘四十餘里勢如利矢直射郡城爲談形勝者所最忌於是廢其故址官鬻於並閘之居民以爲廬舍等語登諸郡志以杜人言宗玉此舉可謂慮周以密矣孰意不三十年身亡家

敗十鑑樓旋售他姓而所廢林家道頭之故址尚留一石閘柱於河岸以貽後人之口實迨萬歷辛丑魏公成忠來知鄞縣盡心水利見五河橋一帶河水臭穢渟蓄訪知宗玉之孫爰於唐氏轉售他姓之十鑑樓外臨河隙地造樓十間逐桃花渡頭之土娼聚處其中用垂炯鑒因稍廣烏龍碶以通污濁之水而注諸江天啓壬戌巡道洪承疇觀察四明又加疏瀹且立碑於碶旁之烏龍廟以示永遠詎承疇蹈漢李陵之故轍村民不義其人碎其石碑投之於江而所謂烏龍碶者欲其不爲林

家道頭閘之續是所望於官四明者之守令也甬東軼事縣東三里甬東大嵩七嵩交界處爲裏塘河西流要口闊八尺其水道凡九曲由府主行祠石戲臺下至烏龍碶橋數丈南折至洪聖廟旁折北而西通入閩商會館後牆內過南一曲出會館南牆至江口直對東城水喉乾隆五十四年里人包詩淦重修嘉慶九年里人史積蘭又修道光二十八年里人王秉勤等復請疏復呈蒙攝守徐公敬勘准挑浚新增案烏龍碶有三一在明堂畢鬼谷祠旁一在林村下宅朱都堂公墓前一即江東之烏

龍磎也甬東軼事爲明季鄞人李埈所著其書現存錢志既經收入藝文當必目見其書乃於林家道頭闢仍採嘉靖志僞託信國之說而不列烏龍磎專條丈尺此正纂修者之疎於考訂也載稽明史列傳紀湯和於洪武十八年以征虜將軍從楚王討平思州叛蠻歸而倭寇海上帝即遣行和請與方國珍從子鳴謙俱乃度地浙東西並海設衛所城五十有九二十一年閩中並海城工竣和還報命中都二十三年朝正旦感疾失音帝遣還里疾小閒復命其子迎至都二十七年病寖篤不

興明年八月卒年七十追封東甌王謚襄定而城明州之大嵩在洪武二十年又明載志乘永樂志於林家道頭閘又有洪武二十七年重修之文是因元延祐時已多湮塞而修之也則嘉靖志云云爲唐宗玉僞託以控制後人之議開林家道頭舊港無疑乃錢志不採甬東軼事而仍採嘉靖志并不列烏龍碶專條丈尺卽此可見纂修者之疎於考訂也

國朝邑人夏星垣裏塘河西流出口辨閘攷張斌橋上流嘗震方志曰一自張斌橋西流言其流自東而西也

至是而西流又分二支一支向南志曰西流合大河橋之水而南抵王家墳頭此言西流之南支也一支從石巘臺仍向西流此即烏龍碶之上流也南支已湮西支詎可復淤則烏龍碶不可不亟議浚復也試以三塘河水利言之東鄉之水凡三大幹俗呼外塘中塘裏塘是也外塘亦名前塘南受乾坑白杜兩源有樟木楝木等八碶洩之而外塘亦足以自支中塘受錢湖七十二峯之源自栗木木櫧而下七堰專洩錢湖之水而中塘亦因之而啓閉惟裏塘之水勢最大八碶七堰而外支縮

派合其餘波盡入裡塘裏塘一名後塘源出太白天童
諸山自寶幢蜿蜒而來至張斌橋而西流駛矣故於上
流置碶閘以殺其勢亦因勢而利導之非惑於堪輿而
改道南入也彼梅湖高湫之力據上游者皆爲殺其勢
而設導引家所謂扼其吭也殊不知經滙緯橋南合東
吳小白之流而裏塘之水勢愈大其上流旁殺者惟一
大石爲扼要而入河注江之道又半爲中外塘所分據
是大石專爲中外塘而設裏塘不過波及耳其次莫如
江東碶南入補陀寺東河而注之江此卽南入江東之

道也而路迂港狹不足以殺其勢則下流之湍激如故每當霪雨交至南抵王家墳頭之水皆屬倒流一遇旱乾河水臭穢疫癘盛行故裏塘出口莫若烏龍碶最爲吃緊。葢三塘之水。至張斌橋俱西流。大石江東不過上流分注。以殺其勢者也。而下流之仍向西流者。豈無出水要口。故於橋畔西偏設立閘石。鑴開閉字。以驗西流緩急。西流急則開烏龍以防水漲。西流緩則閉烏龍以資灌溉。迄今閘石猶存。此猶正肅吳公水則之遺範。郎爲大石江東而設。亦以西流之緩急驗之。則西流要自有山口也志載東塘大河源出太白諸山則是指裏塘西流而言又載西流合東與小白之流云云此言上流之旁殺者也志何以不析言西流上下流之所由分下流南西支之所由出又載一自鄮山橋南入分流一自盛店橋南入分流可知俱指上流之分注而言志亦未嘗分別言之也又載一自張斌橋西流云云夫既載張斌橋南入注江則西流之入河必有所從入之道而西流之注江亦必有所由出之口而何以又載張斌橋西流云云可知西流之下流又別有一支西流也既言西

流則西流自有歸宿志何以不明言西流之南抵巳湮而西流究於何處出口此皆錢志脫畧而不分明也夫裏塘之水甲於兩塘而三塘之水滙於一塘而洩三塘之水之碶又惟大石江東而南支分抵王家墳頭之水今又湮塞則水之不得不仍向西流者其勢使之然也大凡水之勢直猛而橫殺猛則雄雄則強殺則緩緩則弱有必然者下流壅塞直者既無以遂其猛雄之性則水必逆流汎濫橫溢其害不可勝言水一逆流則橫流皆作直流旁決者亦從之而倒流而殺者以猛弱者以

強則横川者反助其倒流之勢而其害更不可勝言況
霖雨大作倒流之水與三塘之水兩相排擊而横出矣
而旁決矣未有蓄則有洩譬如人之飲食然胃爲水穀
之海滋物皆歸其精液從幽門上輸於肺分佈五臟其
糟粕從肚門下注大小腸而出既出矣何以又有大小
腸之分小腸分別清濁下滲膀胱水液入膀胱即溺道
焉滓穢入大腸即穀道焉恭張斌橋爲三塘西流滙聚
之所猶飲食之有胃脘焉其上流灌溉田禾猶肺之分
佈五臟焉其下流南抵王家墳頭猶水液之入膀胱焉

其西支仍向西流猶滓穢之入大腸焉今南支歲久淤塞膀胱已失氣化之機而西支不開烏龍碶未有不閉塞下竅而癃腫者此類是也願吾鄉有心水利諸君子熟思之

周道遵東鄉碶閘論竊嘗舉東西兩鄉水利而衡之東河水勢之大而西河之水勢更大東河發源之多而西河之發源較多而東鄉水患每甚於西鄉何也西鄉碶閘適足以洩之行春風堋積瀆烏金此洩南路之水者也保豐石塘此洩西路之水者也而六碶又皆大碶此

西鄉水患所以亟於東鄉也東鄉之水凡三支俗呼中塘河外塘河裏塘河是也中塘河源出東錢湖而東錢湖受七十二溪之流自栗木木構前堰高湫諸堰而下支縮派合而納於中塘此中塘之水所以大也外塘河即東塘河其源有二一爲乾坑源而自南來一爲白杜源而自西南來兩派交注而納於外塘此外塘之水所以大也裏塘河即北塘河其源有三一出太白諸山而自寶幢來一出鳳下等溪而自小白來一出三溪爲三溪浦而自東吳來三支合流而納於裏塘此裏塘之水

所以大也有三塘之大河而洩之者寡此東鄉水患所以甚於西鄉也而洩之者之寡又何也彼七堰之專洩東湖者無論已自明嘉靖中定海令宋繼祖別碶東岡於今鄞鎮交接之界因廢回江東西二碶以出口之遠近較之所以爲鎮者重而所以爲鄞者輕遂使東鄉碶閘止有樣木貝則樟木雲龍鄮臯廟堰楊木烏豐江東大石十碶而已而洩三塘之水之碶又惟大石江東二碶而已以二碶而洩三塘之水在平時固足洩之一遇淫雨河水並漲亦爲能以大石之三涵江東之一涵容

其放洩況江東志載惟洪水可洩是江東亦一虛碶哉道光癸卯秋霖雨大作外塘水較中塘先退一日中塘亦較裡塘先退一日而裡塘較中外兩塘後退三日故田禾皆因之多淹三日此近事之明徵也細求其故裏塘河自張斌橋南入補陀寺東河此不過上流之殺其勢者而況路紆港淺究非裏塘西流之要口且以三塘而并於一塘水勢必不大自大此裏塘之水患所以較甚於中外塘也沈蛟門記云既三倍大石之洞則烏豐之他湮可勿問此必蛟門受唐宗玉之託而故意言之

以杜後人之議開林家閘並井公論也錢志云前人論
五鄉東西碶廢宜於周家堰楊木堰各設碶以補之底
東七鄉不受水患今楊木雖改爲石碶然但洩支港之
水而裏塘河水遠莫能致況周家堰尚未改爲碶乎則
欲除裏塘河之水患必當爲裏塘河另設一碶烏龍碶
故址現存留心水利者能以開復之責自任豈不甚便
願高明審三塘形勢而斟酌行之可也
烏豐碶　在一都二圖舊係泥堰長十八丈闊一丈四
尺嘉慶九年里人史積蘭改置石碶爲裏塘河東流出

口新增

楊木碶　即楊樹堰縣東二十里長六丈二尺闊一丈高一丈東西俱有土備塘二都三都合管額設碶夫一名工食銀三兩膳板銀一兩二錢乾隆四十年知縣周樽重修錢志道光二十四年又修新增

五鄉東西碶　縣東三十五里陽堂鄉六都即囘江東西二碶至正續志此鄞江合慈谿江而流爲定海江者通號爲五鄉碶敬止錄嘉靖中定海今鎮海知縣宋繼祖別剏東岡碶因廢李志若連日霪雨暴水壅至不能驟洩東七鄉

之田往往成巨浸今亟修大石橋碶而又於王駐洋

之周家堰四都之楊木堰各設碶以補回江之廢則七

鄉之水不爲災也聞志

樓家碶　即樓家堰在縣東北三十里四都五啚乾隆

五十年知縣錢維喬據士民徐煜等呈稱太白山水綿

延數十里并東吳河小白河寶幢河合流至滙緯橋直

達梅墟此處地稍低窪其在東之東岡碶在西之楊木

碶各遠二十里一遇山水大發不能驟洩田禾多被浸

害應改建石碶一門按照就近四都三四五啚田畝派

捐興建卽令坐啚莊首輪年値管時其啓閉毋致廢弛實於水利有益勘定舉行遂改石碶錢志

東岡碶 在定海縣今鎮海崇邱鄉東岡山下去定之東岡碶三里許明萬歷閒鄞令魏成忠創建地屬定而碶乃隸鄞也聞志長十四丈闊七尺五寸高九尺碶門設十三洞皆砌石有公田四十二畝三十畝前明修築餘資所置續增十二畝係江口漲塗每年租息抵給碶夫工食及歲修之資六都一二三啚合管錢志道光二年觀察陳中孚督同鄞鎮二縣會勘修築加高二尺旁設滾水石壩新增

明嘉靖十四年鄞縣帖文竊照鄞東五鄉之河南則橫溪白杜諸水東則育王天童太白諸水中則八十里東湖所受七十二溪之水皆滙焉環繞百里鄞之陽堂等鄉定之崇邱一鄉百餘萬頃之膏腴胥資灌溉有錢槎諸堰以蓄之有五鄉諸碶以洩之修築不廢啓閉以時雖水旱不爲災唐宋以來此法莫變正以有利無害不可變也五鄉碶東西各五洞槎堰東西九十餘丈鄞定利害之咽喉皆係於此蓋五鄉碶浹港入海之門戶而下流則東岡山經焉槎堰爲河水入定之道而上流則

紀家橋經焉碶一啓水即注於江鄞可無水患矣堰一固水即注於河定可無旱災矣是兩縣得免於災者以浹灌無下流之壅河水無上流之閉耳邇年以來湖畔爲田水之蓄也視舊既少槿堰時圯水之漏也視舊復多定民始以旱爲慮矣案行兩縣合修槿堰之□鄞民曰利在定也定宜修定民曰地在鄞也鄞宜修各因利已鬬訟紛紛使兩縣掌印官虛心順理同寅協恭行修廢舉墜之政鄞定雖有世利可也何鄞縣起議於紀家橋增修一閘水餘則啓不足則閉置槿堰於不顧繼其

後者執議益堅定海縣不責其修堰之不協乃責其置閘之不宜力與之爭而不能勝慚媿忿激於東岡山下創議築堰移山麓之土以斷通海之流不數月而浹港果淤潮汐之至乃於故道之北創設東岡一碶僅足以洩定海之水至是而鄞定諸堰不復修旱魃不足慮矣第下流既壅五鄉兩碶無所用之雖霪雨一日河與田皆盈一望無涯禾草莫辨纍十餘日不能洩收穫減五之四甚者室家有沈竈之虞民安得不困且急也連年大水鄞民不約而同者三百餘艘二千餘衆持弓矢挾

利刃冒死以決東岡之新堰是時非無江東雲龍新舊諸碶也設若可以洩水豈鄞民獨愚蠢樂就死乎緣大江諸碶之不足恃明矣假使陽堂等鄉亦屬定海利一鄉而害五鄉東岡肯使堰乎否乎蓋鄞之官民專利於上不顧下流之水旱固失之於始定之官民專利於下不顧上流之水旱亦失之於終皆以槎堰不修起於私而成於激耳定人乃假防海備寇之說以惑上聽要非至當之論也蓋東岡碶去海口尚二十餘里舟楫出入今猶莫禁豈眞可以備寇也況自有倭患以來何寇自

小浹港入哉且甬東巡檢司設於海口亦足以備禦若因其通海而塞之則河頭渡大浹港諸處可併塞乎爲今之計莫若蓄湖水修槎堰罷紀家橋閘去東岡之壅以復江湖之舊兩利無害策之上也其次東岡去堰而置碶各五洞與今碶併廣可以少殺其汎濫然以曲轉迂遠不若故道之順鄞民猶不便矣若憚於工力碶止五洞乃曰緣江諸碶在焉則地勢高水道遠且滷潮日壅爲害反深策之最下必不可行者也專職亦鄞官也此議出於鄞官之口恐亦自有私其民之嫌惟臺下親

臨其地而相度其形量人民之衆寡酌利害之大小而爲之處置當有大公一視之仁萬世不易之法矣

明沈一貫記鄞之有東岡碶修築甚艱蓋其地東滙定海南浹奉化爲鄞東鄉咽喉其原田灌溉惟仰東錢一湖其關要尤在東岡一碶其瀕江爲碶者如雲龍樟木蕭臯貝則大石五鄉由五鄉小浹港達二十餘里而爲東岡緣兩崖而堰者如上中下槎二十餘所實障扞之顧土壤易圮下流易涸嘉靖間令長公夏侯與東岡之役而五鄉之防可緩第五鄉二碶洞有十東岡併而爲

洞五水漲不易洩而民病潦並石碶三里許有木碶七
洞之設則鄞助定役爲之萬歷間河水溢又守者失閘
放之候鄞民稱不便仍以五鄉爲防無何以沿涯泥堰
多壞不如保東岡尋築尋壞有言修之便有言不便鄞
之五鄉地勢窪者利於洩定邑地斥鹵資上流又利於
障故有言宜碶者有言宜堰者是修築之爲艱我邑侯
魏公涖境輙諮利病目擊斯患咨嗟久之曰是吾守土
事庸可令東鄉旱輙稱赤地乎且原田高者什九窪者
什一歲時病潦未數特病旱數矧雲龍大石等碶蓄洩

以時卽旱潦兩不病且嘗所波及旁境亦時有之則修
築東岡一碶何疑其西碶築塞事在定海本郡暨二縣
叅酌之而東碶之役遂果乃更權广標本先於東錢湖
隄築之增高碶閘有加時時親閱以稽守者於東岡則
鳩工聚土各貲價度九百有奇議於沿江田畝派厥緡
民樂以輸爰備詳其事於撫臺尹撥臺吳海憲洪郡侯
鄧郡丞黃通守湯錢郡理何僉曰是興東鄉世世利實
予爲人上事矧賴有賢侯其急是圖侯於是力肩厥任
悉心料理凡盡制而曲防者靡所不至以政務旁午且

其地去縣五十里而遙乃分屬耑事侯則五日七日一巡覈以稽工之勤惰參之疏密樹稧之日親率工匠露立野宿不辭勞苦稧舊止八洞今增之五共十有三柱壯以大砌厚以堅彌密彌固令私啓放舟者無所覬下承上覆悉用鉅石又虞土疏易陷用灰倉三道以堅其底皆侯所親督築也稧較舊低一尺以固其址潦則水從上流旱則水鮮下漏經始於萬歷三十二年十一月四日落成於萬歷三十二年十二月五日民望其規築而誦侯之功壯且鉅也望其當瀦而誦侯之澤深以泓

也父老相率幼穉而交祝曰天賜我侯侯賜我澤願侯世世與隧與斯澤同久長也經費止用緡七百許以其羨一百許置廬買田捨僧人守之以司啓閉而東鄉里役碶夫工餉之費遂免又其羨則從東鄉沿江雲龍等碶修築之其不盡則以及之西鄉石塘等碶是概邑石碶并穫萬全不直東岡一碶云爾侯之財用廉而施澤廣也若是昔唐鄮邑侯王公下創築它山石碶功施甚深且溥今侯之功詎在它山下哉於是邑縉紳王君以諸父老意請予一言以章精勤志專澤予既嘉尚賢績

且爲吾鄞世世慶爰記之以勸諸石
附明張時徹定海東岡碶記寧波治邑鄞與定海錯壤
鄞東三十五里有東錢湖焉橫縮八十餘里合七十二
溪之流而瀦之溉田百萬餘頃鄞七鄉暨定之崇邱資
之稽藝胥受課焉然崇邱之引湖也必由斗門下小河
以達河之腹有蛇堰者細而遏江易決難築其決也水
盡注於江勢若建瓴故河渠與湖未旱而先涸三農病
焉定民曰是堰在鄞鄞民宜役鄞民曰是利在定定民
宜役其弗諧也鄞民乃壅上流定民決之每相聚鬭鬨

各挾其令長以訟曾無已時於是縉紳父老慮患日棘深求便宜之策圖而議曰若北去二十里所而堰則堰以上江盡爲河瀦停並巨蛇堰可無用鄞鬬訟可消止也爰以請於監守諸司諸司不察以爲難罔有與事其所謂江鄞名小浹港也自大關以南海支別而北上通五鄉碶長可五十里比年夷寇充斥厲於關禁以斷鄉導交通之路而小浹港則故無關也不逞之徒乃姦闌出入其閒晝夜絡繹莫可防制此其爲患又不止於河決赤地而已也維是甲寅之歲成都宋侯來令定海志

在振厲頹靡以沛宣休澤孳孳問民所疾苦而興罷之乃父老欣欣慕向以其故告侯矍然曰有是哉令以為民苟有利也其何敢不力乃從一二徒隸披草莽率士庶而景相之遂盡洞其巔末與往昔徙堰之議蓋相符也爰度東岡山之下江水稍淺橫亘僅二十餘丈曰是可以堰西去二十餘丈即土田疏之以殺水勢曰是可以碶堰以蓄水碶以洩水度費金五百有奇遂以父老之請請於當道申之曰可與樂成而難與慮始凡民之恒情也築室道謀迄用靡成淆言之亂聽也是舉也利

於農而不利於商將肆譸張以撓成功者踵至矣惟當道財察之已而次第報可下令惟蕭厎民子來率作興事卒靡有梗議者工肇於乙卯四月迄於是年十月鄉民以畝率費而盡歸所給之官銀自是堰以上爲河其下爲江鹵水不得内湧河渠不得外洩溉田無慮數萬昔日瘠鹵之地盡變而爲沃壤畝入可數鍾蓋不惟崇邱之民永無旱患而鄞之七鄉亦胥被汪濊矣又外寇内姦憑舟楫出入者不得詭蹤跡以越屹如關隘之防阜民禦寇一舉兼得鄉之士庶祝天而謝曰惟天祐我

徧鄙民併康於粒食保有家室惟侯功德世世當不磨乃廟而碑之謂東湖黃公信而可徵相率乞余論著其事余乃言曰甚哉吏治之衰也卑瑣齷齪者固無足論世所稱高等亦不過奔走逢迎急簿書期會僥倖一切以免上官之督過云耳又況海寇陸梁兵革繁興料丁轉餉會靡虛時又孰能圖議於几席之外與斯民興百世之利乎侯乃力求表樹詢民之瘼不謀而僉同不費而事集此豈規規旦夕與儕輩競尺寸者哉於乎是可碑也已嘗考之郡乘昔王元暐龔行修作它山堰李夷

庚陸南金浚東錢湖陳秘閣治廻沙閘皆洞悉機宜惠澤無疆民到於今思之僳之績豈異是哉或以潦水不得速洩殆不免於魚鱉則去郡二里許故有江東碶閘修而復之啓閉以時將永無害災斯百世之利也

甬上水利志

周道遵攷述

卷三

東錢湖

縣東三十五里福泉瞻埼韓嶺諸山三面環繞受七十二谿之流滙成巨浸昔人因山麓斷處爲隄合之莫考所自始唐書地里志於鄮縣下稱西湖以時縣治在鄮山居湖之東也一名萬金湖因其利溥而言唐天寶中縣令陸南金復取民田二萬一千二百一十三畝瀦之

障以隄田賦則就所沾溉之鄉而均派焉每畝加米三合七勺三抄自此湖益加廣周圍至八十里宋天禧中守李夷庚又濬治之補隄趾之廢者而增築加固嘉祐中始置碶閘此據舊志而言意嘉祐以前亦必先有碶閘乃可注河以溉田或至嘉祐始定今四閘之制耳湖四岸凡七堰東北曰梅湖堰西曰栗木堰曰莫枝堰曰太堰曰平水堰曰高湫堰西南曰錢堰爲塘者九曰梅湖塘曰梅湖堰塘曰栗木塘曰莫枝堰塘曰大堰塘曰方家湖塘曰平水堰塘曰高湫塘曰錢堰塘塘之長者莫如梅湖高湫方家湖三塘以山麓相距稍遠

也就堰旁置碶者曰大堰碶所洩之水通外塘河從雲龍貝則蕭皐櫟木諸碶入江莫枝堰碶通裏塘河直至大石碶入江錢堰之碶從楊木碶入江梅湖堰之碶注鎮海崇邱鄉從東岡碶入江而經流則自大堰而下鄮東塘運河俗所稱中塘河者至城東分爲二南洩者爲大石碶稍北則抵於新河頭此三支之大畧也然外塘裏塘二河其源淺而近故水利惟錢湖爲大湖之易於廢者昔苦茭葑爲害今則又患於侵占自宋慶歷間王安石爲令釐復湖界治平間重修六隄舊志不載修自何人考嘉靖廟

碑謂因修隄而立陸李二公之廟闕祀爲之記則六隄閘創於李公而祀重修之與其茭葑滋蔓湖幾湮廢淳熙間皇子魏王守郡請出內帑金錢五萬義倉米萬石佐除葑淤特撥水軍及民之食湖利者計畝出力凡去湖中積葑以湖面計之約二萬餘畝然所除者未經運置湖外僅就四岸分堆旋復塡塞嘉定七年提刑程覃攝守乃議用官錢置田若干畝歲收穀四百餘石如義倉例使高貲富人掌之分頓近湖僧寺中每歲農隙募民去葑計船大小地遠近酬穀有差凡湖壖近地人種茭蘆其中因而成田者悉按舊址清復之

上奏報可有侵湖者論如律刻版榜示初月波隱學二
寺及嘉澤廟前常植荷亦一切禁絕旣而有司坐視田
租移之他用湖日就湮寶慶中胡榘以尙書出守復修
覃象命於九月水退時用水軍船先去葑菱務釋其根
十月農隙則募湖下有田之家出夫助工先修運河諸
碶閘放河入江然後放湖入河湖涸乃去積淤請於朝
得僧牒百道常平米五萬石命水軍番上迭休鄉民就
役給劵兼募漁戶浚之以所贏錢增置田畝使翔鳳鄉
長顧派之主共事籍漁戶五百人分爲四隅人歲給穀

大石隨菱葑之生則絶其種立管隅二人管隊二十人轄焉渠去末雜葑者又十六年淳祐壬寅守陳塏別行買葑之策不遣軍不役夫命鄉民刺葑隨舟大小葑多寡聽其求售則給以錢初止數百人後裹糧棹舟至者日有千餘而湖漸復其舊迄元時田不可問而葑可糞田民自採之以市則有司且征其稅矣（征稅事見載南江水利說中）大德間勢家有以湖爲淺淀請墾田入租於官時都水庸田分司其（簿書不記其名）追斷復爲湖（南江水利說引延祐志謂湖幾廢者即指此）

明洪武二十四年耆民陳進奏言水利勅命遣官董

其役然封暫除而根在復生淤積雖去而溪澗之沙隨雨驟下閼久不治輒致壅漲奸民因而界築漸成畝畝宣德閒下水王士華以參政家居遂田其中幾數千畝七鄉民訟之監司得中止嘉靖九年寗波衞又請爲屯田縣令黃仁山用父老嚴詵之言勘覆不行

國初明魯藩據守越城僞總兵王之仁又欲廢湖爲屯鄞令袁州佐申阻營弁周某又請但廢梅湖袁令復移牒云東錢湖廢田積水民輸湖米則已納田租矣今復廢之爲田是虛征也且梅湖即錢湖之别名特其東北

隅耳自錢堰至高嫺嶺長隄計三千七百步欲屯梅湖
須藉此隄以堵水必加高五六尺其間下無石脉高則
必潰所屯之田仍爲湖撩又梅湖塘下有旱田三千七
百畝另設小斗門細流分注若屯梅湖以遏其源旱田
必廢棄此成彼亦復何益或謂可引錢堰之水灌之豈
知湖碶之下各有所歸從高湫平水而下者專灌奉化
橫溪一帶從大堰莫枝而下者專灌十七十八二十都
陶江雲龍一帶從錢堰而下者專灌一二三四五都一
帶從梅湖而下者專灌六七都及鎮海崇邱鄉一帶錢

堰與梅湖相去十里中隔大山豈有相通之理梅湖廢而六七都及崇邱之田亦立槁矣大湖之下皆泥故葑多梅湖下皆沙石蒪芡不生即廢之終不可田時士民於會勘時湧集至數萬袁令復作鄉屯問答四條始得罷議盖此湖自唐以來守令之加意濬治者或數十年或百餘年而一見請廢者自元至明末已閱其三特幸而得存耳然湖未廢而終有廢之漸舊志謂湖波望之浩淼以竿刺之最深處不及數尺即載輕舟行不得其故道輒膠不前又昔人稱一湖可灌三河半今且減爲

見乾隆寧波府志鄞河渠門

牛河矣有司知偷洩之害而不知盜佃之害偷洩者司
閘之夫率多奸民貧戶漁人利於採捕賄囑典守者竊
啓之而以網罟承其下一值亢陽欲放湖而湖已先涸
此自來弊習前錢令爲鄉民禱雨者所激聒痛懲里正
偷洩爲之少止若盜佃之害則日增月益湖之存者已
非復八十里之舊姑就近事徵之袁令存湖錄中載鄉
民訟牒謂濱湖忻曹劉戴等姓佔灘蓺屋此
國初時事也李暾修東錢湖議謂沿山居民原有老隄
與湖爲界。始則於近岸處堆草加泥。爲種作計。漸搭茅

李暾原文甚詳上半載山志未錄

爲今則竟造大廈此康熙雍正年間事也自茲又五六十年盜佃者更不知其幾夫湖中增數丈之田卽減數丈之水浸淫不已則李守所豬田爲湖者仍至湮湖成田何待如元明間之議廢哉況其害不僅此湖之塞多由於葑前此不知葑之可以糞也湖下之民旣知葑之足資地力亦或自能芟除而運載之袁令謂近年重修嘉澤廟有濯靈之異芟葑不泛蕁蘆生之者鮮此聽里老之妄言殊不足信特葑積而塡淤隨之侵湖者正因以爲利苟欲去湖葑必先正湖界而後市葑之策可行

又湖灘率皆低洼水滿湖田即揜沒惟私洩之而水減方可種植且以近湖故雖旱無所害是以湖壖之田倍收而湖外之民告病矣今欲盡舉盜佃之阡陌而廢掘之非有大力者不能行惟春夏之交尤嚴啓閉俾侵踞者歲歲苦潦或因無益而自止明邱緒八議其二三條意亦類此茍欲清湖界必先立水則而後濬河之數可復此皆爲蓄水計也（蔣樗菴水利考）道光二十三年八月初旬颶風大作蛟水壞塘堰紳士議將傍湖佔佃田畝當官變價爲修築費周道遵作書阻之二十八年巡道麟桂

捐廉五百貫護道楊鉅源攝守徐敬攝令徐嘉禾各捐廉三百貫給令舉人袁世恒等募捐督修梅湖堰五里塘大堰碶以及塘堰之損壞者一律修補新增

宋制使皇子魏王愷劄子臣奏照對四明被山帶海山高於田田高於海水有所洩每歲不苦水而苦旱前古因山形有不合處築爲長短塘受澗谷之水七十有二號東錢湖亦號萬金湖唐天寶中鄞縣宰陸南金益濬而廣之其長八十里溉田一百萬餘頃至本朝天禧中守臣李夷庚因舊廢址增築堅固自此七鄉之民雖甚

旱而無凶年憂慶歷八年縣令王安石重濬湖界嘉祐中始置碶閘至治平元年復修大隄立陸南金李夷庚之祠於隄旁皆有遺蹟又碑刻可考惟是自治平元年至今百有餘歲湖寖湮廢茭葑生之至二萬餘畝瀦水不多舊年於湖內取水灌注田畝一歲凡三次今止放得一次不能徧及郡人病之乾道五年守臣張津乞開茭葑得旨依奏趙伯圭踵其後遣知縣楊布量步畝計徒傭工役至大費用不貲以故中輟自臣到任恭承前後所降詔書指揮興修水利今年四月據知鄞縣事姚

給乞開東湖委長史莫濟司馬陳延年相視基址詢訪湖邊父老以及士大夫皆以爲當開遂委官量步畝實數具奏以聞在法農田水利並以食利衆戶共力修治合是民間出財陛下聖慈愛念黎庶爲之出內帑子五萬貫義倉米一萬石臣仰體聖意凡用竹木支犒賞搬運茭葑並用本州錢以佐其費緣其地界闊遠分作四隅差官董役復選擇士人有心力者相與辦集令莫濟陳延年往來監視至十月十三日畢事但搬運已開茭葑增廣塘岸或積在山均更須月餘方得淨盡民間

見百餘年積弊一日掃除無不稱頌聖德臣亦忻快抃
蹈戻自慶幸臣本州官吏除長史莫濟司馬陳延年巳
蒙聖恩除職外其餘提督官以下委有勞効欲乞睿旨
許臣開具保奏推賞庶幾爲民興利之官有所激勸三
省同奉聖旨依奏
宋攝守程覃劄子竊見慶元爲郡瀕海近江並無陂塘
全仗東錢湖及廣德湖它山水灌溉田畝廣德湖久巳
成田餉水軍不敢復議惟東錢湖爲民利甚溥湖面闊
約十萬畝灌田一百萬餘頃爾後茭葑湮塞向者郡守

控告朝廷陳乞錢米雇役民夫開濬葑茭未蒙允可魏王判慶元日復行申奏蒙聖旨川給五萬緡義倉米一萬石本府均官民戶有田之家出人夫器具又差撥水軍同共搬葑積於湖中候有水方行搬載暨有水之時欺罔官司將葑復行平攤在湖徒費錢米無補纖毫其時茭葑尚少今乃不然民間因茭葑之漲塞並皆計囑請佃或恃強侵占爲巳業種荷裹田今則湖中之水通舟如綫夏初缺雨盡開湖閘灌田無多幸而朝廷祈禱即應遂得一熟士庶陳述利害覃同通判親往相視委

實湮塞若欲科率民戶有田之家畝頭出錢則騷擾尤甚復差水軍非惟無補水利且妨教閱單區區管見不可求速效當磨以歲月合置田一千畝每畝常熟價值三十二貫官會計錢三萬二千貫每歲得穀二千四百餘石如義倉例輪委近鄉戶物力最高者掌管分在近湖寺院安頓每歲農隙之時許民間剖取淤葑計船之小大論取葑遠近里數葑之多寡立爲定則酬以穀子一年會計可以運二萬餘船若能去二萬餘船葑則可瀦二萬餘船水年年開濬水利日廣數十年之後必可

復見舊湖基址諸鄉之田雖旱無憂若不早爲之計他
時慶元之田既無水利可恃則與仰天山田等耳覃備
員攝郡樽節浮用徑備上項三萬二千緡責付等戶一
面置田條畫規式置立板榜但其間除月波寺隱學寺
嘉澤廟前堰四處舊有荷池許留栽種見委縣丞縣尉
置樁釘立界至存留外餘外盜種強占或有已裹成田
並合開掘如仍前盜種強占不以官民戶定行追治監
賞覃竊慮所立規模今年置田來年收穀農隙興工役
年田家方得其利如是則來年缺雨農家豈不利害覃

令再備錢三千餘緡糴穀二千餘石一面收買淤葑底
幾向後可以倣此施行事大體重若非朝廷立賜主盟
他日必有復斷侵占者妄行陳乞更改伏望特賜敷奏
行下本府常切遵守不許妄將上件穀子別有移用如
違許民越訴照常平條法施行伏候指揮奉旨依所申
事理施行其月波寺隱學寺嘉澤廟錢堰四處荷池亦
仰一體盡行開掘仍出榜禁戢今後不許復有侵占如
或違戾仰本府追入根勘其情犯申尚書省內命官取
旨鐫責其官民户定重作施行

宋郡守胡榘劄子竊見本府鄞縣連亘阡陌劭農之政莫急水利鄞縣七鄉歲不告旱所資以爲灌溉之利者惟東錢湖湖面闊十萬畝周圍八十里受七十二溪之水所歸水備可瀦旱乾則放湖下之田受灌溉者百萬餘頃年來茭葑障塞官司失於開淘以致水面日狹積水浸少今年春夏之交偶缺雨澤委鄞縣丞從事前去開閘放水下田據稱所放一二板而湖水所存已無幾若因循度日不行經理深慮浸致淤湮坐失水利委涉未便提刑程覃來攝府事嘗創立開湖一局撥

府錢三萬二千緡欲買田一千畝歲收租穀二千四百
餘石募民歲取葑二萬船可漉瀦水二萬船遂以十
數年東湖之葑可以盡去然自置局之後有司不曾舉
行已買之田歲收租穀未免將作應付修路之用未買
之錢見充所於庫不曾買田今湖中葑葑日生月長無
有聽已根株滋蔓日吞水地昨因士民有請渠即躬親
前往相視繼委通判秦泰識重行檢踏據中自錢堰挈
舟先登二靈山一覽盡見積葑其塞殆十之八九惟上
水下水與梅湖三節粗存水面既以得其大概乃創易

舟前邁令舟人以竿刺水步步考驗根株之下虛實相
半最淺渺處不過數尺惟是葑積歲久勢雖浮上根實
附下其間又雜茭葦彼此麗屬重以荷荇蓴蒲之類生
生無窮異類同黨其近山岸處積淤更甚亦有因而爲
塍漸成畝畝者及詢問父老審訂事宜皆云東湖自魏
王臨鎮之時申請浚治一次今踰四十年有司未嘗過
而問焉失今不治加以數年茭葑根盤水不可入雖重
施人力亦終無補會稽之鑑湖蓋可鑒也倘蒙有司申
請開濬則湖下兩縣田業可以歲享灌溉之澤湖上四

望漁戶可以日獲錙銖之利號令一出其誰不然且魏王開湖之始役兼資於兵民功具舉於表裏故事立就其後有司非不念此而或廢於鹵莽或牽於事力或坐視不治或粗舉無益因循積累至於今極矣至於所用日時必須於農事之隙八九月之交水勢稍退興工併作則民有餘力官無峻期或縮或伸惟吾所命實爲至便今條具到用功次第下項

一令開濬東湖以與水利勢須先去茭葑併其根株然後放乾湖水以去淤泥庶幾開濬既深可瀦水澤但功役頗大未易輕舉今當

以序而爲之然役水軍則用生券或貧民夫則用雇値魏王開湖因錢米不給頗有擾民今要當斟酌使公私俱便乃爲至計擬於八九月之間先用水軍人船以去茭葑然後於十月內募湖下有田之家出工夫人力以助有司庶幾可以辦集　一魏王開湖規畫未遂盡善頗有遺恨所開茭葑積於湖旁候有水用船運去消至水生用人船搬運乃多爲欺罔將茭葑平攤湖中復至湮塞水面徒費錢米無補纖毫今者用工不可又蹈前轍然湖際四山少有可積葑去處若卽用船搬運尤爲

重貲衆議今當聚茭葑淤泥築爲一隄可以盡除茭葑之根株可以便民旅之往來但昨者衆議欲自月波寺築至二靈山橫絶渡湖延袤八百餘丈功役尤大不可輕爲今者之議欲自郎家山頭築至楊家山頭纔三四百丈工役減半可以舉行

一東湖植荷民微徼利所至皆是未免妨水或者乃持倚可養水而不受淤泥之說曾不知水淺則荷盛水深則荷衰理之必然所易曉者昨程提刑嘗申請不許民戶種荷已蒙朝廷行下盡令屛除今未十年荷塘已占三之一茭葑因占三之二

今若濬湖勢須盡行屛去自後不許種植荷蓮仍乞朝廷檢會已降指揮施行如或違犯許人陳首追人根勘是情犯申尚書省內官取旨重作施行　一令濬湖必當放水先須修整諸處碶閘放運河之水以入於江然後放東湖之水以入於泂河水瀦蓄稍多庶幾湖田之民來春不失灌溉之利

明邑人邱緒修東錢湖議東錢湖會合七十二溪之流停蓄甚泓而注溉三縣七鄉之河其利賴甚溥也自昔盡七鄉之河足資三次放瀉之益雖亢陽赤地而苗不

患槁稱爲沃野今則淤葑不治而侵塞塡壅者相尋兼
之漏洩無禁遇旱開放不盈半河窒者不支十日而亢
者一不沾溉欲民之無饑不可得已是故浚湖之議在
今日當亟講而力行之者也浚治之目有八一曰固湖
防今湖之爲塘者八其尤長者則高湫方家梅湖塘也
夫塘短則兩山夾隘脈或橫亘其下其勢常固塘長則
兩山不接皆客土所成其勢善崩非至堅厚不固曩年
方家塘决廿里之外皆爲魚鱉其已事可徵已今欲浚
湖使深土無所歸宜以所浚之土卽加塘上倍闊二丈

增高五尺則雖侵湖二丈之水而所浚之土既得所歸
隄防之築又日以益固可永免潰決之虞矣二曰明水
則夫湖水淼漫莫知多寡必制水則以準之然後蓄洩
以時而水旱常盈自沿湖居民或侵塡以爲居室或樊
植以爲園林土壅勢卑湖水一盈輒掩其則至有竊減
以就低者御史張景雖嘗改正然亦未能適當舊則也
今必於固隄之後準定水則使一湖之瀦恆足三河之
用卽沒入居室園林皆所不恤則所害者少而所利者
衆矣況其地本侵湖不治其罪亦已幸矣而況可復加

顧慮乎三曰嚴侵塞之禁侵湖之家以水爲病春夏水盈輙偷啓諸碶而縱洩之欲湖之無涸不可得已故既立水則之後凡水所不及之地自僭爲業者必嚴加丈量永從重則起科使尺寸不得隱則重科之害庶足以抵其自僭之利而民或者其有警心矣蓋已成之業不忍遽壞姑以是抑之嗣是而猶有仍前侵塞必重爲之罪且并坐其塘長及里隣凡並湖之民皆許舉首則厲禁之嚴庶幾民知重犯法矣四曰重漏洩之罰東錢之碶有四曰錢堰曰梅湖曰平水曰高湫皆湖之所由以

爲盈涸者也比來塘長碶夫皆取貧難小戶充之既不能多捐功力又不肯愛惜湖水舊閘徒設不用版築但取薪芻雜沙土壅之恐其決也則減從低下不與水則相平水一踰則瀉無限止盡皆盜瀉且以捕魚爲利時常偷放平時無半湖之蓄又何望其爲旱乾之備哉今必取近湖富戶差點碶夫而塘長亦以士人之家任之則彼當自顧惜而盜洩之患可止矣五曰去茭葑之害夫湖之所以淤塞者以茭葑蕁蘋菱芡之屬滋蔓其中日久湮塞而茭葑之害實居大半自昔至今亦嘗屢浚

然或少除葑草而根在復生或薙之未出湖隄而旋復委置其在今日則蕪沒益甚矣謂宜課七鄉食水利之田始令畝先出銀一分不足則增加之務以芟葑盡去爲止而所去芟葑必募船裝載出湖直至江滸交卸差其船之大小而優給以直令細民樂於應募而絕其根之復生則民固不免於出銀之費而要之以佚道使之者也雖盡七鄉之民而戶徵一人助役但毋令踰旬焉有不樂趨者哉卽生一時而惠及百年長民者宜不憚爲之矣六曰公草之利凡湖中水藻之所生可以糞田

往時沿湖居民隨其居址山場所近各出力採賣雖其利甚微亦足爲小民之一助乃今豪貴之家悉行標管至糞田之時重價勒民貨賣近湖之民或有取其蘋梩者輒肆詈箠誣一償百夫僭七鄉公有之物奪小民近便之利此豈人情王法之所宜哉此在當路者不畏強禦嚴爲立禁一以公之於民則濟民者庶不至於病民矣七曰築隄以通道蔆葑可以舟載而浚湖淤土不可以舟載今自高湫栗木等堰往韓嶺及上下水者皆舟於湖屢有不測莫如即其中徑直處取濬湖淤土而爲

之隄起邵家山跨楊家山麓計其長不過四百餘丈闊四丈高四之一固之以石植之以木則土有所歸湖之瀦停益富而行者有陸走之便或者以買石固隄費當不貲不知湖心之土欲以力致他所其費更何如也若梅湖與大湖之間舊有一隄宜亦增高倍廣以去兩崖下之淤斯可矣八曰因土以成山夫湖之淺淳可浚也而間有不可浚者何也溪澗沙土隨橫潦而出壅塞浮漲幾與隄平豪貴之家遂僭爲田邊湖小民率行佃種如近年下水湖口之爲者此廢湖之漸不可不慮也蓋

既耕爲田其勢苦窪必洩水以便業水洩則灘漲皆出效尤而耕者踵至矣然漲土積高不可以頃畝籌算必欲盡出於湖之外卽百千之衆誰能畢之不如因高成邱隨其所在聚爲山阜旁樹榆柳使不爲波濤所齧如方家湖塘之下有河一帶非舟楫所通卽以旁近淤土塡之既而成田官賣以充淘湖之費又其地近山谷者卽隨高低大小聚而堙之則淤土可以盡去而蓄水必多七鄉灌溉之利萬世當歌誦之矣或曰子之議則得矣其如工費鉅萬民不能堪何哉曰昔人有言不一勞

者不永逸不暫費者不久安西門豹爲十二渠民頗煩
苦之豹曰民可以樂成不可與慮始今父老子弟雖患
苦我然百歲後期令父老子弟思吾言也其後渠成民
卒利之數百歲後猶頌其功不衰況今民失湖利數苦
旱災思欲濬治久矣因而率作之是爲所欲與聚將弁
患苦而無之矣何不堪之有哉今觀唐之陸南金宋之
李夷庚凡濱湖有成績者皆祠之不忘益可知矣何獨
至於今而疑之乎
國朝邑人李暾修東錢湖議鄞治東三十餘里有湖曰

東湖曾南豐云鄞邑東鄉之田錢湖溉之又名錢湖亦名萬金湖言利溥也陸士龍答車茂安書言鄮治東臨大海西有大湖葢因鄮縣未徙時湖在鄮城之西可知晉時已有湖矣唐天寶三年鄮令陸南金開廣之廢田十二萬一千二百一十三畝即將其賦派入沾利之田每畝加米三合七勺六抄於是以爲周圍八十里之東湖築八塘曰大堰塘方家湖塘平水堰塘錢堰塘木楗堰塘梅湖堰塘梅湖塘栗木塘築四堰曰大堰木楗堰錢堰梅湖堰以受七十二溪之流蓄水三河有半灌溉

鄞奉鎮三縣老界陽堂翔鳳手界豐樂鄞塘崇邱七鄉之田五十餘萬頃宋李夷庚王安石補廢完固經理盡制清波浩瀚皎潔圓若大鏡懸空光映堂日月大堰坐翔鳳鄉有從雲龍碶入江者有從蕭皐碶入江者有從貝則碶入江者有從楝木碶入江者木櫧堰坐翔鳳鄉從大石碶入江者錢堰坐老界鄉從楊木碶入江者梅湖堰坐陽堂鄉其水直至鎮海縣崇邱鄉東岡碶入江者諸堰之水條分流別而總以東岡碶爲出水之要地東岡在鎮海縣地方有二碶一新碶屬鄞縣所轄者一

老碶屬鎮海縣所轄者地既曠野下通小港無居人稠
密碶夫與近地不法之民偷易私排閘捕魚放船一
隻得錢若干爲生計曾不知東岡碶者乃東鄉大利大
害之匯也四五月間時雨連旬太白諸山山水大發常
有一夜竟成巨浸故上則大石碶中則楊木碶下則東
岡碶并一路小碶堰必先半日而開之則田中稻秧得
遲一日之害而且水之退也亦先一日半日其間利害
豈不懸絶哉若以東岡碶徒爲出水之地則謬矣大雨
之後必有大旱雨意已除水勢稍退即當上板築泥以

蓄河水故東錢湖之塘堰盡爲蓄水之計而東剛碶之設固爲洩水計而實爲蓄水之計也啓閉得時旱潦不懼論東鄉之水利其要盡於是矣至一路塘堰共有七十餘所惟梅湖塘爲最長而且江河相隔止此一隄一有沖決江水入河東鄉之田皆爲鹹鹵之地可不深慮而預防哉湖中之侵佔不可不禁也沿山居民原有老隄與湖爲界始則於近岸處堆草加泥爲種作計漸搭茅屋今竟起造大廈矣又有將傍湖之地圖佈種射利旣種低窪之田惟藉偷洩湖水以冀收成如此效尤必

致湖盡爲屋湖盡爲田而後已湖中茭葑原亟宜除但
魏王趙愷大浚之提舉常平司程覃又大浚之尚書胡
榘成二公之意農不妨耕兵不妨閱給漁戶錢沒水取
葑是時東湖千頃草萊荒翳之場復澄泓如鏡之舊但
所除滋蔓不能挑出湖隄大雨大水隨即塡塞亦無可
如何也秘書修撰陳愷行買葑之策巡按御史張景有
開濬不如加塘之說欲繼前美者皆可酌而之也
周道遵阻賣佔築湖田書知利害之所在而必興必除
良吏也知利害之所在而不興不除庸吏也知利害之

所在而不但不興不除且將除千百載必興之利以興千百載必除之害此庸吏之所不爲而轉欲擬之議之慫恿當道以爲之其得罪於庸吏且甚何況得罪於良吏鄞東錢湖一名萬金湖在唐鄮縣之西故又名西湖福泉瞻埼韓嶺諸山三面環繞受七十二溪之流滙成巨浸周廻八十里闊約十萬畝四岸爲塘者九爲堰者七水入則蓄雨不時則啓閘放之鄞奉鎮三縣七鄉之田得資灌溉以其所瀦恒足三河半之用也此正必興之利之所在也葑草生則務去之蓮藕種則重究之溪

澗沙土隨雨而下恐其淤塞則令七鄉食利之家時常出力淘濬之至於固湖防明水則重漏洩之罰嚴侵塞之禁千百年來行之已久此正必除之害之所在也唐天寶初陸令南金知其利而開廣湖界宋天禧中李守夷庚知其利而增築湖塘慶歷乾道而後賢令如王公安石賢守如張公津趙公愷程公覃胡公榘陳公愷或置碶閘或開菱葑或捐錢雇掘或請牒修濬又皆知其害而必除即以興水利也元大德間勢家有以湖為淺淀請墾田入官租者時都水營田分司某追斷復為湖

明宣德間里人王士華見上水下水歷年淤塞而成田者數千畝因以叅政家居田於其中七鄉之民訟之監司遂得中止嘉靖九年寧波衛屯軍請爲屯田知縣黃仁山勘覆不行

國初明魯藩據越總兵王之仁又欲廢湖爲屯鄞令袁州佐申阻營弁周某又請但廢梅湖袁令亦移牒阻之復作鄉屯問答四條始得罷議此又除佔侵之害興灌溉之利歷有明徵者也乃自舊年疊遭風水湖決塘坍當蒙邑主邀紳勘估僉謂工程浩大經費難籌而耆籌

經費者見湖旁多私墾之田將獻官賣之策嗟乎我不敢知曰爲是謀者其慨治湖無人因憤激而議及此乎抑謂生財有道因覬覦而議及此乎但自有此議開廢湖之漸而實蹈慶廣德湖之故轍已昔宋樓异借講備國用之名以逞求典鄉郡之慾塞湖爲田遺臭後世每逢旱暵邑西之氓今猶嘖嘖而東鄉之不患旱暵恃有錢湖也脫能稟請當道去葑以開其淤禁荷以杜其壅運隨雨而下之沙土以復其深掘傍湖而塡之隴畝以還其闊卽不能與陸李諸賢廟祀嘉澤而與日志中豈

難於邱緒陸宇燝之後復得一人哉而柰何開廢湖之漸不顧蹈宋樓异之故轍夫湖非海比海有來潮而湖無來潮無來潮卽無漲塗其指佔塡之田爲漲塗者謬也山有積沙而湖無積沙無積沙卽無實土其指佔塡之田爲實土者妄也萬一當道不察竟從所議而招願買者升科償價供目前修塘之費竊慮今之買者百畝已成之田也明日卽可再塡百畝指爲漲塗援今例以報升猶及駁乎否乎今之買者千畝已熟之田也明日卽可加塡千畝指爲實土援今例以名賣猶及禁乎否

乎則廣德湖之廢已難復東錢湖之廢又可待豈非無
利而有害哉況乎錢湖塘堰向有管例實估工料不過
四五千貫設修錢堰塘責成專管之三都一啚修大堰
塘責成專管之十六都六啚修栗木堰塘責成專管之
十都一二啚修方家湖塘責成合管之十六都五七啚
修高湫堰塘責成合管之十五都一二三四啚固自易
易即使工程浩大如紳估之萬金亦正可援梅墟塘之
例諭令東管百餘啚之食利者捐資公修而且湖水溉
及三縣并可援東岡碶之例諭令奉鎮沾利之鄉捐資

幇辦又况三縣七鄉之田得資錢湖灌漑不下千有餘頃内除貧佃之不能捐公祀之不便捐七成折算按畝捐錢數十亦自敷用而柰何開廢湖之漸不顧蹈宋樓异之故轍且查錢湖自唐陸令取民田二萬一千二百一十三畝開廣瀦之田賦則就所沾漑之鄉而均派焉毎畝加米三合七勺六抄歷千百載民無怨言何也葢咸知湖之廣之有益於沾漑也今設反陸令之開廣而從所議行之樓异囙復生矣而所沾之鄉所加之米孰肯復爲請輕之楊欽卽有肯爲請輕之楊欽而孰肯爲

覈實推折之林富則此議之遺害又不但廢塞水利焉已伏希採及芻蕘徵諸文獻熟思詳審夫元分司何故斷復明監司何故禁止黃邑侯何故勘覆不行袁邑侯又何故必作存湖錄亟燬議稿改上條陳俾當道知利害之所在而必興必除遵雖不敢上媲陳進嚴訑而作者之命聞自與邱陸並傳不朽又何至得罪於唐宋以來之良吏願諸君裁酌不宣

錢堰　縣東南三十里老界鄉（聞志）三都一圖亦名前堰碶長一丈五尺闊一丈四尺（額設碶夫一名工食銀二兩五錢閘板銀一兩）石

堰長一丈五尺闊一丈四尺石塘長三丈五尺闊五尺

案李志但有堰塘曹志載錢堰碶錢志

五里塘　在錢堰之東別名梅湖湖山遊記

梅湖堰　縣東南三十五里陽堂鄉聞志碶長一丈二尺闊一丈三尺額設碶夫一名工食銀二兩五錢閘板銀一兩石堰長三丈七尺闊二丈一尺小斗門闊長一丈闊三尺石塘長三十三丈闊三丈在十都一二啚合管案李志不載碶曹志堰旁有碶錢志

栗木堰　縣東南三十五里陽堂鄉石塘長十丈五尺

闊五尺在九都三啚案曽志栗木堰旁有碶今但有塘（錢志）

莫枝堰　縣東南三十六里翔鳳鄉（聞志）十六都三啚一作木樀堰碶長一丈六尺闊一丈二尺（額設碶夫一名工食銀二兩五錢閘板銀一兩）石堰長五丈闊五丈石塘長五丈濶五尺（錢志）

平水堰　縣東南三十六里（成化志）在翔鳳鄉（聞志）十六都三啚舊名平湖堰石堰長六丈闊五丈石塘長四丈二尺闊五尺（錢志）

大堰碶　縣東南三十七里（成化志）在翔鳳鄉（聞志）十六都

六畐碶長一丈六尺闊一丈四尺額設碶夫一名工食銀二兩五錢閘板銀一兩一石堰長六丈闊五丈石塘長十丈闊四尺錢志

高湫堰　縣東南三十八里成化志在翔鳳鄉聞志石堰長五丈闊二丈石塘長四十丈闊八尺十五都一二三四畐合管錢志

方家湖塘　翔鳳鄉十四五都界曹志石塘長三百五十丈闊二丈在十六都五七畐合管錢志

大嵩河

縣東南七十里三面環山東南際海向無河渠

國朝雍正五年知縣楊懿詳明督院具題發帑新開一開梅樹灣至大碶頭止河道一千四百六十九丈七尺俱面闊三丈深一丈一閘大蟹浦由横山港至大小礁閘止支河六百九十丈俱面闊四丈深六尺一開小蟹浦至球琳南閘止支河二百六十丈俱面闊四丈深六尺一閘丫义港至球琳北閘止支河二十七丈淡闊同前一開滚水閘下河一千二百丈投漫小河由管山之潘家碶下又開河四百五十丈至獨山碶又於獨山碶下開河三百五十五丈至梅樹灣投前已開成之新河

聯絡貫通每丈河面俱闊一丈五尺曹志參錢志

大嵩塘　自蔡墩起至橫山大湖港至舵艫止土塘二千七百四十五丈五尺自大嵩港口起至金雞橋南北兩岸土塘九千九百九十九丈俱雍正五年發帑新築工成後置存公田一百二十畝舊設塘河總理四名五年更換司其租入以資修濬之用不敷仍歸沾利田畝公辦曹志參錢志

國朝制軍李衛大嵩塘工碑文我

皇上御極以來海晏河清雨暘時若薄海內外含哺鼓

腹玉帛來朝同風一道猗歟休哉雖三代郅隆之治未
有過於今日之盛者也余奉
命節制江浙
聖恩優渥夙夜兢勉圖報稱雖幅幀遼闊耳目難周
然閭閻利弊民生休戚時爲諮訪以冀措施之咸宜惟
是寧波一郡實爲浙東藩籬其地濱海彌望斥鹵而鄞
屬大嵩距郡八十餘里向嘗設所屯守承平既久田野
日益墾闢顧水利未修偶遇旱潦輒嗟艱食農氓病之
是非疏濬河渠修建碶閘爲禦鹹蓄淡之計何以轉瘠

土爲膏腴乎但工鉅費繁興舉匪易余仰體
聖天子愛養元元之意陳請
勅發帑金疏入報可於是相度地勢之高下計定丈尺
之淺深鳩集物料人夫爲一勞永逸之計按大嵩形勢
東南際海三面環山中有熟田暨塗田若干千頃初議
於大嵩港下建築巨壩使鹵水不入然後疏諸山之水
以資灌溉而建舵艫球琳南北大小礁横山六閘以蓄
洩之迨六閘已漸告竣而港口闊深潮湧沙浮工費既
浩大不支且慮難於持久因復酌量形勢改議於大嵩

內港接連橫隄之處夾河築隄迴西四十餘里捍其潮水稍緩山根堅固之金雞橋內設立渡水埔一座以阻鹹潮以洩山漲而又於橋之西岸鑿山通渠建設閘口導泉水東流以溉田而分注於橫山等閘以洩之當雨水和調之日滷水無憂侵浸過溪流一綫之時亦易瀦蓄而足供車戽綢繆未雨莫善於此委員分理而畚鍤隨之經始己酉之四月迄工辛亥之十月凡閱三載而大工告成余更念大嵩僻在郡東爲海口要區今茲水利既修則田疇日闢戸口日殷凡煮波漁販之徒出没

海嶼中譏察綦繁必得親民文吏始克勝彈壓之任用
疏陳於
上請移郡同知一員駐劄其地俾之戢奸宄督勸課且
河渠隄閘之浚築亦得以時相視葺治無俾廢墜以綿
諸久遠幸復蒙
恩俞允自是而嵩之斥鹵盡爲沃壤嵩之士女歲歆大
有戸沐饗利之澤而世享昇平之福莫不感戴
皇仁祝
聖壽於億萬斯年也已因勒諸貞珉以紀其盛時董理

其事者太常寺卿署浙江承宣布政使司布政使孫國璽分巡寧紹台副使孫詔寧波府知府曹秉仁提標前營遊擊袁有明鄞縣知縣鄭大德例得并書是爲記

滾水壩　在金雞橋内雍正五年與舵艫球琳南北大小礁横山六閘請帑建築長十七丈高五尺南岸山根之下鑿渠三十丈建石閘一座計三洞曹志

珠山碶　長一丈闊八尺在十一都一啚錢志

小溪碶　長一丈闊四尺在十一都一啚錢志

周湖碶　長一丈二尺闊八尺在十一都一啚錢志

小石碶　長一丈二尺闊四尺在十一都一啚錢志

永順碶　長一丈闊一丈在十一都一啚錢志

穿鼻碶　長一丈六尺闊八尺在十一都二啚錢志

丁字碶　長一丈二尺闊八尺在十一都二啚錢志

舵艫碶　計五洞曹志長四丈八尺闊一丈一尺在十一都二啚錢志

球琳北閘　計三洞曹志長三丈濶二丈四尺在十二都一啚錢志

潘家碶　長一丈六尺闊一丈在十二都二啚錢志

王家碶　長一丈二尺闊四尺二寸在十二都三啚 錢志

于家碶　長一丈闊三尺三寸在十二都三啚 錢志

西塘碶　長一丈闊三尺七寸在十二都三啚 錢志

張家碶　長一丈二尺闊四尺五寸在十二都三啚 錢志

學塘碶　長一丈二尺闊四尺五寸在十二都三啚 錢志

球琳南閘　計四洞 曹志 長一丈六尺闊一丈二尺在十二都四啚 錢志

大礁碶　計三洞 曹志

小礁碶　計三洞 曹志 長一丈濶五尺在十二都四啚 錢志

橫山碶 計五洞 曹志 長二丈五尺闊一丈八尺在十二
都四啚 錢志
蔡家碶 長二丈五尺闊一丈在十二都五啚亦名蔡
墩碶 錢志
育王碶 宋寶慶間創育王寺所築歲久不治元皇慶
元年縣尹王思義諭耶社修之長一丈闊七尺在十三
都三啚 錢志
大慈碶 長一丈闊六尺在十三都三啚 錢志
張齊碶 長一丈闊七尺在十三都三啚 錢志

承發碶　長一丈濶五尺在十三都三啚錢志

東陶碶　長一丈五尺闊五尺在十三都三啚案以上俱大嵩一帶沿海碶牐外禦鹹潮內有太白福泉諸山水源流注賴以闌蓄各碶俱有土塘卽總計九千九百餘丈之塘也錢志

獨山塘碶　今廢錢志

甬上水利志

卷四

周道遵攷述

南鄉河

自它山堰西南四十里入長春門即所謂甬水也故長春門亦號甬水門其源出於四明山之西自會稽綿歷幾二百里由上虞縣斤嶺（自趾至巔凡十六里故稱斤嶺）歷小嶺上莊石壇龔村小皎而東其出上莊以南者經蘆栖坑口（曹志謂出分水嶺之南不知分水嶺即斤嶺別名見魏峴備覽）下流亦入二皎一派出仗

錫山歷杜嶴鄭家嶴與廬栖水合至鯨魚山前二皎之
水亦合由竇巖樟村桓村至平水又南二派一出天井
山一出灌頂山俱至平水而合衆山之流會於大溪經
鍾潭迤東至它山堰自堰北行之水分二港去堰百餘
丈折而東經新安許家橋普寧寺歷洞橋此前港也自
普寧寺東分流北入惠明橋至仲夏此後港也由仲夏
橋合流以來左有烏金積瀆行春三碶又南出眺江橋
爲北渡右自寶祐橋分入裏港橋爲千丈鏡源出自建
嶴等溪自寶祐橋分入象鑑橋爲馮家灣張家潭以至

黃公林戴家宅跟自夏家橋分入新塘橋爲崇法寺前河卽祖關也其上源之河港入西則經仲夏橋至石塘林村參敬止錄及蔣樗菴水利考所通橋梁凡七十六日長春橋長春門外直接長春街一名向陽橋甬水橋寶慶志作夏家俗稱下駕東抵接官亭西達祖關敬止錄橋側有土地龕相傳延慶寺伽藍遷此橋於永樂間改造崇禎間耆老張天成等修舊基在歸津巷後水衖相對新塘橋甬水橋西南橋右有小桃源俗呼爲周家岸橋迎龍橋舊名崇法寺橋久廢明萬歷間侍郎全元立復建改今名橋在祖關之西迎錫山龍脉也沈店橋一名啓文橋東抵官路西達承天寺通津橋雅兒渡橋舒氏九春女捨奩具建南抵官路北達馮家灣新豐橋俗呼新橋北達墳頭橋南抵官路寶祐橋俗名櫟社南抵官路北達千丈鏡路顏橋南抵官路北達施家

岸北渡橋支流入眺江橋半里而近眺江橋東達櫟社西達洞橋王將橋一名洞仙南達官路北達千丈鏡路港口碶橋七鄉橋通它山之水溉七鄉之田故名古有浮梁爲風濤所圮明永樂三年重建石橋北達四十一等鄉南達元貞橋諸路浮石橋王家橋南抵官路北達四十等鄉繼光橋洞橋南達百梁橋路北抵它山路上源至此會惠明橋之流以經此橋復合仲夏橋之水馬湖橋惠明橋東抵洞橋街西抵它山路俗呼爲魚貫橋其流通石臼諸山下慶孫橋定山橋許家橋南達鄞江橋北抵後隆等處高橋西南五十里宋元符元年建非西路高橋也寶慶志兩列之裏港橋太平橋善慶橋千丈鏡橋一名鏡川南達王將橋北達湖田明行橋俗訛爲楊家橋又訛爲張爲姜在楊家堍上頭東達櫟社南出七鄉橋顧家滙橋新橋虹橋桃浦橋相傳浦有桃樹大二十圍陰蔽里許

有塔有井俱以桃浦名

虞家虹橋沈家虹橋繼義橋鄮螄螺橋上張橋彰聖橋楊官人橋三僧橋夕陽橋建興橋陸家橋或云伏龍橋周大鼻橋士橋以上自寶祀橋入裏港橋至千丈鏡以抵建興一路切近諸河蔡鑑橋遶湖橋文秀橋鶇纜橋孝菴橋傍有張氏菴鷹橋宋家橋一作送嘉王家橋洗馬橋白鶴橋下傘橋張尚書橋傅家官橋周家大橋周學士橋有宋周鍔墓南達櫟社北達湖田崇福橋東達櫟社西達施家岸六和橋一名胡家橋五馬橋太守戴蔡建資善橋一名五港橋以上自寶祀橋旁入張家潭至戴家宅跟烏顯橋仲夏橋在芝山下魏丞相杞名之日碧溪古有大橋徑趨小溪宣和中毀之以防寇往來者病之紹興八年通判舒國佐重建鎮官游彥忠成之

莊漢英張允明莊椿輸財長十六丈闊一丈二尺始於十四年八月成於次年仲夏故名東達千丈鐃西達建嶴等處仲春橋祝家莊橋尚書橋石塘橋何家大橋流花橋又名柳洪潘家大橋天象橋以上自沙港入西一路敬止錄

永寧碶　長春門外當甬江之衝舊障以泥不時崩圮明萬歷戊午邑令沈猶龍改築石墻名長春塘聞志國朝雍正八年寧紹台道孫詔創修石碶設橋於上名曰永寧曹志塘長四十五丈闊二丈五尺碶長一丈闊九尺在城西隅二畝錢志

國朝觀察孫詔重建長春塘永寧碶記國家以農事爲

重而農事以水利爲先寧波爲濱海重鎭鄞則附郡之首邑也邑之東北西南均以江爲限大率東、北分而西南合西南之水發源於四明其間名山大川綿亘數百里阻鹹蓄洩以資灌漑設塘隄設碶堰者所在多有而水之會於城南則惟長春土塘一帶當其衝壞則西南之水涸可立待所關甚鉅余奉

命刺明州陟監司時加意隄防歲己酉五月塘圮余與

提臺陳公星馳督築奔騰之勢若驚濤駭浪奮迅無前人力莫能施壘石沈舟幾合而復潰者數四歷一晝夜

崩溢始定歲獲有秋斯時故令楊君懿者倉皇失足溺水幾斃致病之由實基於此余甚惜之睹此情形因聞從前之經紀此塘者一遭沖塌必至破家斯言不謬矣但補苴終非良策欲爲善後計工費既艱任人亦復不易正在躊躇乏術適紳士董德愈等有給示勸輸之請余思築碶截水運石砌塘自是經久之謀農田水利固應如此籌畫第恐工費浩繁謀成築舍如果輿情踴躍則經始落成可計日定也爰允其所請並訪紳士中之樸茂老成才守兼優者司其事築石塘建碶閘用截上

流之水兼杜外塘之患郡守曹君殫慮經營時加督勸而鄭令亦協力同心不踰年而鉅工告成其中葺菴宇以奉龍神置田畝以資啟閉工既堅緻事復周密余既喜里民之踴躍樂輸實深嘉紳士等之不憚勞不惜費布置得宜以相與有成也但承管鄮碶久有成例永寧一碶既經久無虞可免貽累而城西二碶之承管更無庸藉詞推諉妄生異議因立碑以誌不朽云

餘豐碶閘　在社稷壇東南上流名陸家河下流即甬江浦舊名何官人浦久圮嘉靖間復建開十丈餘復圮

天啓間袁氏又修之陸家河在接官亭後水從洪碶橋北塘路大河邊一線石罅流入自洪碶橋至接官亭一帶南塘以東先爲河後爲田僅留陸家河一綫洩水委曲至碶浦洩之入於甬江敬止録

行春碶　縣西南十五里又名南石碶世傳王侯自宅山堰口浮三瓢隨所至而立碶爲東十五里爲烏金碶又東三里爲積瀆碶又東二十七里爲行春碶蔣樗菴水利考舊傳王侯作木鵝三隨其所止而設三碶竊意相去遠近乃當日審度地勢爲之非必專借驗於浮物也歲久滲漏明洪武二十七年重修成化志唐令王侯元暐既

置它山堰慮暴流無所洩遂爲烏金積瀆行春三碶澇則決暴流以注江旱則納淡潮以入河誠兩利之制也今則惟知洩暴流而不知納淡潮

國朝康熙乙巳郡旱有言於郡守諭民納潮土人皆不信崔侯維雅親至行春碶督民啓版納潮益旱方四十日內碶外之潮尚淡踰此則不可納矣聞志長大丈闊四尺在光同鄉四十三都三啚續設碶夫一名工食銀三兩牐板銀二兩五錢乾隆二十五年知縣商皓重修錢志

屠氏橋閘　縣西南二十里櫟社至正續志今廢新增

風堋碶　縣西南三十里光同鄉一名望碶宋熙寧中令虞大寧置用却暴流納淡潮者後廢按行春至積瀆相距三十里行春碶江下流鹵汐易至烏金積瀆處上游非潮盛漲鹵汐不至河渠少涸江潮尚澄淡可壅入河渠以溉田潦亦易洩故風堋視他碶爲尤要亟宜修復者也聞志石塘長六十丈闊一丈五尺在四十二都二圖案閭志載北渡風堋廟之前有廟前塘明萬歷閒司李魏復琦修築故亦名魏公塘計長百餘丈大約碶廢而改修爲塘丈尺則至今更減耳錢志風堋碶今廢不[illegible]

予往來北渡者屢嘗於河水將涸時就觀碶址見其尙可憑藉得賢守令修復之於初旱時積瀆與此碶並開藉以納潮可支半月即南鄉不至失收蔣樗菴水利考道光元年邑令郭淳章重建邑紳黃定文張烜湯桓李承章成之二十四年邑紳張景豪重修二十八年又修新增

宋舒亶記鄞於明爲劇縣占鄉十有六而公私之田無慮幾萬頃其瀦蓄以待灌溉者既無幾而凡所以爲捍防釃導之具吏又忽不時省頽漏廢圮十或八九不幸天時稍愆亢其涸可立待而民輒病間無如何注江流

以趨一時之急且鹹鹵至腐敗諸苗稼積不已往往田遂瘠惡遂廢不足耕種不可下光祿虞大夫爲邑於此始與民圖之鄮北渡之西曰風堋積石爲碶以却暴流納淡潮既又自州之西隅距北津疏淀淤之舊增卑培薄以實故隄而作閘於其南拒所謂鹹水以便往來之舟而東西管數鄉之堰碶隨以繕完者凡六所蓋用工一萬一千有奇而溉田五千五百餘頃假財於賑貸之餘而公不費役民於既病之後而私不勞於是邑人相與傳之願有以久大夫之賜於無窮而紓亶因系之曰

蓋古治之盛其不免於天時之不齊或與後世同惟所以應之者與後世異故旱不能乾水不能溢而民不飢先王之政事敝於苟媮之俗久矣朝廷方慨焉比歲以來深詔執事而農田水利之官徧天下恩施厚矣而或者不能推致其意以暴之民信誕相沒使功實或漫不可考吁然法至引之於歲嗚呼由是以考鄞大夫之政其盡心果何如哉雖然天下之事積在多或在久雖古之成順致利者亦不能以易此則虞大夫之志豈敢以此自必於無窮哉亦惟來者申之而已

明邑人徐時進重修風堋廟塘記畧郡跨甬水據其勝地原隰陵阜錯高下河渠之有碶閘塘堰伺蓄洩葢因勢爲用云郡東界大江西南二鄉之水自大雷它山合流以東源甚遠延流所注各有碶恒雨湍暴碶之洩不二三水乘瑕而潰攻莫可抵雨止不及旬河輙涸待命於天稍慾以無年告矣風堋去郡三十里舊有碶自宋大觀更築爲塘起眺江橋地漸下及南肇積瀆又漸昂風堋以塘亘居中如帶勢獨下水或橫出上又址薄江塘浸受嚙歲有圮陷以一切彌縫之今上乙卯秋七月

雨浹旬塘中斷駢流赴如奔馬守隄吏率農人集諸具爲隄防莫知措公聞而憮然曰是以雨病不雨又病患所從來矣及冬借得公署邑事詢民急首此没下椿渠底與土平探亘石層累其上擇胥民之樸謹八人計丈分工凡再越日公一詣塘衡物料程工措無少倦役始乙卯十一月十二日竣於丙辰春王二十二日計長一百三丈闊一丈二尺高九尺費金五百七十四兩事半功倍則身董之效也諸父老聚閭而謀曰鳳堋自虞公有塘其廟至今在五百有四年矣吾儕不敢廢俎豆顧

其築以土歲補鍏爲苟延何知今日之累石速而堅砝
無郤顧如此計今嘗與河山不磨疇則貽之請以名曰
魏公塘虞公不得專美於前吾且尸而祝焉徵予文紀
其事公又選閘及陸家堰銅盆浦堰大石堰皆以不日
成云予惟水利繫民生最鉅方在事率皆渴日以赴眉
睫急若驅而事有適需之一朝而若爲闊遠情實者又
公見而公置之曾不計中河之失舟也一壺而千金金
非所靳矣壺焉從市有如公之預爲備而身先事者幾
諸父老請爲塘事載諸道周只此尋咫之珉乃眠所慕

用與公異日所被於天下詎此珉已哉

國朝邑令郭淳章重建風堋碶記嘉慶二十五年春余

奉檄權鄞縣事維時分巡寧紹台道爲武昌陳公始謁

見公則諗余曰牧令莫先乎惠民惠民莫大乎水利爾

鄞北枕慈谿資二港以貫江東則有東錢湖而西南七

鄉數千頃之田時其蓄洩惟風堋碶是賴惜其廢滋久

也古良吏如西門豹於鄴長孫恕於龍門皆以陂澤之

利利民垂休於千載君於是碶得毋有意乎余避席曰

謹奉教按縣志風堋碶創於宋熈寧八年邑令虞公大

宋於北渡之西積石爲碶以却暴流納淡潮至明萬歷間司李魏公復琦改修爲塘遂名魏公塘余履其地睎之塘亦久圮顧竊疑潮水何以謂納淡耶里老爲余言四明奉化諸山之水至北渡而合以趨於甬江當潮來時從下游過江水之淡者以納於渠是以云耳余乃歎古人善因勢以利導而興復要不可已也是歲余方濬城河未能兼及於此明年爲道光初元城河既訖工將有事於碶以經費無出集邑紳議之黄君定文張君烜湯君桓李君承章合詞曰彼鄉之民思崇利願輸貲以

成其美久矣如令畝出穀八觔宜無難焉者已而遍詢
其民皆欣然曰諾於是因舊址爲久遠規椿於下者木
必粗磐於上者石必巨碶有門凡五門闊八尺深九尺
五寸咸置版以時啓閉又仿海塘法爲石坦坡碶之内
爲坡四其外五經始於元年正月斷手於三年十月用
錢以貫計者一萬二千有奇糶民所輸穀得十之八九
焉先是經畫甫定而陳公升任去余亦以二年七月調
鎮海諸君終始其事而費不敷則縣吏張永懷別籌以
補苴之陳公後廵撫山東猶以書來問碶及城河而惜

其不久遽殁矣今年春余以吏事趨郡張君謂余前者三年夏霪雨害稼幸茲碶以洩暴水昨者九年秋旱又藉以收潑溉種而七鄉用無憂於歉宜有文以記顛末余方以移任未克終事爲内愧而又念陳公提命之殷諸君子襄事之力苟不明以著之後人弗考或且歸美於余至躋之古良吏之列則余之冒榮名而獲戾滋大且歐陽子有言使其繼者皆如始作之心民將永久受福天下豈有遺利是又深有望於後之君子也於是乎言

國朝郡守李汝霖重修記畧嘗讀周官稻人水之蓄止蕩均舍寫各以瀦防溝遂列澮之宜匠人爲溝防必因水地之勢而瀦之澮之又必先以爲式而後可以傳衆力而知聖人於稼穡之道制水爲特重後之賢士大夫往往因宜疏導明修利之備增卑培薄益之以木石俾能徹壅通堙股引派運以資灌溉而致良沃一方之人世享其利鄞之西鄉自廣德湖廢後水潦多虞賴沿江諸碶以資鍾洩而風堋楔扼其要益水勢地勢均適其宜也歷歲既久屢圮屢修嘉慶二十五年前觀察陳公

中孚率邑令郭君淳章集紳士董而成之計畝輸費閱三歲而工竣鄉民便焉去年秋颶風壞碶石及兩磡無可隄閼水驟洩余與邑令閻君策畫籌亟修適紳士具呈以張君景豪董其事仍張君督工匠量度之以時當隆冬工作難施且巨石亦匪易購復深慮妨東作因權以大木塞碶門使水勿再洩而工竣去碶柱擊斷須盡起碶底掘深七八尺先施土木爲塘以抗上下流始能興築厥工甚鉅費將千金而修費尚不與焉張君以爲日久則恐妨農時費鉅則恐傷民力瘡痍未復無以

是重爲父老憂其願獨任其事工匠士人咸欣然歎服迺用巨石由碶底貫疊於近江邊將巨石鑿直筍相爲關鍵牢閘碶板與各洞石柱相並實爲事半功倍經始於三月訖功於八月不藉衆力獨捐已貲其輕財重義卓然有古風足以獎勸時俗夫豈僅斯鄉之永賴惠利已哉葉君請記其事余喜而爲之書時在道光甲辰歲季冬月

積瀆碶　又名下水碶西南三十五里光同鄉宋嘉定十七年亟修敬止錄長四丈闊一丈三尺額設碶夫一名工食銀三兩攤

板銀一兩五錢在四十一都三啚錢志
廻風閘西南三十五里光同鄉謝家境元至正末里人楊阜建敬止錄
周大悲碶西南三十五里光同鄉宋慶元五年建明洪武二十七年重建敬止錄
章家碶長三丈闊三尺在鎮都二啚錢志
烏金碶又名上水碶西南三十八里句章鄉鎮都敬止錄長大丈闊一丈額設碶夫一名工食銀三兩六錢膳板銀二兩八錢土塘長四丈闊一丈五尺在鎮都三啚錢志

宋邑人魏峴重建烏金碶記畧出城南五十五里有堰曰它山唐王侯元暐所建水自越之上虞歷四明山萬壑爭流演迤砰湃南注于江自堰之立約水入河乘除有數鄞西七鄉爲田數千頃藉以灌溉其流貫於城之日月湖闔郡之人飲焉食焉泳焉游焉堰之利溥矣然視水之大小而提閼者碶之助爲多野老謂侯由堰口浮三瓢聽所止而立殆神其事今自堰出東十有五里爲烏金碶又東三里爲積瀆又東二十七里爲行春皆相地之宜而爲之節惟烏金首枕上流歲久傾圮人情

往往拘閡因仍苟簡日就堙塞莫有興其廢者沙淤愈甚河流易涸公私交困嘉定辛巳耆老合辭以請少保大相丞魯公素知本末慨然下其事於郡且俾覘効規畫之愚乃計工賦材選州縣官主之猷里士爲人信服有計智者督其役出給調度一不以屬吏民以不擾而咸勸趨於是從旁南低舊址二尺許身東西五丈二尺有奇南址七尺臂東二十七丈西十三尺橋五丈五尺而長高九尺闊稱之合石爲之櫃植石爲之欄規橅宏壯工力縝密時少卿余公建監簿章公良朋相繼來牧

皆捐金佐費始終其成初郡併請修行春築朱瀨堰浚江東道士堰河至是悉以次就緒葢給於朝者錢十萬助於郡者四百萬總爲工萬有九千越三月而畢邦人舉手加額曰願有記峴世居溪之濱與田夫野叟念此至熟茲幸贊是役則叙次事實不當以固陋辭因書之

碑

明徐時進烏金廟後改築石塘記郡南三十里而遥爲烏金碶唐太和七年鄞令王侯元暐築堰它山而又於其下流設爲碶以疏分之者也郡河渠書云王侯已堰

它山用三木鷙乘暴流浮之視鷲所檥處築碶門泄水今之烏金積瀆行春是也自太和至今七百八十五年無毀碶左右亘爲塘界江河如帶碶礧石不可泐一時用民不能併塘皆爲石歲暑雨受湍攻土力不敵塘中斷水趨之如奔馬廹圖障塞而莫有爲狂瀾挽者矣雨止輙涸爲障易而民方嗷嗷爭升斗自活又不暇爲公衆役矣其地爲句章之鎮都舊編止七里事廹告病簿尉趨董工誰當裹餱從事功又率率罔旦夕效不獨民病司事亦交病矣歲丙辰雨淶旬諸溎陷道相望者父

老鯤鯤願殫其頂踵慇於觀察蔡公下郡議守楊尊郡
司馬商尊僉曰更石便何憚此一勞不以徇民於是商
尊行度地方主之曰是不可已考量工費諸在沾利畝
稅九毫無何河渠使梁君來終厥役後先程工則邑曾
尉守約也里排王大和等請記其事予問何以名烏金
廟後塘曰廟在水中央塘在東則廟之後也廟爲何神
卽堰它山之王侯它山已有廟此爲侯行祠也民之不
能忘如此予謂諸父老塘以石愈於土卽磚與塘之有
崩不崩可前睹矣久則雖石不保無少圮聽之而少者

亘矣覩今劃事以較補鏬其難易奚相倍蓰俟後之君子何日不有佚道使碶其有感於斯興起云

沙渚鵲巢碶　在東津橋外新增

國朝邑人全祖望記由府城而西四十里桓溪之水東下一支自洞橋而東爲前港一支自仲夏橋而東爲後港皆它山水所注而後港則桃源之水西來會之落後港分流不及五里而合其合也有潴回沙如帶環港口焉鄞江之南流者經馬湖響巖諸山其名曰蕙江適當桓溪之背桓溪前港之上流過唐君廟下流由唐家堰

以入江其下流則合後濬之水由烏金碶以入江而沙
潴介乎其中我全氏自宋侍御公居溪上於今八百餘
年矣社木與墓木森然相望其自洞橋兩岸而下十里
之中皆全氏也沙渚之背有浦其水不與溪相通然實
鄮溪上之水引入田中而爲湔者旱則亦能蓄江水以
灌田出東津橋有碶入慧江名曰鵲巢碶蓋全氏在宋
時旣爲理宗之母家而又兩尙縣主故爲樹雙闕於碶
上城南之人皆呼之曰鵲巢全氏
史家碶　縣西南四十五里句章鄉三十三都聞志乾隆

五十二年士民呈請建復 錢志

進閣碶 西南四十五里先是因浦直達於江水無瀦蓄遇旱民輒告病元省元潘夢桂疊石爲碶以時蓄洩碶旁有夢桂水閣故名歲久頽圮 嘉靖志

它山堰 在縣西南五十里唐邑宰王元暐之所建也界石爲隄江河分流截然爲二若神功然明之爲州瀕海枕江水善洩而易竭雨澤少屯井泉輒涸酌飲江水人以爲病引它山之水自南門入城瀦爲西湖闔境取給始無旱暵之憂它山堰之爲利備矣 乾道圖經 先是四明

山水注於江與海潮接鹹不可食田無以溉唐太和中鄮令王元暐始疊石堰兩山間闊四十二丈級三十有六冶鐵灌之渠與江截爲二渠流入城市緣鄉村以及以灌其利甚溥宋建隆間堰損水不入渠節度使錢億既請於朝增築全固建中靖國改元監船場唐意見水多釃洩乃盡塞支流稍浚上源因以其土補堰隙復累石於上以遏入江之羨流水漸引以北越一歲復涸簽幕張必強鄞令龔行修又歷視舊堰修之益卑以高易土以石冶鐵以固之水遂通行嘉定七年提刑程覃攝

守謂奔湍流沙沙壅水滯乃勢之常歲不一治之厥後用力益艱捐俸置田四十畝委鄉之強幹者掌其租入歲給役夫之資督以邑丞意則善而行之者實具文十四年臬使魏峴以鄉郡爲念請於朝得祠牒十委里人朱王二氏按渠堰碶閘之廢湮者重加修築澇則七分歸江三分入溪旱則七分入溪三分歸江於是隄防淺導歲以爲常日久稍稍旁有罅漏明嘉靖十五年知縣沈繼美用石版築巨堰口者半高於舊堰一尺許以故水之入溪者如舊（李志）長四十二丈闊一丈五尺在通遠

鄉三十五都一二三啚合管錢志

宋楊蒙重修它山堰引水記四明澤國也大湖漫其西南大江帶其東北然七八月之交十日不雨則舟膠於河民病暍矣蓋湖獨用以漑湖旁之田江又潮汐上下鹵惡而不適用唐人王元暐令鄮始導它山之水作堰江溪約水勢貫城以入瀦爲平湖疏爲長河捌爲幽沼後人德之爰立廟貌丐請封爵侯曰善政世世祀之歲久川淤隄壅堰隳人各自私岐分派引旱涸如初先是監船場宣德郎唐意往窒其岐派培其堰隄水雖暫至

一年復涸議者謂不可復修矣簽幕承議郎張君適莅其事白於州率邑大夫宣議郎龔君詢其父老相其利害增卑以高易土以石冶鐵而固之俾潦不至溢旱不至涸肩輿而往操舟而還邦人聚觀歎嗟神速承議郎諱必強明人也蓋古所謂不敢欺者宣議君諱行修循循勤民蓋古所謂不忍欺者二君相濟公私不擾而厥功告成實崇寧二年七月二十日承議郎錢塘楊蒙爲之記其詞曰有唐太和王侯始基越歲數百民食其利二君嗣功既固既崇又將永永而無窮湯湯其流泛泛

其舟以溉以灌以酌以游手以著二君之休
宋魏行已修增它山堰記漢宣帝嘗曰庶民所以安其
田里而無愁恨者政平訟理也與我共此者其惟良二
千石乎噫若漢宣帝者可謂知治之本所以能中興漢
室功光祖宗也今天子挺上聖之資造中興之業凡以
得爲邦之本加惠於元元者至優至渥方且輙近班之
法從殿方面之侯藩躬行負俗之化專意牧字之仁千
里之民何其幸也紹興丙寅農事舉趾而它山之堰緣
風颶忽起潮汐衝突川淤隄墊堰壞隍圮七鄉民田將

就枯涸海波江鹵騷騷瀰漫太守待制秦公憂見顏色乃默禱神祠使息風濤委督官吏經營強堰然後增葺它山補土石之罅漏塞梁坍之潰決易土以石冶鐵而固之旬日之間厥功告成非獨使今秋豐稔千里足食且俾斯民永賴其利於無窮古之良二千石雖龔黃不能過也誠可以仰寬東顧之憂上副明天子委任之意猗與休哉堰成之日泛舟者歌詠其德力農者懷感其恩咸謂興時入秉鈞衡登庸華要必能霖雨四海舟航巨川盍權輿於此見也夫四明瀕國負三江捍兩湖瀏

汲上下衝接山下其來則溝澮皆盈其去則田疇並涸
所恃以分甘泉却鹹鹵者隄防堅固而已方其堅全則
均被其利毀决則悉罹其阨惟它山一堰所係尤重七
鄉之間膏腴無慮千數百頃瀦爲平湖疏爲長河以待
旱乾水溢之患皆它山一堰之利是以今春偶經蟄決
環境之民惶怖憂恐所謂九工積累公帑私財不擾不
費若有神助成以不日皆太守待制秦公至誠之所感
也邪人德之形於歌頌行已偶奉府檄實董其事不敢
默而不書

宋魏峴它山水利備覽序畧鄞邑之西鄉所仰者惟它山一源厥初大溪與江通涇以渭濁耕鑿病焉唐太和七年邑令瑯琊王公元暐度地之宜叠石爲堰冶鐵而錮之截斷江潮而溪之清甘始得以貫城市繞田疇於是瀦爲二湖築爲三碶疏爲百港化七鄉瀉鹵而膏腴雖凶年公私不告病人飽粒食官取租賦爲利無窮可謂功於國德於民矣然歲有旱澇則當蓄洩水有通塞則當啓閉碶埭當修沙土當捍不捍待於後之人一

曰它山水源 它山之水源自越山委蛇綿歷幾二百里由上

虞縣分水嶺百餘里然後歷大小皎蜜巖樟村桓村平
水此其大派也又一派出仗錫山並合衆山之流會於
大溪至它山衝接入溪來則溝澮皆盈去則河港俱涸
田不可稼人渴於飲唐太和七年邑令王侯元暐相地
之宜以此爲水道所歷喉襟之地規而作堰截斷鹹汐
導大溪之流自堰之上北入於溪百餘丈折而東之經
新安歷洞橋此前港也自鎮都入惠明橋至仲夏此後
港也二水至新堰合流經北渡櫟社新橋入南城甬水
門瀦爲二湖曰日曰月畼爲支渠脉絡城市以飲以灌

出西城望京門由望春橋接大雷林村之水直抵西渡其間支分派別流貫諸港灌溉七鄉田數千頃天之旱潦有不可必此水歲可恃以爲常田事仰之實爲霖雨自唐逮今四百十有六年民食之所資官賦之所出家飲清泉舟通物貨公私所賴爲利無窮先賢堰是而以此水錫吾邦人所以爲生民立命也

二曰（置堰規制）它山乃衆流胥會之地每歲至秋萬山之間洪水暴漲湍激迅疾極目如海候之爲堰規其高下之宜澇則七分入江三分入溪以洩暴流旱則七分入溪三分入江以供

灌溉堰脊橫闊四十二丈覆以石版爲片八十有半左右石級各三十六歲久沙淤其東僅見八九西則皆隱於沙堰身中空擎以巨木形如屋宇每遇溪漲湍急則有沙隨實其中俗謂[illegible]陡沙水平沙去其空如初土人以杖試之信然堰低昂適宜廣狹中度精緻牢密功侔鬼神與其他堰埭雜用土石竹木甎篠稍久輒壞者不同常時大溪之水從堰入江下歷石級狀如噴雪聲如震雷耆老相傳立堰之時深山絕壑極大之木人所不能致者皆因水漲乘流忽至其神矣乎

三曰淘沙 四明

水陸之勝萬山深秀昔時巨木高森沿溪平地竹木茂密雖遇暴水湍急沙土爲木根盤固流下不多所淤亦少開淘良易近年靡山不童而平地竹木亦空致使浮沙隨流而下淤塞溪流至高四五丈綿亘二三里兩岸積沙侵占溪港皆成陸地由是舟楫不通田疇失溉人謂古來四季一浚今既積年不浚宜其淤塞嘉定巳亥旱勢如焚田苗將槁峴隨宜爲浚流障水之策一綿出脉滔滔其來流貫百港隨水所及俱獲沾丐夫浚之一寸則田獲寸水之利浚之一尺則田獲尺水之利浚之

愈深所灌愈遠爲利愈博矣雖然淘沙當於未旱之先又當棄之空閑無用之地何則旱歲淘沙此則救一時之急耳是時農夫皆自欲車注以救就槁之苗其勢不可久役稍或違時苗已槁矣宜於未旱之前農隙之餘多其工役假以日月務令深廣庶幾可久或畧開沙中之港而不去港中之沙止可爲旱歲急救旱苗之計經一小雨則沙淤隨塞或去港沙而堆兩岸經一大雨則仍前洸入港中如能運沙遠去江近則棄於江水之中江遠則堆於空閑之地庶幾可久然地皆民地種植所

貧安得空閑宜臨時相視遇窊坎空閑處不憚稍遠則可矣但戒董役之人務在公平不得容私獨堆一處則人心自服如能浚深一尺或二尺其利尤博開浚之時先宜壅住上流然後從下流爲始庶幾得沙乾不使爲水所浸役夫易以用力

四曰防沙它山一境其地皆沙內水之咽旣窄引水之港復狹以致流沙易於壅塞沙之入港凡有三焉七八月之間山水暴漲極目如海平地之上水深丈餘湍急迅疾西岸之沙徑從平地橫戛入港須臾淤滿一也或遇積澇雖不潑岸而溪流湍急

沙隨急流迤邐入港日引月長不覺淤塞二也自港口至馬家營一帶兩岸之沙或因霖雨衝洗或因兩岸坍損或因木植衝擊積久不已亦能塡淤三也欲障平地之沙宜於西岸去港一二里量買地段南自港口北自山下以屬於溪北去港遠南去港近帶斜築疊隄以贔石閘爲基址高七八尺外植櫸栁之屬令其根盤錯據歲久沙積林木茂盛其隄愈固必成高岸可以永久欲障積潦滿流入港之沙宜就吳家橋南港狹去處立爲石閘中頓閘板五六片畧與岸平水輕在上沙重在下

水從板上不妨自流沙遇閘板礙住不行沙之所淤不過閘外三四十丈掏去頁易版之爲限以水爲則水漲則下水平則去啓閉以時不病舟楫欲障兩岸之抄宜於兩岸釘松樁用犄石砌疊博岸覆以石版如城南塘路庶免水洗岸沙木植衝擊坍損之患然置閘砌岸可以防平常積雨港內之沙或遇大水徑自西岸擁沙而來非二者所能禦石隄之護此策之上者也　五曰閘水口堰上水口狹甚灘流入港者趨而入江者多水口有石幢爲界外爲官港內爲蔣宅之地約一二畝若買此

以展水口庶幾納水稍洪　六曰古小溪港許家橋東有地名童家碶北有古溝勢與港接今爲沙所塞而汚瀝尚在耆老相傳此正小溪也溪通建碶舊嘗開浚以通它山之水今沙淤塞或可請以再浚　七曰北山下古港它山堰上大溪之北綿延傍山山下有古港西自鍾家潭大溪分派而來延袤二三百丈末至沙港百餘丈其流中斷水稍長則越過平地徑入沙港近下石道頭水平則止水之所道迤邐低窊港瀝分明古老相傳云侯之造堰先作壩截溪水令乾然後用工故自鍾家潭引大溪

之水循山之東屬於沙港堰成去墹遂爲二派一派徑從堰上入大江一派則鍾家潭之港也今雖斷流港瀝儼然若能開浚此港徑取大溪之水東入沙港一則水勢徑順入溪必多二則洪水汎漲之時水與淵沙順流俱東不被横憂入港然存所關以俟來者

八曰前後修堰

耆老相傳謂堰乃先賢靈蹟功與神侔不可妄加增損後人有增損者輒有禍罰南渡後有周四耆者謂堰稍低惜水之淺遂於堰上加石版厚七八寸皆傒原石長減二尺前叙規模制作言爲片八十有半者即周晉石

也堰之原脊在周耆石上不可復數周耆未幾家廢人亡遂謂增堰得禍故視堰如神物不敢措議修築爲是說者果先賢意耶先賢之意惟民利是視而已堰非天造亦人爲耳寧無成壞苟有能嗣而葺之以壽此堰於無窮寧非先賢所望於來者哉然非果損則斷不可輕動今但在夫保護之俾勿壞則神人之所共願也護隄浚沙若無與於堰其實關係於堰者利害不細沙港淤塞之時舟楫不通竹木薪炭其價倍貴販鬻者裝載過堰竹木排筏越堰而下猛勢衝擊聲震溪谷堰身中空

不勝負重城門馬力追蠡歷年初雖不覺久必大損辛丑歲因此堰石頗有損動前後府榜非不禁約人取其便不顧利害雖禁莫止此堰若損溪水釃淺鹹鹵衝入田不可稼民失粒食官失租賦況此堰靈蹟聖異殆有鬼力神功萬一損壞寧後人所能遽行營設創使可辦不知當用幾工幾金經涉幾日然後可成公私同一利害願共寶護之

迴沙閘　在它山堰西北相距百武地名吳家橋大小溪之上夾岸皆沙雨則與水俱下沙限於堰不得入江

則併聚於內港嘉定間歲旱提舉魏峴家於溪上稍疏浚之隨水所及俱獲沾溉淳祐間沙淤尤甚峴白於棨政余天錫復大爲浚治其後連雨沙復漲制置使判府事陳塏以歲浚勞民不若遏於未至乃度地置閘三間（前此溪流直衝於堰慮堰易壞稍回曲之置閘於西北既以隔沙兼用固隄）設板七片水輕從板上過沙重爲板所限其淤積者不過閘外淘之殊易爲力嘉定八年提刑程覃攝守用官錢買田四十畝零爲淘沙之用嘉熙三年知慶元府趙以夫又益以沒官田二十九畝計淘閘外淤沙約五十餘丈然其穀儲

於丞廳給不以時遇旱則民間自爲開掘不過中通一綫而已後其田亦不可復問元至正二年本路總管王元恭親委所屬農事官自堰去閘一百八十步官爲倩夫淘浚其閘內流入沙土命著落守閘耆宿上戶籍定排年姓名自行堰用工淘浚永爲定式明嘉靖十五年邑令沈繼美加石堰上約高於舊一尺而沙不復壅載南江水利說序引考工記云善溝者水漱之注謂導水就下則湍水自能盪滌積淤堰高故水深而流迅非沙有今昔之異也今閘已圯而閘柱尚存其中洞長一丈

四尺旁兩洞各長一丈二尺自淘沙之役久廢堰北數百丈皆成沙地惟大水始能至堰無復昔時衝擊之勢南塘河則仍通行如故蓋水道又一變矣蔣樗菴水利考

朱林元晉造閘記慶元表東海地枕江抱湖水政舉則多豐年不則爲沴淳祐改元冬可齋陳公由少司農秘閣修撰出鎭兼制置沿海二年春開藩鄮連歲失稔之故父老曰是邦儲水而啓閉以時者曰碶洩而不防則乾積而不釃則溢歲久多圮民甚患之夏潾公剏碶一曰保豐復碶二曰斗門曰大河橋修碶號爲喉者曰食

曰水曰氣是歲東西俱歉於滂明獨有秋公曰今所導
者流耳盍治其源城內外爲湖爲港鄞西七鄉以飲以
溉皆源於它山而邦人知其利未知其害者居半也它
山而上則又大溪之源越水所注夾岸沙彌望雨則與
水俱下長官堰下上級皆三十六其上沙沒殆盡下不
没者五六梅梁夭矯之狀不可復見其邊入於溪者數
里溪流幾斷于是井皆汲鹵田苦竭澤歲浚至三四役
工數萬計民亦勞止間有暴漲自西岸而下湮塞尤甚
一日公顧其屬林元晉曰岸之防固未易圖而浚治之

煩而無簡要之策與其浚於既積不若遏於未至水經
清居上沙重濁居下宜閘以止之水平則啓通道如故
沙聚於外則去之易爲力會吉州魏侯峴以書來述鄉
民意與公合卜於長官祠又合乃度地吳家橋去大溪
五十尋而近經始營之侯家溪上疏它山之澤夙有功
肯總其事佐以新進士安君劉合志堅久起秋八月戊
寅迄冬十月丁丑無一日不晴已乃雨是殆天所助人
情大悅公命元晋記之夫水之利若害判於反覆手禹
川漢渠浚灑導不皇暇何古人拳拳加意而近世率視

爲故常也公家古靈先生受業於安定之門淵源所漸遠矣體用之學公得其傳大抵推所學以達諸政鮮不自其心始叅事者爲民不得耑多慾者及民不能詳公淡然政尙淸簡見明行果於利民一無所靳蠲近租六十萬積平糴本百萬惠猶以爲小要未可以施諸是邦者限量也唐僧元亮賦詩曰海潮從此作回期人謂絶唱長官距今四百十六年始有繼其志者堰之於潮閘之於沙古今一轍耳邦人又將世世爲美談公名塏長樂人

洪水灣石塘　長三十三丈闊一丈二尺三十三都一二三圖合管乾隆四十一年知縣周樽修築錢志去它山堰一里餘介於江河之間外易崩而內易浸民久病之吳丞相於寶祐六年判府事始就其地置壩者三一瀕江以禦潮一瀕河以蓄水一介其中爲表裡之助先是其地本何氏竹木園當水之衝江潮激而北侵故隄著敗吳公謂不宜與水爭地乃用官緡一千三百四十貫市何氏園及葛趙二姓地共六十五畝有奇遂甃爲江兼畚沙以實二壩之北阿隄始爲堅密初淳祐閒亦嘗

立石塘而不知鑿地以安江流不久即圮吳公始撤其蔽而疏通之其功與王侯之置堰等今沙洗石落瀕江者墊水中土人謂主土皆沙壖其質疎易爲水所齧宜遠取硬黃土以塞之此固有待於後人者耳（乾隆初年洪水漏圮）城內外河流立涸有司督民修築止完其瀕河者使三壩具存倘壞其一則水不遽洩且無奔騰直下之勢修之亦易爲力牧民者毋恃其幸存而竟度外置之 蔣樗菴水利考

甬上水利志

卷五

周道遵攷述

西鄉河

有二源一源出大雷諸山下流四達其北行者直抵西壩爲西河塘由西津橋折而東五里至高橋一源出林村下賨山相傳爲僧智囘卓錫處從地中出滾滾作浮漚名靈泉又別有湧泉二水合流經雙瑞橋至泥峙堰分爲二流一從堰下入林村大溪注十字港歷望春橋

與高橋來水會一至湖泊注石塘東合高橋水二十里
直沖入西水門直進二里許歷惠政橋至石灰埠始南
折形家以正金方衝入爲忌而不能有所更也其自望
京橋側北入慶豐橋爲城下大濠至保豐碶自大卿橋
西北入新河橋乃宋寶祐四年判府吳潛鑿新河建此
橋引西塘河水北入環海會寺而東出新塘橋合西濠
之流北至保豐碶而注之江灌田數千頃其自大卿橋
西南入則爲鄮山書院橋管江岸大禹王廟前後壽安
橋諸河自望春橋南入雙眼橋則爲龍舌新莊布金寺

前等河自望春橋南入西折入包家橋則爲十字港等河另見後敘止錄參蔣樗菴水利考所歷橋梁凡十有七曰望京橋大卿橋工部尚書陳恭宅其地故名南達鄮山書院橋北抵西關外大街西成橋北抵官路南達新莊湖田等處望春橋又名慶寶北抵官路南達新莊湖田等處新橋北抵官路南達湖田上升橋北抵官路南達湖田高橋宋寶祐四年重建高三丈三尺五寸長九丈八尺上下凡六十六級洞闊三丈八尺東于西關西達石塘西津橋東抵官路至西壩西達景福寺湖泊橋東達石塘碶西達林村市以上自西西門至西壩一路慶豐橋望京橋北側舊名望雲新河橋東達西關西達高橋新塘橋南達西門大街北達忠祐廟賣魚橋西南達西門大街東北達柳莊坊內木家漕金版橋馬功橋東達保豐碶西達梁山伯廟簡要志作馬公以上慶豐橋內

井新河橋內環台諸橋　鄮山書院橋北達大卿橋南達仲家橋　火燒橋南達祖關北達蓑衣港

宋袁商重建高橋記建炎三年金虜犯明州戰於高橋衄而道由是大龍駐蹕錢塘用再造我區夏橋雖更紹興重建然年深木腐石泐壞輒修修輒壞民不惟病涉亦病修寶祐四年履齋吳公以大制使判府事一政一事靡不經意朞年之間官府肅而田里安翕翕然輿誦興矣公猶以爲未也暇之日周覽壄野指是橋而歎曰中興諸將戰功凡十有三實自此橋一捷始今圮不可

支非所以識舊也乃捐金名工撤而新之結洞為橋純以石雄峻堅密城內外諸橋可俯而視之矣旣落成邦之人士屬商為之記竊謂橋梁之設所以便民也造舟為梁旣昉於周至鄭以乘輿濟而君子不以政予之則夫善牧民者殆不可以細故忽也秦以前未聞梁石近代以來名都要會閒用之如吳之垂虹閩之方安不過杭烟水梁海波皆無與乎政之激勸斯舉也可以昭中興之聖烈可以旌江表之虎臣其感人心也有義用民力也有仁嗇將風厲乎天下匪直私惠乎鄞人信賢相

之作牧發於心見於事知所先務實不與他人均鄞之人因是得以覘公之經綸矣橋去西門外十五里高三丈三尺五寸長九丈八尺上下凡六十六級洞闊三丈八尺

十字港

廣德湖址自望春橋西南悉是今湖田之渠不能備載而十字港乃一大關會也其東自東港口抵望春橋西自西港口抵林村南自南港口抵蒲店蔣山湖後其北則自北港口出至高橋之南即九里十條橋一路盡自

望春橋南折又西折歷包家橋一帶亦林村大雷之水所由入城也其上上橋梁凡二十一曰雙眼橋俗呼雌雄橋包家橋今改寶稼橋龍宮橋俗呼白龍王廟橋顏家橋中鎮橋俗呼買麵橋屠家橋樓太師廟橋袁打車橋十字港橋即東港口橋今改集士以上十字港之東楊官人橋望春山前聖仙橋俗名廟橋闞山橋磻溪橋武陵橋俗名板橋萬安橋俗名洞橋流花橋張洸馬橋翠山寺橋圓洞跨溪上下百級鳳嶴市橋以上十字港之西林村市盤橋宋熙寧初建乾道六年監務范淮率鄉人易木以石洞橋在林村

舊廣德湖

縣西一十二里舊名罌脰湖唐大歷八年縣令儲仙舟
加修治之更以今名貞元元年刺史任侗又治而大之
宋建隆間錢億爲守之初復奏乞於諸縣農隙集鄉夫
萬人爲十隊以官吏分董開鑿之役當時嘗給米九千
石錢五十萬公復出金千緡以相其費周廻凡萬有二
千八百七十一丈驕陽鑠石無旱暵之患淳化中禁民
敢田者至其後遂著之於一州敕大中祥符年藕耆爲
守以湖壞漏不補復而浚之熙寧元年邑令張峋增築
環湖之隄凡九千一百三十四丈又繼爲碶九爲埭二

十湖之興已數百年而民之請為田危於廢者屢矣乾道圖經至政和閒邑人樓异服除到闕蔡京不喜异而鄭居中喜之始至除興仁守已奏可京乃改知遼州月餘又改隨州不滿意也異時高麗入貢絕洋泊四明易舟至京師將迎館勞之費不貲崇寧加禮與遼使等置來遠局於四明待人鄭忠仁備之忠仁實在京師事皆關決异欲舍隨州而得明州會辭行上殿於是獻言明州廣德湖可為田以其歲入儲以待麗人往來之用且欲造畫舸及涉海巨航以須朝廷遣使皆忠仁之謀也既對

帝悅即改知明州以典鄉郡經理湖爲田八百頃募民
佃租歲入米僅二萬石於是西七鄉之田無歲不旱異
時膏腴今爲下地廢湖之害也紹興間寶文閣待制李
光泰嘗欲復湖卒不能復王庭秀作湖興廢記昇之將
王正已爲廢湖辯以飾之今雖廢而前之有利於七鄉
者其德甚厚不可沒也開志

宋曾鞏廣德湖記鄞縣張侯圖其縣之廣德湖而以書
并古刻石之文遺余曰廣有紀蓋湖之大五十里而在
鄞之西十二里其源出於四明山而引其北爲漕渠泄

其東北入江凡鄞之鄉十有四東七鄉之田錢湖溉之
其西七鄉之田水注之者則此湖也舟之通越者皆繇
此湖而湖之產有鳧雁魚鱉菱蒲葭菼葵蓴蔆芡之饒
其舊名曰罌脰湖而今名大歷八年令儲仙舟之所更
也大中元年民或上書請廢湖爲田任事者左右之爲
出御史李後素驗視後素不爲撓民以得罪而湖卒不
廢刺史李敬方與後素皆賦詩刻石以見其事其說以
爲當是時湖成三百年矣則湖之興其在梁齊之際與
宋興淳化二年知州事邱崇元躬按視之而湖始復轉

運使言其事詔禁民敢田者至其後遂著之於一州勅咸平中賜官吏職田取湖之西山足之地百頃爲之既而務益取湖以自廣天禧二年知州事李夷庚始正湖界起隄十有八里以限之湖之濱有地曰林村砂末曰高橋臘臺而其中有山曰白鶴曰望春自太平興國以來民冒取之夷庚又命禁絶而湖始復天聖景祐之間民復相率請湖爲田州從事張大有按行止之而知州事李照又言其事報如至道詔書照以刻之石自此請湖爲田者始息而康定某年縣主簿曾公望又益治湖

至張侯之爲鄞則湖久不治西七鄉之農以旱告張侯爲出營度民田湖旁者皆喜願致其力張侯計功賦材擇民之爲人信服有知計者使督役而自主之一不以屬吏人以不擾而咸勸趨於是築環湖之隄凡九千一百三十四丈其廣一丈八尺而其高八尺廣倍於舊三之二鄞人累土堙水闕其閒而扃以木視水之小大而閉縱之謂之碶於是又爲之益舊總爲碶九爲埭二十隄之上植榆柳益舊總爲三萬一百又因其餘材爲三亭於隄上以休而與望春白鶴山相直因以其山名山

之上有廟一以祠神之主此湖者一以祠吏之有功於此湖者以熙寧元年十一月始役而以明年二月卒事共用民之力八萬二千七百九十有二工而其材出於工之餘既成而田不病旱舟不病涸魚雁茭葦果蔬水産之良皆復其舊而其餘及於比縣旁州張侯於是可謂有勞矣故爲之書尙俾來者知毋廢前人之功以永爲此邦之利

舒亶水利記是湖千頃有四利焉當春夏秋四明諸山積水浩蕩泛濫有如海潮居民廬舍往往淹沒不一二

日轍下以是湖納之一利也方其旱歲七鄉之田引以
灌溉而漕河北取以濟公私往來之舟二利也菰蒲鳧
魚四時不絶凡村落城市之民無田以耕無錢以商者
莫不仰食於此三利也歉歲窮民以蓴羹爲聖水益自
別邑他州爭取而食者不可勝數四利也嗚呼其利溥
矣有心於民者繕其隄防謹其經界時其啓閉禁其畜
牧可也而或者徒見其沙沫淺淀乃欲議以爲田獨不
知沙沫爲田則湖遂廢矣古人戒始作俑者意顧不在
此與越之鏡湖白馬湖可見矣沙沫地纔四十頃參天

下顧少四十頃田哉今夫導一渠浚一井猶苦其勞費積日月而不之成柰何欲規四十頃難必之利而遂廢千頃易見無窮之利哉或謂是湖隄塘善頹每一浚築則取材訓工於並湖之民亦勞費令誠能卽其膏沃少損爲田歲積穀以爲繕修之備亦因利之之利也是不然自慶歷丁亥距今元祐癸酉凡四十七年矣而湖隄之修前判公中張侯峋最後般君藻葢未始數也夫利害未嘗不相隨顧大小如何耳今置大利而顧小害未可謂知務也隄所以善頹無它由啓閉不時而畜牧陵

踐故耳此縣令之事也嘗得父老謂叚君治是湖頗力
增卑培薄植榆栁於其上凡一百二十丈置之列亭刻
石載其數目姓名使分守之而一切禁止誠持久能如
此湖復何患哉

王庭秀水利記鄞縣東西凡十三鄉東鄉之田取足於
東湖今俗所謂錢湖是也西南諸鄉之田所恃者廣德
一湖環百里周以隄塘植榆栁以爲固四面爲斗門碶
閘方春水泛漲淤則洩之江夏秋交民或以旱告則令
佐躬親相視開斗門而注之湖高田下勢如建瓴閱日

可浹雖甚旱亢洪不過一二而稻已成熟矣唐正元中民有請湖爲田者朝廷重其事爲出御史按利否御史李後素銜命詢咨本末利害之實錮獻利者置之法湖得不廢後素與刺史及其寮一二公唱和長篇紀其事而刻之石詩語記湖之始興於時已三百年當在魏晉也國初民或因淺淀盜耕有司正其經界禁其侵占太平興國中桀黠之民窺其利而欲私之復進狀請廢湖朝下其事於州州遣從事郎張大有驗視力言其不可廢且摘唐御史之詩敘次詳緻記於石刻熙寧二年知

縣事張峋令民浚湖築隄工役甚備曾子固爲作記歷道湖之爲民利本末曲折以戒後人不輕於改廢也元祐中議者復倡廢湖之説直龍圖閣舒亶庸詰折之紀其事於林村資壽院緑雲亭壁間謂其利有四不可廢今舒公集中載焉於是妄者無敢鼓動久之有俞襄復陳廢湖之議守葉棣深罪襄襄不得騁遂走都省獻其策蔡京見而惡之拘送本貫襄懼道逸政宣間宦官用事務興利以中主欲一時佻躁趨競者爭獻括天下遺利以資經費率皆以無爲有縣官刮民膏血以應租數

大概每一事必有一大閹領之時樓异丁憂服除到闕蔡京不喜樓而鄭居中喜之始至除知興仁府已而改遼州月餘改隨州不滿意也異時高麗入貢絶洋泊四明易舟至京師將迎館勞之費不貲崇寧加禮與遼使等置來遠局於明中令鄧忠仁領之忠仁實在京師事皆關決樓欲舍隨而得明會辭行上殿於是獻言明之廣德湖可爲田以其歲入儲以待麗人往來之用有餘且欲造畫舫百舵專備麗使作涉海二巨航如元豐所造以須朝廷遣使皆忠仁之謀也既對上悅即改知明

州下車興工造舟而經理湖爲田八百頃募民佃租歲入米近二萬石佃戶所得數倍於是西七鄉之田無歲不旱與時賣腴令爲下地廢湖之害也靖康初頗有意於復民利于時爲御史屬嘗以唐諸公詩與曾子固張大有記文示同列欲上章未果而金騎圍城自是國家多故日尋干戈用度不給豈暇捐二萬石米以利一州之民則湖之復興殆未可期建炎甲戌金人陷明州盡焚州治自唐至今石刻皆毁折剝落無遺跡予恐後人有欲興復是湖無所考據故詳錄之以俟討求

吳公塘　自望春橋至高橋西渡凡三千六百六十丈宋制使吳潛修砌塗人歌頌之榜曰吳公塘 敬止錄

渾水閘　縣西二里西門外花園之側 李志

泥峙堰　縣西三十五里四十七都二圖資福寺東下容三竅以均限靈泉水利北流者出李蕪橋以至水經港東流者出蟠溪以至竺迦碶 曹志

竺迦碶　林村杜氏居之東上接流花橋以至泥峙堰水下通積瀆漕以至湖泊碶 聞志

湖泊碶　縣西三十五里桃源鄉四十七都 聞志

桃源烏金碶　縣西三十五里舊在四十八都聖女山東北今徙至四十六都翠山莊田者多不便聞志

黃梅堰　縣西三十六里四十七八都之界以均限大雷山水利堰上出烏金碶下出大溪曹志案西鄉廣德湖雖廢而自泥峙堰至黃梅堰皆層遞蓄水每遇桃源水漲可使低田水不至易沒高田水不至易涸今皆久廢不治僅存其目有心水利者當復之新增

保豐碶　縣北三里又名永豐碶西管支港受它山林村兩路之水滿則洩之江春行春積瀆烏金石塘諸碶

皆所以洩管水也行春積瀆烏金相距不過數里惟石塘囘環西北三十里間無一碶可以洩水每過霖潦往往瀰漫於城下返藉城中三喉傳送三喉穴城爲水道僅通一綫所洩能幾此保豐碶之不可不修也先是淳祐辛丑參政余天錫典鄉郡嘗有意經營好事者以風水之說阻之明年郡守陳塏究水利邦人備述保豐興廢關鄉里豐歉塏乃相其故基爲居民所有尋督濠寨引繩度地以復之碶所不用者捐以予之且厚所犒由是爲閘兩間立石柱三造板橋於浦口以便行往民藉此

碶之利則豐年可保故名保豐宋開慶元年判府吳潛因廣其址改創爲五柱四門堅密雄偉雖湍流洶激未嘗有損近又更名永豐歲久湮塞老人吳壽甫建言廢在城袞繡橋之石復加修理成化志洪武二十七年重修敬止錄亦名北郭碶長四丈二尺闊一丈二尺額設碶夫一名工食銀三兩六錢閏板銀一兩五錢在城西隅九圖乾隆五十三年知縣錢維喬拆改重建添設內坦水一道以資闌護錢志

宋應徵記鄞人累土堙水闕其間而扃以木視水之小大而閉縱之謂之碶此南豐曾公記廣德湖語按小學

書碶字、未見南豐仕越、越與明壤接、諏方言知地勢、曉
水利、故其語彌精、水利廢既久、南豐所謂九碶者、存焉
蓋寡、它山桃源之水、羨于郊、所鍾自南徂西、西有行春
積瀆烏金相比、最奢者曰石塘、自石塘北抵城下、亘三
十里、獨無碶水、雖欲注之江、不可得焉、其貫入日月湖
諸渠往往股引反耤穴城趾爲喉者三、以出不能大有
所宣通、以故城內外閒歲多沴、淳祐二年春正月、知府
事兼制置中大夫祕閣撰陳公實問民病疾苦、躬出入
阡陌、水政罔不修舉、廉知距城北半里、故有碶、往視、則

厥甚隱然、居民居其上、或畦以種蔬、索價視空無有、訊之父老、讙曰、碶果復。茲可以無水患。公意遂決、乃疆乃理、仍庚直且割其餘畀之、伐石斲木、顧其予價、若私家賦役、以帳兵給生券焉、樂爲用、遂成築、鍵如、闢之牖如、堅緻水支久、並碶爲橋、以便行者、碶舊以寶峯名。公謂寶峯直北在旁邑、隔兩舍遠、取非是。因易其字、曰保豐、且曰有是則豐年可保也。衆喜、謂宜。公之先正通奉公於古虞有遺愛、大較以務農興水利爲治之本、公講明孔夙、爲政必首垂視於此、夏暑雨連數日夜、水溢出山谷、僉以爲憂、公單車察水道、親督疏治、念不可偏歷、出意匠、創平水則、高下淺深、各有差測、稍驗、過共度、遺賓來走騎吏啓閉不踰刻、人皆歎其神速、於是水不爲沈菑、歲得大熟、已乃以其式發之郡乘、使來有所稽、公之爲民慮深矣、天不能無水旱之災、而能使水旱不爲災者人也、成周畎澮溝洫之制、待其人然後行、西都循吏行視郡中水泉開通溝瀆起水門、作均水法、刻之石、其施置猶有古意、公立心無欲、用志不分、所至爲人作豐年、視班氏所書、其殆無愧、知鄞縣事謝琳請記保豐之

役爲誦所聞公葺碶凡五六又剏廻沙閘以餘力除東湖葑開利無窮者非一簡册屢書公名塏字子爽自號可齋云

洪碶　長四丈五尺闊一丈在五十都六七啚合管錢志

石塘碶　縣西二十五里清道鄉宋寶祐間判府吳潛建敬止録明萬厯丙申邑令翁憲祥重修聞志長三丈五尺闊一丈五尺在四十九啚二啚錢志道光二十六年慈民因旱毀閘與鄞民爭訟不休二十七年攝守楊鉅源親履勘視照舊判鄞專轄并酌碶式飭令鄞邑紳耆張恕

等修築完固爲記勒石以垂永久新増

明沈一貫重修石塘大小二碶記方國生民藉衛於土厥土用水說在岐伯氏之養榮也吾鄞由甬江而西沃野二百餘里它山據江之上游以注於會城靈源大啓故西南諸鄉無不藉榮於它山者顧泰雨横決泰旱焦洩決不甚虞而洩則助割於是有保豐諸碶以司蓄洩石塘界在西隅視它碶稍隘而爲利滋鉅折而東有小碶循碶而下爲九里浦以注於江高下斗懸皆鄞土也小碶之内支流蜿蜒有逮於慈者然而碶非慈有矣碶

固有限不以石以木葢創始者酌啓閉之宜而定規矣碶終始夫寧不知石之貞遠也爲蓄易而洩難利於下流不利於高壤乃處下流者邀我之啓以爲蓄而踞高壤者因彼之蓄以妨瀉幸得利而漫有害石之不宜於碶也明甚萬歷乙未小碶崩圮司碶之吏議繩初由而慈民以其私臆謂不利於已至鳴於上官令君常熟翁侯憲祥誠慨斯事率諸父老繞碶而揆追維往蹟曰吾爲疆吏我民之勿奠遑恤其鄰遂報中丞御史臺暨巡海使者仍用木於是鄞民雷然頌德趨事若子浹三旬

而大小二碶畢事既畢事而鄞之民謂自茲以往水藏安平雖有旱潦無損於秋穫永有石塘之利矣夫莫非王土何別於慈顧爲慈畝不過數頃爲鄞不獨五隅遍於七鄉鄞之耤以朝夕者大半夫斷指以存頸仁者不爲況斷頸以存指乎宜侯之力捍吾圉而樹淵遠之圖也事在丙申之秋明年春詔充法從諸父老徵石言於予遂不辭而爲記

國朝郡守楊鉅源修築石塘碶閘記鄞之西石塘山麓設碶閘三門折而東有小碶一座循碶而下爲九里浦

以注於江碶之設所以蓄上河之水而鄞邑五隅七鄉之田資以灌溉利至渥澤至溥也顧碶與慈谿連界考舊志碶爲宋州鄭歷開鄞令翁君重修時則慈民謂不利於巳鳴於上官賴翁君力行建議修碶鄞之民始得保有石塘碶之利然則碶之利於鄞與碶之爭於慈其來久矣利之所在人所必爭甚矣當事者貴有以持其平也余自乙巳九月以紹興守移攝明州籌海餘閒留心水利會鄞慈兩邑紳民以石塘碶鬨一案纏訟不休蓋石塘蓄上河之水自林村下竇山經雙瑞橋至泥峙

堰分流入湖瀦於石蜅塘舊有碶碶爲鄞設修築應聽鄞便而慈邑自有下河之水利自烏巖寮舍諸山下注清溪堰以及大嶴小嶴雲溪寒溪諸處建有朱童浦漳浦黃家堰石湫馬車播木六閘引潮蕭浚本自裕如乃因一時亢旱輒敲毀碶閘圖放上河之水并以三七分流爲詞令春三月督同兩邑令暨兩邑紳耆躬履上下河逐段勘視維時春澤偶愆上河之水已不及十分之三而下河之水尚有其半則清溪堰一帶來源甚旺已有明證與其涉訟而求上河分注孰若堅築各閘而求

下河自有之利余職司統率鄞慈同屬部民設使下河之水縮於上河民命所關詎容聽其遏抑玆旣瀦蓄有餘各有其應受之利則必爲之破其疑息其爭共矢公心共持平允非若前明翁君僅長一邑專爲鄞民起見也且因是益見翁君之判是案固爲鄞邑計亦實無損於慈民是以數百年相安無異未聞復起爭端此持平之所由持久也惟碶閘用司啓閉自應酌示限制勘碶柱自頂至脚高七尺八寸用平水法測量碶上河身許高五尺八寸斷令四尺以下夾甃土石堅築完固以蓄

上河之水石板之上用木木石相連之處較河身低一尺八寸得以分遞下河卽以應慈民三七分流之請大碶之東小碶亦應概用下石上木高低平分以便蓄泄用示大公而昭平允至下河朱童湔等閘慈邑柒多好義之士應令一體修整無任車拔船隻致滋滲漏而有不足之虞判既定兩邑紳耆張恕鄭芬等咸以爲公各具遵結而退至秋九月鄞邑石塘碶閘之功告成高低丈尺一一皆如所判之式爰濡筆而樂爲之記

顔公渠

自桃花渡而東迄定海縣西市綿亘六十里原港久湮田疇失溉淳祐六年制帥顏頤仲因農隙鳩工牓示通衢民聽惟睦浚復故河廣五丈深一丈二尺置碶閘三跨橋六鄞令趙希蒞定海令劉仲龔慈谿令李鏞各因渠之所隸而董其役郡倅張琥總之民便其利而頌其德因刻石曰顏公渠寶慶志歲久淤塞明嘉靖十五年鄞定二邑大加浚治聞志坐鄞者上有四橋曰孟陽橋舊名麥陽橋敬思橋俗名馬郎橋在孟陽橋西引仙橋去孟陽橋二十餘步甄橋又名鄞定橋通鎮海縣界敬止錄

宋制師顔頤仲榜示照得民以食爲命、食以農爲本、農以水利爲急、本郡田畝、全藉水利、如東管則賴有東湖之水、西管則賴有它山之水、獨自桃花渡至定海縣一帶、東西南北周圍六十里、舊有河港、久不浚治、日侵月占、皆爲湮塞、水無所瀦、惟仰天雨、晴未十日、即已旱乾、農家無計可施、坐待其槁、昔號膏腴、今爲墝埆、食且不給、何以爲生、居此方者、委可憐念、其次則裏河既已斷港、未免冒險涉江、民旅往來、軍兵打請、又有風潮不測之患、數十年來、太守屢嘗有意開浚、祇事體重大、費用

浩繁、莫敢輕舉、當職冒應千里宅生之寄、常軫視民由
巳之心、苟可興利、豈敢吝費、亟欲趁今農隙、支撥錢米、
僱募夫工、自桃花渡直至定海縣西市、依舊來河道盡
行開浚、一則可瀦水澤、以溉田畝、二則可通舟楫、以便
軍民、誠爲一方無窮之利、其間近河居民、或有侵占舊
來河道、爲田起屋者、自當悔悟日前冒占官河之非、體
承州郡爲民興利之意、各謀改徙、無復執迷、斷不可以
一二人之私計、而妨六十里之水利、本府亦當斟酌地
段、支錢給助、應是開河之費、盡從本府出備、更無一毫

擾及民戶所、合先行給榜曉示者、

明李堂顏公渠贊顏公頤仲龍溪挺生淳祐宋季守我四明崇賢興學惠洽政平顧瞻東渡水利究情開渠著姓郡乘可徵蕪詞述贊匪云勒銘鄞、江東北定海壤通田境地鹵旱暵可恫袖手易措待槁奚庸公重民食謂食資農畎畝之賴河渠是供苟虧灌溉孰致稔豐維六十里經度周旋乃施濬治乃瀦雨泉橋梁以濟碶閘以宣五丈之漕倍尋之淵胼胝殫力車戽回天侵占者復專霸者悛緬懷東管浸有錢湖西鄉蓄水它堰爲沾公

渠在北鼎成可模桃花古渡白沙汏塗悠悠誰嗣石刻
豖瓜覘我韻語㢮激懦夫

甬上水利志

卷六

周道遵攷述

鄞江

源出四明山自仗錫過大皎出它山堰迤邐東來會大埠頭剡源水同出斗門橋又會奉化金溪龍溪水自方橋出是名三江口東南經北渡狗頸塘翻石渡銅盆浦周宿渡長春塘過郡城之東迤北而慈谿江自西流入焉又名三江口合流東北經白沙梅墟至鎮海入海名

大浹港（敬止錄）道光二十二年暎夷滋事紳士議於梅墟截江爲防堵計諸生周道遵赴叅贊行臺上書阻之跨江有五橋曰東津浮橋元貞橋百梁橋鄞江橋陳婆渡橋（另詳後新增）

國朝邑令錢維喬鄞江源流辨案鄞江之正源出於四明山自仗錫過大皎出它山堰過鄞江橋始有鄞江之名又東南過百梁橋元貞橋至方橋而奉化江自東南合焉又東南經北渡九經塘翻石渡銅盆浦周宿渡長春塘過郡城之東迤北而慈谿江自西流入焉所謂三

江口也合流東北注至鎮海而入於海蓋鄞江合奉化江至郡城東始有甬江之名及慈谿江西來同注於鎮海統名甬江矣鄞江奉化江慈谿江各自有源始分而後合齊氏水道提綱謂鄞江有南北二源即慈谿奉化二江而不知鄞江自有正源一謬也又謂慈谿江與奉化江會於寧波府城西南則奉化之水斷無流向府城西南之理二謬也若云二壩下流為慈谿江之下流則尤不達於地勢二壩以內之水上承山溪流入於江江水不能入壩也江水通潮古人置碶壩以禦鹹潮使江流不得

淊入齊侍郎生長浙東何乃昧於流之上下三謬也且
二壩以上之水係鄞江之別支與奉化江無涉縱使舟
楫可通亦須越幾重壩而至豈容指爲交會四謬也其
言奉化江分南北二派其北派與慈谿二壩下流會尤
屬妄説奉化江至方橋而合於鄞江江之北岸皆有碶
閘碶閘以内皆它山之水分流交注實鄞江上源之支
也内水高江水低其非江水所分明甚五謬也辨水道
者當先知地形之高下以浙人敘浙水何有此失地理
豈易言哉

周道遵阻截梅江書近聞愚紳創議欲塞梅江爲防堵計不知梅江而塞之也害民之弊居其八耗竭之弊居其二所謂害民之弊居其八何也郡南之水源發它山奉水又來會之郡西之水源發紹興餘姚之太平諸山慈水又來會之一逢淫雨溝澮皆放是爲上落水也而皆從梅江入海勢甚洶湧攔腰一截水無去路鄞慈奉近江居民必爲魚鱉其害一潮由大浹漲入上虞餘姚慈谿奉化路歷數百里港經數十支攔腰一截潮無進路勢必合數百里數十港日至之潮湧於一處即非秋

汎而瀰漫撼激鎮關以內居民亦爲魚鱉其害二梅江
一名畚猛謂江自大浹口至鄞江水道本直注至馬嘴
滙成畚畚至三官堂始西接鄞江潮流甚猛急也於此
截斷必至上衝下激塘場隄坍兩岸決無可種之田可
居之屋矣其害三鄞東自楊木碶以下鎮西自張鑑碶
以上江塗斥鹵栽種非宜故其居民皆以燒鹽爲業課
登引額梅江一塞潮不內入勢將外瀉則鄞之鹽場必
成廢地鎮之鹽場必成浮塗其害四餘上慈奉四邑民
田雨則藉江洩放旱則藉潮灌溉梅江實要口也塞不

使通鄞慈奉三江將變爲洲大旱易涸何以救災其害五鄞之東錢湖姚家浦姜茅山奥鎮邑西北兩鄉民多漁戶每逢漁汛萬艘進出梅江乃必由之路塞之則貨當起駁鮮者易餒餒者難銷虧貨折本必令漁戶失業白水盜船皆失業之漁戶也其害六甬江馬頭外省商船皆泊於此各路客貨皆囤於此梅江塞住祗有鎮關可通而鎮關狹隘馬頭難立得毋上欠關欵而下滯民財其害七或曰塞梅江而左開泥衕頭堰右開清水鋪堰鄞慈之水仍有去路於民何害然而堰口之狹不敵

江面之寬兩堰雖開若逢大水去將何及而且淡水可從此出鹹潮即可從此進餘上慈奉之不受鹹潮以大江之遠海也今以近海之小港納之四邑之田必受鹹潮不然前人之塞斯兩堰誠何心哉其害八所謂耗解之弊居其二何也嘗年釘樁沈船浮銷幾何糜費幾何迨夷船一至得其益者又幾何塡之以石似乎較勝抑知水深江闊施力殊難海潮至此又甚猛急隨塡隨壞勢所必然即使僥倖成功而上水不能禁其衝下水不能禁其激時常修理費用莫定是直以梅江爲漏卮矣

其耗一南岸石塘一遇颶風助湧輙多摧塌此所以每
年修築也若中流復有阻攔衝撞必烈倒塌必數修築
之費伊于胡底是又以梅江爲鑠鑪矣其耗二況乎防
堵郡城非無良策而獨於梅江始釘以樁繼沈以船見
其無益而復欲以石塡之愚紳之創此議果何爲乎將
爲開鎖之地乎抑爲浮冒之地乎試以害民耗帑之弊
折而止之則黎庶幸甚則國家幸甚

東津浮橋　一名靈橋俗呼江橋東達東七鄉西入靈
橋門自唐長慶三年刺史應彪創置凡十六舟亙板其

上長五十五丈闊一丈四尺初置東渡門外水駛不克
成乃徙今地方經始時有虹映其上因名橋曰靈現又
曰靈建太和三年刺史李文孺僖昭開刺史黃晟重修
宋開寶中節度使錢億新之乾道中郡守張津慶元中
守林大中嘉泰元年守陳杞嘉定四年守程準六年提
刑攝守程覃十年守趙師喦寶慶三年守胡榘淳祐二
年守陳塏皆因其壞而重新焉元至元二十八年廉訪
副使陳祥重置至正二十年江浙省平章方國珍再造
置田立廨籍夫守僧其法最善迨其末年田與局俱廢

嗣後多簽富民修治而橋政滋害矣明洪武二十七年
郡人黄公廓建言增設船二隻簽民七十三戸守之正
統十四年守陸奇重造維以鐵絙成化二年守方達更
置嘉靖間邑令劉宗仁徐易郡守張正和周希哲皆修
之明季每損壞僉報富戸修造工成獎以冠帶謂之江
橋大戸膺其役者苦之
國朝順治間知府楊之柄從生員聞性道之議始詳請
每里科銀三兩五年一徵官爲修造康熙二十六年遇
颶船排飄散知府李煦捐銀千餘兩重造䑺船用大小

排方厚板密釘左右設欄楯欐枋皆擇巨木以筏纜絞縛互相聯絡兩岸統貫鐵鍊復加筏纜中繫橋排旁碇岸之四角仍通詳浮橋內外不許泊船衝擊勒石橋畔示禁康熙三十年分巡道趙良璧因舊寧波衛地招民造屋每間輸稅一錢每年收稅銀一十四兩零由縣徵解府庫爲歲修之用康熙四十三年橋西新漲沙塗一方居民具呈情愿塡築蓋屋四間每年出地稅銀二十兩作歲需纜索之用嗣後每歲修葺需費或二三百金不等除海關領款銀八十六兩六錢四分外餘於藩庫

動支乾隆三十五年以司庫並無閒款令本縣自行籌辦知縣商皓議令塡築甬江塗岸砌甃屋凡一百三十四間半每間輸塗租一千四百文共錢一百八十八千三百文以濟橋工通詳批准自後歲修浮橋皆以關款塗租二項報銷其看守水夫十名每名給工食銀五兩飭纜銀一兩均係鄞縣於地丁項下支銷參歷志嘉慶閒兩次募修將原設九排十六舟改爲八排十四舟每遇風潮輒致衝壞道光二年風水大作衝壞尤甚紳士徐桂林吳楠李權等各捐巳貲稟蒙各憲捐廉協濟再

經縣書史義震王宗堯等分頭勸募得復舊制九排十六舟東西兩埦加高整船排板加厚自道光四年興工至五年秋一律告竣又恐歲修經費不敷續勸東西兩岸未認之沿江房屋一百八十餘間每間每年納塗租錢一千四百文再於修理浮橋餘塗內建造房屋六間當秋收時歸於公用工畢出租生息每年計得租錢一百二十千文烏豐堰下塗地亦准出租每年計得租錢一百四十千文總計新舊塗租及奉發關款每年可得八百餘貫歲修經費無慮短絀矣若因風水衝壞勢宜

重造則所入有制而須用不能預定惟有臨時設法辦
理而已新增
宋王應麟濟南陳公修東津橋記四明自唐長慶初遷
州治於鄮城東門之外瀕江民病涉刺史應彪始建浮
橋有虹景見雲表卽其地維舟隨潮汐上下故橋以靈
名其長爲丈五十有五廣尋有六尺宋更名橋曰東津
屢圮屢修郡乘備焉由長慶癸卯迨今四百六十有九
載橋之名雖存舟漏木朽鐵繩斷竹索腐行人肩摩趨
華航以濟迅飈駭浪瞬息淪爲魚靡或省憂濟南陳公

祥咨諏民瘼聞之嗟戚慘怛若已納之溝更舊圖新以身帥之牧守掾屬叶力競助士庶風動不約而從飭材庀工治舟易木鼓鐵爲纜揵竹爲筰規制鞏壯民不知勞昔之畏塗今履康莊波臣受職罔有昏墊漕艫琛舶湊集城下夸奓創見仁人之利溥哉公猶爲永久之慮擇民戶十有六家蠲徭役科調隸局任橋事未敝而修費約工省不止一時之謀而貽無窮之利仁心遠矣邦人訢訢謂惠行政舉鄭子産有愧焉百世之澤也廼識其事俾後人勿壞

元劉仁本重修靈橋記畧四明環郭皆水自剡源合七
十二溪會於奉川又分而錯下其西南北流悉導治爲
河獨東滙鄞江以達於海者潮汐吐吞横亘其外郛故
往來患涉焉按郡乘唐長慶中刺史應彪度江廣以丈
計之五十有五制十六舟舟連負板成橋橋具而虹霓
現因名靈橋歷五代及宋屢圮屢建七八月間颶濤作
代濟以小舫率皆區畫無法國朝至元間憲使陳祥更
治之遂編戶蠲徭俾專繕修久則姦起故蠹者利其脫
落終歲營造弗就輸役之氓病之至正十二年淮氛浸

擾江浙省平章方公肅廷命統舟師分署鎮鄞鄉父老水濟川獻言於邑丞麻公直曰縣官賦米得三百二十五石配徭戶受作子本計造橋直籍而備之歲歲而葺之事未就緒民罹供億日繁重力不逮令償米直願爲之計丞上其言於省省議題之遂檄郎中張啓原董治傅丞釐正官出緡錢九百定有奇購材名工傚台郡中津橋制每舟以二爲偶肩連櫛比合爲一扶中實以材凡爲舟一十有八共爲扶僩者九鐵緪貫串紐組岸滸筏纜相維杙樁江底仍籍丁夫二十一人相之於是往

來者履康衢矣既而計餘鏹作二航以濟桃花渡之涉罄餘錢買田一百五十畝城之士民率助者倍其買數又規橋側靈濟廢寺畝一百六十有奇并其基址易構爲橋局公廨中建廳事四楹旁列倉庾八楹後爲佛堂六楹祭其香燈命僧居之公爲檢籍歲收子粒慎其槖鑰專理橋務民弗再勞官無旁出既落成有衆驩然相與來告用書以勸後來者

明陸瑜浮光陸公修橋記畧正統九年浮光陸公奇初以進士授戶部主事卓著聲績大司空薦聞陞知寧波

府下車之初恤民疾苦簡其征徭計修東津浮橋之費不可猝就督戶租爲其具於是捐祿入積錙餘同寅相謀乃命耆民經始伐大石壘橋首各樹石柱二造拼桄十有一還入於錢塘撑木爲舟二十價廉工省數月事集每岸維一桄扶一舟餘如故制爲九扶偶肩聯櫛比中實巨枋篾纜相維矴於深淵旁加欄楯夾貫鐵絙紐組石柱鈎圜中綰備開合蠼聯虹跨隨潮汐上下規制肇壯徒御安行又作石亭三楹爲守夫過客寒暑風雨之庇以舊廢舟桄價構養濟院房五十七間一舉二七成

民不知勞其惠下之仁溥矣邦人訢訢相告願著石章以諗無斁嗚呼創固難其人繼之尤難其人是橋自長慶癸卯迄今正統己巳六百二十八作吏守宰不知其幾能以仁民爲心者落落可稱何仁賢之不多得也彼豈無是心哉惟知利己不知恤人苟生幸死甘恥無聞後人迸續斯仁濟民之艱猶己之艱橋之永如此江仁之流如此水矣

明黃潤玉重修浮梁記畧成化改元之明年朝廷擧賢剌郡大理方公來守吾郡時和歲豐百廢具舉乃樽節

穴費盡撤東津浮梁腐材重以杉木造二十舟舟各塗
首以厭水怪堅堤舟腹以禦水嵩方之而構以編棧箱
以互關乃聯之貫鐵緶於東西岸之石櫼復斂兩石財
岸旁並岸之棧施轉軸貫肘隨潮汐縱縮軒輊之卜吉
將比梁郡父老合言於鄞縣尹劉侯昇願紀成績詔告
後人余謂東津之東衛司演武場所在浮梁實據一郡
要衝凡沿海九衛所守隘十巡司課鹽三十一場入泊
七鄉齊民數萬餘家不惟往來人馬輻輳梭緯而郵遞
聲息下上文檄晝夜不絕鎮帥所部演武卒伍寒暑不

停是誠一日不可廢浮梁也方舟一被潮颶衝激解去
必須絹卅橫流渡之人畜雜遝常罹覆溺之患今公斯
舉規制宏大木材堅貞出於前人計慮之表俾守津者
省繁擾之費渡津者寬覆溺之憂此見公以不忍人之
心行不忍人之政也用斲石鐫文以告來者公名逵字
景由世家閥之冑用登甲戌進士第
國朝郡守李煦捐修浮橋申詳奉批碑文爲詳明修理
浮橋等事康熙二十四年正月二十八日奉　巡撫都
察院趙　批本府申詳竊照郡城靈橋門外逼臨鄞江

山溪奔騰海潮澎湃兩岸懸絶誠天險也南通今
接定關東抵各鄉鎭鼻左界演武教場兵馬稠
輻輳轂擊肩摩刻無寧晷若欲壘石爲橋智勇莫
切望洋之悽倘爾扁舟問渡覆溺頻聞羣駭陽侯
考唐長慶三年刺史應彪始置巨舟十六艋板長一
五丈闊一丈四尺以濟行人方經始時雲中有虹影
上遂名靈現又名靈建此寧郡東郭之始有浮橋也
後時葺時圮明季僉報富戶修造誘以冠帶謂之江橋
大戶傭役者家破民甚苦之

本朝五年一葺俱屬里民捐輸采經收未得其人縣胥慫肆中飽惟以不堪材料苟且從事搪塞目前踰時卽敗去歲之六月廿八日颶風忽發怒濤崩擊船排颺散盡歸烏有遂致咫尺江干如隔千里本府自愧疎庸臨流興歎不揣綿力獨任重新復念此番動作必倍料加工始得經久適有鄞民王海粟詣府條陳隨加酌量經營僱募夫匠採運桱松杉木購買灰油麻鐵於九月十二日興工至十二月初二日告竣其監督之事卽委王海粟任之果能領畧指畫悉心料理計造鼇船一十有

六各長六丈八尺闊一丈四尺船排九方共計三十五丈各闊一丈五尺小排亦一十六方並皆厚板密釘布置牢固左右俱設欄楯欄枋皆揀巨木悉以篾筋絞縛互相聯絡包以鐵箍兩旁統貫鐵鍊連環無間復加粗大篾纜二十四條小纜三十二條外若蝦鬚中繫橋之腰排碇岸之四角縱遇狂風巨浪亦堪中流砥柱是役也夫匠按日給銀料物照價平買動費咸出已資絲毫不擾民力但查往例浮橋內外不許灣泊船隻恐衝撞易朽勒禁尚存今則姦牙覓利移埠橋前大小舟楫盡

傍橋側相應仍請勒石以垂久遠則民之永得利涉擬
合詳報等因奉批據詳復造浮橋不擾民力咸由已資
殊可嘉尚其灣泊船隻如詳嚴行禁止仍勒石永遵繳
康熙二十四年八月日立
國朝觀察李可瓊重修浮橋記四明東郭外之有浮橋
由來舊矣昔唐刺史應彪度江之尋丈用十六舟肩連
櫛比上架木板紐以鐵索維以竹纜持以巨木兩旁各
設欄楯以護行人民於是利濟焉五代以來屢敝屢修
雖舟之增損不一大抵不離乎舊規也我

朝順治間重爲修造至康熙二十六年遇颶風漂壞因改造之乾隆三十五年復改造之要皆官輸不足取資於民而後集事迄今五十餘年矣此即風日不及雨露不零亦難免於朽壞而况地處海防關要人馬絡繹商賈輻輳又兼潮汐上下簸揚磨擊剝損尤易行人惴惴如履薄冰焉予竊憂之先後籌於默園詠之兩郡守丹山雲本兩縣令俱謂此刻不容緩之事共捐廉爲倡勸民捐輸民亦樂助而紳士徐桂林竟慷慨捐錢千緡李權不惟勷事任勞並捐錢百二十緡尤足嘉尚計橋之

成共需錢六千三百緡有奇以原橋之舊材售錢三百八十緡益以預備橋工之本年新舊塗租錢六百六十緡餘皆捐輸之所集事也可不謂勇於爲義者乎於是亦爲舟十有六大小相參而材木加厚焉爲鐵索二各長四十五丈而煆煉加熟焉爲大欓纜二以代竹纜爲大排木九以易木板而各排之下用大木十一株擎之排木空縫又用小木八排以平之兩旁仍設欄楯以爲護衛橋之沿岸築石砌以防水激橋之東西特建兩坊以爲表識五月鳩工九月告竣內既堅固外亦壯觀藉

非理事者位置得宜督率勿懈焉能如是速成哉顧橋既成矣歲修亦不可不預籌也往者僅藉關欵銀八十餘兩西岸塗租錢二百緡歲爲修補而已今東岸居民亦願效西岸歲出錢二百緡又歲益烏豐隙地承租錢二百緡視曩者歲修之費不僅倍之議以曩所備者仍爲歲修以續所備者積至二年一大修今而後民可無病涉矣爰爲之記

元貞橋　縣西南五十里元貞元年里人王子明建古有盛家渡元貞時置橋一名盛家渡橋（敬止錄）南達奉化

縣境北達小溪 聞志

百梁橋 縣西南六十里南達廿嶺北達小溪寶慶志作小溪江橋宋元豐元年建長二十八丈闊二丈四尺而爲屋於其上計二十二楹七洞每洞十四梁中洞十六梁建炎兵燬紹興十五年邑人朱世爾世則紹祖父功重建元至正甲辰重修明隆慶庚午燬於火次年重建萬歷三十八年橋屋頹里人馬一中李子高請之知府戴新僉報耆民十四名重修 敬止錄

宋唐昌言重建百梁橋記畧四明山占鄞之句章岡嶺

重複崒嵂連空盤紆深險壤接會稽泉源所自出也千巖萬壑晝夜爭流東注湍怒勢擊雷霆唐縣令王侯即山之麓疊石以障水勢號它山堰其水旱則三分入江七分入河潦則反是自堰距江綿數里南列市廛北立官鎮居多衣冠族人物繁庶乃邑之一奧區也山水暴漲江濤怒浪舟楫難濟熙寧中里人朱文偉慨然以爲利涉大川必假橋梁於是捐己貲以經營之壘石固隄跨以虹梁覆以華屋惜工未竟而沒焉其子學錄公用謐克紹前功歷數載始成往來之人莫不德之建炎初

胡馬長驅燬於兵火越年久官私睥睨而不敢舉以事
重而費不貲也汴陽高公龍圖來宰斯邑下車之初勤
恤民隱究諸利病嘗歎是橋實爲要津若廢而不葺其
如前人之功利何重慮勞民未輕興舉乃見鄉之耆老
必勉爲之倡偉之孫世彌世則孝友篤學懷才抱志乃
相謂曰我祖我父首創此橋今罹煨燼每一見之輒爲
痛心矧重煩邑大夫之激勸其容已乎於是鋭然鳩工
度材一新舊制採山植柱作砥中流設以巨板縱長二
百八十丈横廣二十四丈覆屋二十有二楹費約二十

餘萬緡以紹興十有五年乙丑仲秋經始越季冬落成嗟夫父作家室厥子猶有弗肯堂構者又況祖父之建立初非一身一家之利孰肯繼述於既廢之後乎亦可見仁人孝子之用心矣然非賢邑令愷悌結人安能役民動衆使朱氏兄弟傾囊倒廩以專任其責哉斯民惟恐高公指日踐揚清要以失此遺愛爰欲擬像貌公立祠於亭朝夕瞻拜庶使百里之民歌甘棠如曩日公聞而力拒之與情終未已也昔子產乘輿濟人孟子譏其惠而不知爲政政則是橋之成非特朱氏不忝祖德抑

亦樂只君子得為政之先務也鎮官趙公榷酤之暇𨿅
蹶從事宣力居多知所贊猷其宅心亦可尚已鄉之耆
彥史樓諸君屬昌言紀其盛績余聞而喜其累世之惠
於人也故摭其實而稱其相繼之休云

鄞江橋　縣西南六十里南達木坑北通建嶴閒志一名
大德宋元豐間建屢圯屢修至
國朝道光十三年知縣周名棠督率里紳朱孝銓等募
捐重建新增

國朝郡守葉申薌重建鄞江橋記鄞江源出四明山東

南奉化西北慈谿二江合流於鄞古所稱三江口也跨江之橋凡五而鄞江橋實當其衝利溥而形險創艱而敗易自道光七年盛諤王汝霖等請於前邑侯程以重建通詳未遑經始周侯來尹斯邑乘凋劫之餘甫下車卽厪厪以它山洪水鄞橋三政爲急橋尤先務相時授規閱四月工竣凡石之臽潰者木之摧朽者屋舍之傾陊崩漏者咸鳩材選良視昔加緻焉嗟乎橋之建在元豐閒元明以來屢有興替今圯二十餘年矣謀七年而未集一旦安享其成始歎周侯之感孚於民者捷鄞人

之篤於好義用力巨而爲功速也夫捍患濟衆謂之惠此數世之利也乃相與勒石紀迹用告後之人俾勿壞橋亘三十八丈横經三丈橋上覆屋二十八間歲收租息以貯經費著爲令經始於道光十四年正月閏斷手於四月糜金錢六千貫有奇周侯名召棠雲南人

國朝邑令周召棠鄞江橋記鄞江橋一名大德橋北通建<u>康</u>南達木坑爲四明之鎖鑰凡由紹而寧而台之人山者咸取道於此橋橋建於宋元豐間歴代屢興屢廢其地上承它水下接鄞江溪流奔注風波激冲故木易

朽而石易泐迄今久未修治里人僅於敗礎之上駕木
以渡行旅病之道光七年間生員盛誇王祖禹等先後
以修復它堰洪塘及此橋三事爲請前令程勘度詳捐
蹉跎未舉余於十三年秋承乏之來此閱案親勘知三者
均宜葺治而先務之急當自橋始遂陳之當道延遼陽
刺史胡公枚議定章程里紳朱君孝銓等勸捐蒞事衆
心允愜咸樂輸將出入惟平公私不擾閱十旬而告成
事速而工固往來者胥歌頌歸功於余予惟除道成梁
有司者之責也何足以言功所賴吾士民不吝財不惜

力以數十年之病涉一旦而履若康莊義舉爲不可沒耳至於它堰洪塘尤關西南七鄉水利亦不可視爲緩圖尚望合邑賢紳士共興舉之庶與此橋大德之名並垂不朽焉爾其橋屋租息貯充歲修之費立殷實董事十二人輪流經理幷酌定禁約事宜以俾永守凡率公錢者書姓氏於碑陰若夫橋之修廣及工程錢數已詳於葉郡守記中不復贅及也

陳婆渡橋　南達姜山北達小溪閘志

江塘

甬東南土塘　長二千九百十二丈闊一丈甬東一二三
三四啚合管錢志
甬東北土塘　長二千三百六十一丈闊八尺甬東八
九啚合管錢志
萬金土塘　長六千五百十三丈闊八尺十九都二十
都合管以上三塘俱乾隆十六年浙東大祲大憲奏請
行以工代賑之法將境內應工修程發帑修築令饑民
就食赴工知縣宋鑒因請修築江塘考舊志載江塘有
二一在老界鄉甬東隅一在鄞塘鄉二十八都今東隅

既有南北塘而萬金塘近接大教場亦係舊塘因請帑大修特有萬金之名是現有三塘與舊志未合至鄞塘鄉爲姜山一帶亦屬沿江益另有土塘也錢志

陳家洋石塘 桃花渡東北沿江十里與鎮海縣接界名陳家洋舊爲土塘明成化五年改爲石塘高五丈長二千一百餘丈橫倍其高加三之二新增

明洪常記畧東出寧波城由桃花渡沿江東北行十里其地屬鄞紆曲盤廻與定海界接名陳家洋舊築土以爲塘塘之上爲驛路凡往來海隅者咸道焉洋距定海

港不五十里而近港之外卽大海其潮汐之盈縮至於是必奔放衝突塘遂日以傾潰居民歲殫力與抗卒莫能勝故其爲路齧蝕而僅存者廣不盈四三尺斷續崎嶇兀然窪然不惟人病於進趨而鄰並之田亦就見削嘗夫風雨晦冥之時能無顛躓而負泥淖者寡矣況爲患愈久爲力愈難將或至於汎濫而莫之禦也浙江按察副使朱公奉璽書督海道按部過此惻然興念於是咨諏鄉老設法措置市材庀工不擾而集楦杙爲址疊石爲岸甓以實虛灰以固縫復布石於土既平且正實

堅而好途人無虞田者可稼作始於成化五年十月訖工於七年三月塘高五丈長二千一百餘丈橫倍其高加三之二凡用木石以枚數之一萬一千八百有奇灰𩜳之費惟宜惟稱民之輸力如子趨事矜勞戒亟工用樂成夫水土之患厲民焉能平之萬世永賴今公以廉慎公勤受安邊之重寄能體國家愛養元元之心於所職之餘力舉是役以利悠久視禹之績雖有小大然其畏天命而憫人窮葢等也紀之以示將來

栟櫚石塘　明天順間方伯錢璡創議易土以石萬曆

九年工竣長二百八十丈闊一丈二尺

國朝乾隆二年重修祠後過有傾圮東鄉食利之畝分段捐修塘上立有石碑刻明畝分以爲標識道光四年塘內添設備塘面廣以三丈二尺爲度二十四年又修新增

明范欽重修梅墟塘記環鄞東三十里而遥有墟焉濮南昌尉梅福所棲遲也因名梅墟江闊灘横急流奔湧萬頃田無籽粒廬舍皆爲魚游又名曰茅洋天順間先正方伯錢公璡捐貲創議塘亦稍稍就緒焉歲久而圮則潰決飲陷其在今也爲尤棘維時萬曆九年憲副馮

公時雨大尹楊公芳得庠生錢子江方伯錢公之後裔也偕戚子楠陳時政知茲塘爲利甚薄也而否則其害亦相當也則獲任事者而難其人則有若邑簿孫公春芳廉潔士也恭亦有幹力膽智焉乃下令申飭之孫公慈悉篤厖其於撫字天性也朔關民生利病若茲塘者乎乃度土鳩工而歎曰惟海寧惟邑侯所以付任于者庶其在此予不能事事其何以奏厥功承乃寵命於是乎稱畚鍤程土物畧基址量日命工不懲於素凡閱月而告成焉其功最鉅亦最險嗟乎秦鑿涇渠關中沃野

漳水既決安邑稱饒雖利有大小其於惠民一也孫公德澤其在人心乎凡此三縣七鄉與尸而祝之社而稷之公今去矣歌咏不忘僉曰猶肇孫公也孰撫我乎公之功卓哉其可歌也已不寧唯是恪共正守則賢明決庶獄則賢練達時務則賢平易近民則賢理繁治劇則賢而又仁心自然不為矯激清白之操淬勵不易所謂古之循良者非耶區區與一利澤一方曾不足為公重且公與予有舊好也習知其為人因述其顛末書於石庶永永有垂來世繼軌賢尹周公基繩引不替克綏東

土購之上緒募爲菴命菴僧圓琮恪共其事仍撥閑曠
塗蕩令其開墾成熟將所花利贍其時常修補之以永
垂不朽云備述附其名於此

國朝邑令楊國翰增修梅墟石塘記鄞於寧爲澤國枕
江抱湖東西十四鄉公私田幾十萬頃所資以瀦蓄灌
溉者全恃隄防要害失時不修爲患滋大癸未冬余權
篆茲邑於水利橋梁碶閘堰壩漸修以次郭東三十里
有塘名梅墟者舊矣明成化間先正錢方伯璡創議易
土以石蓄淡禦鹹以二百八十餘丈之塘堤衛一百七

邑之田舍厥後計畝出貲以時修補具載於石甚善舉也乾隆二作又經邑廩生陸君用拯等重修歲久傾圯民多觀望迄道光三年七遇風潮坍塌亟矣紳耆錢鏌錢滂陳林錢世德等合詞而進曰我侯之至百弛具張矧茲要害敢請陂防余遂往周視或坍或圯略無完固民或惜費憚勞權議撐急小修非善之善也遂進父老告之曰不一勞者不永逸不暫費者不久安斯塘爲鄞鎮兩邑之衝水陸孔道江闊灘横急流奔瀉非全行固築深設備塘不足以垂久遠今爲吾民計其坍塌已甚

若某啚至某啚者則重築宜其傾圮不固若某啚至某啚者則增修宜栗塗泥以爲址甃巨塊以爲身砥甃石以爲平面廣度以丈四尺址廣度以丈八尺而隄內復設備塘其面峻廣甃三丈二尺爲度分段修築不愆於朞尅日計工毋怠厥成於是民咸悅從踴躍捐資若趨家事閱七月告成余復詣驗工堅料實東西行過是鄉者舉謂自茲以往淡不洩鹹不蓄禾稼豐熟道路坦平永有石塘之利矣侯之得圉我民豈止是哉未幾余以例謝去士民籲大吏乞留不獲請書增修之故於石俾

後之人無替前修有以久捍防之利於無窮余嘉諸紳耆之任勞任怨相與以有成也是以記

泗洲塘　長十七丈闊一丈在四十三都三啚錢志

洋河石塘　縣南二十五里外江内河中限以塘聞志長五十丈闊一丈五尺在四十二都一啚錢志

狗頸塘　即南塘以形得名亦名九經塘在長春門外二十五里外受江潮之衝内障大川之流洪水時至則塘岸易決江與河合而西南諸鄉皆受害矣康熙十年縣令朱士傑鳩工修理先設東西兩備塘以遏上下之

流然後加工修築經年工成乾隆二十五年知縣高大
澤重修嘉慶十一年塘復壞知縣周鎬會同紳士公議
將已坍之塘幷河俱讓出以免南來水直射衝激另買
沿河一帶民田爲塘修築堅固改名永鎮四十二都一
二三啚合管參李志錢志及四明談助

國朝邑令周鎬重築永鎮塘記鄞澤國也潮江貫其中
分東西兩戒潮水鹹不利灌溉必取資於山泉地勢中
高外卑一瀉立罄故鄞之言水利者堤防之力居多其
在東七鄉以東錢湖爲本在西七鄉以它山堰爲本然

東錢湖四面環山於峽口設碶節宣旱閉澇洩一碶夫足以司之它山堰發源四明下至西塘綿亘百餘里大約與江爲鄰蓄瀦灌溉惟堰是賴而東鎮塘尤其單弱衝要處也塘在城東門外二十五里俗名狗頸塘蓋以形得名其地外江內河兩面[illegible]削對岸沙塗凸出潮水漲落逼衝於塘以故屢築屢倒康熙十年前令嶋工修理特設東西兩偏塘以遏上下之流洄流中激而正塘傾決如故自是[illegible]修不堪因[illegible]有[illegible][illegible]屢興屢作今余以嘗山令[illegible][illegible][illegible][illegible]東郷士民因以東錢湖[illegible]請余爲稽

考舊章嚴碶夫私洩之禁而湖水以治惟狗頸塘則任其廢壞無一人請治之者詢之士人僉曰此塘有妖前縣歷歲調修民力大困而迄無成功是以動色相戒莫敢再議余俟湖落時細審形勢並其傾圮之狀曰得之矣五行惟土制水今植丈尺之木於深淵而載之以石上實下虛潮汐震撼其傾陷也固宜茲維大反所爲就其傾陷之處填以亂石石與水平然後加土其上復以巨石甃其兩旁則土石勝而水氣自殺且塘基狹不能持久若將斷河盡實以傳與塘鑄成一片則土力愈厚

潮雖悍無能爲也僉曰善惟古河閉截終以爲憾且取土匪易請於斷河北岸買田鑿河即以鑿出之泥填入廢港則施工易而河道亦通余韙其言顧經費浩大乃集西鄉紳士郁鼎和趙東臺陳曇林等廣爲勸輸督工庀材各任厥職經始於十一年九月二十六日閱五月告成計築新塘九十二丈一尺二寸闊十丈開鑿新河九十七丈闊五丈有奇又修築老塘八十五丈闊三丈七尺計費緡錢三千八百餘貫皆民力也既蕆事諸紳士復前請曰是塘爲患七百年今而復厥與東錢湖並

治唯是地處曠野四無居民脫有滲漏誰其省視且恐
鄉愚之利吾石而竊取之也願加捐千金搆屋數楹以
備居守卽以塘之餘地十畝零任墾植以酬其勞而前
買糧山漈河亦可如數抵補無闕余喜士民之助余有
成而更綢繆以善其後也用鐫碑以記顛末其捐數詳
書於扁並垂不朽原名不雅馴易之曰永鎮志祝也
風堋石塘　在四十二都二啚長六十丈闊一丈五尺
案聞志載北渡風堋廟之前有廟前塘明萬歷間司李
魏復琦修築故亦名魏公塘計長百餘丈大約稧廢而

改修爲塘丈尺則至今更減耳錢志

沈公石塘　縣南二十六里洋河塘之南約長十丈與狗頸塘相鄰萬歷中知縣沈猶龍所築也塘之旁向有沈公橋橋之内又有水漕橋下通大河之流以灌田漕之迂廻盡處有沈公外塘不與河通田甚病焉外塘既不修則潮易衝入仍當於舊橋下開一穴如舊制至外塘偏僻官府勘視往往不到每爲偷於修築者所朦不可不察也聞志　長六丈闊一丈五尺在四十二都三啚錢志

長堰塘　長十八丈闊一丈三尺在四十一都一啚與

二三啚合管案舊志有長堰在縣西南三十五里疑卽此錢志

楊木塘　長一丈闊八尺在四十一都三啚錢志

萬上塘　長三丈闊一丈在四十一都三啚錢志

柳横塘　卽西壩石塘明正統閒知府鄭珞因歲久塗漲移壩置於浦口兩岸甃石爲塘長三十二丈闊一丈植柳其上以便往來民稱鄭公塘曰柳横塘錢志乾隆五十三年知縣錢維喬於塘南之洞橋建石碶一座以資蓄堵新增

新舊堰壩

倪家堰　縣城東半里（雍正續志）在老界鄉（聞志）今廢

林家堰　縣東五里年久鏬漏不足爲江湖蔽障毎巨濤澎湃則斥鹵浸淫積潦久之則潰洩於外不獨爲民畝害抑亦不利舟楫判府吳潛因民之請以石更之塘高濬深覩舊址舒長漆甃石砌修葺車屋補築土塘自是民田有灌溉之益舟楫無險阻之虞（雍正續志）今廢

石龍堰　長三十丈闊七尺五寸在一都四啚案曹志有石家車堰縣東五里又名舊龍堰當即是此（錢志）

過堰　長七丈五尺濶六尺在二都一啚錢志

黃墅堰　縣東五里訛呼黃市堰成化志李志作王駐洋

堰錢志在老界鄉聞志

徐師堰　縣東三十里成化志在老界鄉聞志

張家堰　縣東三十里舊名楮浦成化志在老界鄉聞志

阮家堰　縣東三十里舊名余家成化志在陽堂鄉聞志

梅墟堰　縣東北三十里老界鄉聞志以上五堰俱廢

道士堰　縣東南五里老界鄉舊名林家堰與鄞江右

鄭郎堰相對李志作林郎壩長二丈闊一丈六尺二十

都一啚與十九都合管參聞志 錢志
周宿渡堰 即曹志渡頭堰長二十五丈闊七尺乾隆二十三年改建石塘長二十八丈闊一丈三尺在二十都一啚錢志
大漲堰 長八尺闊六尺在二十都一啚錢志
小漲堰 長十四丈闊五尺在二十都一啚錢志
十河堰 長一丈闊六尺在二十都一啚錢志
胡家堰 長十四丈闊四尺在十都二啚錢志
顧家堰 長二十三丈闊四尺在二十都二啚錢志

雪家堰　疑應作薛家堰長三十一丈闊五尺在二十都三啚錢志

小堰　長五丈闊五尺在二十都三啚錢志

衝江堰　長十一丈濶五尺在二十都四啚

銅盆浦堰　土人名爲徐更樓堰堰內即往姜山河敬止錄

長六丈闊五尺在二十都四啚錢志

李師堰　長三丈闊五尺在二十都四啚錢志

廟前堰　長一丈六尺闊五尺在二十都四啚錢志

蕭王堰　長十丈闊六尺在二十都四啚錢志

毛家堰　長二丈闊五尺在二十都四啚錢志

王家堰　長三丈闊五尺在二十都四啚錢志

青墊堰　長五丈闊五尺在二十都四啚錢志

余家堰　長四丈闊八尺在二十一都一啚錢志

菴前堰　長四丈闊八尺在二十一都一啚錢志

大慈堰　長五丈闊一丈在二十一都一啚錢志

陳婆渡堰　長五丈闊五尺在二十一都一啚錢志

桃枝堰　長十五丈闊三丈在二十一都二啚與三啚

合管錢志

傅家堰　長二丈九尺闊八尺在二十一都二啚錢志

後堰　長六丈五尺闊八尺在二十一都二啚錢志

黄沖堰　長五丈闊一丈在二十一都三啚錢志

王小水堰　長八丈闊七尺在二十一都四啚錢志

花山堰　長一丈五尺闊七尺在二十一都四啚案舊志有大花山堰小花山堰俱在手界鄉今僅存其一錢志

臨江堰　縣東南三十里手界鄉聞志今廢

鍾家堰施婆堰　俱縣東南三十一里手界鄉聞志今廢

戴蔣堰古塘堰　俱縣東南四十里豐樂鄉聞志今廢

前堰　長四丈三尺闊六尺二十一都四啚錢志

後堰　長二丈五尺闊八尺二十一都四啚錢志

寺後堰　長二丈闊一丈二十一都五啚錢志

上河堰下河堰　在縣南三十五里乃鄞塘鄉姜山之前上下河之隄也上河則白杜橫溪山源注之與東錢湖水通下河則銅盆浦有堰常浦進林有碶通奉化江潮雨滂則江潮接之二河漲水相迴故堰蓄泄行者居者皆謂二堰各遷十餘丈則依山之麓易於隄防且得白杜橫溪之源回環舊河中可溉田五六百畝而得常

稔亦無妨他鄉水利寶慶志今廢閘志

繆家堰　長十四丈闊七尺二十八都一啚與九啚合管錢志

鄭家堰　一名程家堰長六丈闊九尺在二十八都二啚錢志

王家堰　長五丈闊二丈在二十八都三啚錢志

周家堰　長十丈闊八尺在二十八都四啚錢志

劉家堰　舊志有樓家堰疑即此長七丈闊一丈在二十八都四啚錢志

宋家堰　長二十八丈闊七尺在二十八都五啚錢志

陸家堰　長二十六丈五尺闊一丈八尺在二十八都六啚錢志

徐更樓堰　長七丈四尺闊一丈九尺在二十八都六啚與三十都一啚合管錢志

千婆堰　一名王婆堰長十二丈濶七尺在二十八都七啚錢志

徐家堰　長十二丈闊七丈在二十八都八啚錢志

東里堰　長十丈闊九尺在二十八都九啚錢志

小黃土堰　長九丈闊七尺在二十八都十啚錢志

長塘堰　縣南二十五里鄞塘鄉江河夾岸爲塘延袤百餘丈俗呼百丈堰當風潮之衝禦河流之涸累築累敗役户坐是蕩産者衆里士黃堂相地勢謂河涸本以溉塘下之田然不可與水爭地乃以田易鄧橋廣福寺田鑿渠環之以接舊河之涸使仍可溉塘下之田更於河涸鄰江之地各捐半里許於其外爲一堰以殺水勢舊塘遂堅壯民病始蘇寶慶志

茅家堰　長五丈五尺闊四尺在二十九都一啚錢志

顧家堰　長五丈五尺闊三丈二尺在二十九都二啚錢志

後墻衕堰　長二丈闊六尺在二十一都五啚錢志

花衕堰　長三丈闊六尺在二十一都五啚錢志

陸家堰　長一丈五尺闊五尺在二十二都一啚案陸家堰今有二查閲志僅載一堰在縣東南三十里此爲近之錢志

寺後堰　長五尺闊八尺在二十三都一啚錢志

泗洲堰　長四丈闊四尺在二十二都一啚錢志

范家湫堰　長三丈闊五尺在二十六都一啚乾隆五十二年居民具呈改建石碶錢志

紫金堰　長三丈二尺闊六尺在二十六都二啚錢志

徐箍桶堰　長一丈九尺闊七尺在二十六都三啚錢志

前百丈堰　長六丈四尺闊八尺在二十七都一啚與二三四五啚合管錢志

後百丈堰　長五丈闊八尺在二十七都六啚與七八九啚合管錢志

傅家堰　長七丈闊五尺在二十八都一啚錢志

鮑家堰　長五丈闊四丈在三十九都四啚錢志

閘家堰　長五丈闊三丈在二十九都六啚錢志

斜橋堰　長十丈闊三尺在三十都一啚錢志

上蔣堰　長十二丈闊三尺在三十都一啚錢志

下蔣堰　長十丈濶三尺在三十都一啚錢志

鷺頸堰　長十丈闊五尺在三十都二啚錢志

張家堰　長十丈闊五尺在三十都二啚錢志

茅家堰　長二十丈闊五尺在三十都三啚錢志

長春堰　長三十丈闊五尺在三十都三啚錢志

閘頭堰　長十丈闊五尺在三十都三啚錢志

施家浦堰　長八丈闊五尺在三十都三啚錢志

杜家堰　閘志作屠家堰長二丈闊三尺在三十都四啚錢志

下梁堰　長十丈四尺闊三尺在三十都四啚錢志

任家堰　長二丈闊三尺在三十都四啚錢志

葛家堰　長六丈闊四尺在三十都五啚今改石碶名

豐樂錢志

蟛蜞堰　長三丈闊四尺在三十都五啚錢志

周思堰　長四丈闊五尺在三十都六啚錢志

蔦蘆堰　長五丈闊一丈在三十二都一啚錢志

蝦泥堰　長八尺闊七尺在三十二都一啚案閒志載花堰又名蝦堰在縣西四十里鄞塘鄉校之道里疑卽此錢志

南河堰　長一丈闊五尺在三十二都四啚錢志

以上堰凡九十並傍鄞江之左

鄭郞壩　長三丈濶一丈七尺在城西隅二啚案閒志舊名鄭郞堰葢初係土堰後改爲石壩也錢志至正續志

作鄭十八郎堰 新增

鄭家食利堰 城南門外與鄭十八郎堰並列 至正續志

尾寗堰 縣南三里 聞志

新朱瀨堰 長五丈闊一丈在五十一都一二啚合管 錢志

老朱瀨堰 長八丈闊二丈六尺在五十一都三啚 錢志

小漲堰 長十五丈闊八丈五尺在五十一都四啚 錢志

叚塘堰 縣西南十里清道鄉 聞志

張家堰 長十二丈闊四尺在四十三都二啚與三啚

合管錢志至正續志又有張家小堰近徐家堰新增

翁家堰長十五丈闊一丈在四十三都一啚錢志

華家堰長七丈濶一丈在四十三都一啚錢志

范家堰屠氏橋閘裏近江際敬止錄長三十六丈闊一丈在四十三都一啚錢志

寺莊堰長九丈闊五尺在四十三都二啚錢志

王師堰長七丈闊四尺在四十三都二啚錢志

桑塘堰長十五丈闊七尺在四十都二啚今分大小爲二道錢志

下陳堰　長十八丈闊二丈在四十三都三圖（錢志）

松樹湔堰　縣南十里清道鄉上有強堰下有小閘通江今淤（敬止錄）

王家堰　近松樹湔（敬止錄）

盧峯石堰　長五丈闊一丈在四十三都三圖（錢志）

大蘇堰　行春碶下（成化志）

蔣家堰　行春碶南（成化志）

鑪頭堰　近蔣家堰過江即銅盆浦海防考云明永樂二年命太監鄭和統督樓船水軍十萬招諭海外諸番

日本首先納欵擒獻犯邊倭酋二十餘人卽治以彼國之法盡蒸殺之時銅甑猶存鑪竈遺址在鑪頭堰聞志

小沔堰　近鑪頭堰成化志

邢家堰　西南二十里俗訛凌家成化志

陳五耆堰　縣西南二十里近娜兒渡成化志

黃家藕池堰　縣西南二十二里成化志

祈湖堰　縣西南二十二里光同鄉聞志

樓家堰　縣西南二十二里光同鄉聞志

徐家堰　縣西南二十三里光同鄉聞志

蔦蘆堰　長五十二丈闊一丈在四十三都四啚案三
十二都有蔦蘆堰在鄞塘鄉之蔦蘆故名此堰在櫟社
亦名蔦蘆或曰烏垢未審所自錢志
淩洋堰　長十二丈闊一丈在四十三都四啚錢志
北渡堰　縣西南三十里成化志舊名常浦碶敬止錄今係
石壩長三丈闊一丈六尺額設閘夫三名每名工食纜索銀五兩在四十
二都一啚錢志
何家小堰　縣西南三十里成化志
朱家堰　近鳳堋廟敬止錄

沈家堰　近顏家橋敬止錄

石堰　縣西南三十五里成化志

范家塘堰　縣西南三十五里謝家境又名擂木堰成化志

黃家堰　縣西南四十里句章成化志

仲夏堰　縣西南四十里唐太和元年刺史于季友於四明山下開鑿河渠引山水流入諸港置堰蓄之溉田數千頃後因別置它山堰疏而爲河此廢不用聞志

崔家堰　縣西二里聞志

和尙堰　縣西五里（聞志）

朱將軍堰　縣西二十五里（聞志）

唐家石堰　長三丈三尺闊一丈一尺在鎭都二啚（錢志）

北郭堰　長一丈六尺闊一丈三尺在城西隅九啚（錢志）

案北郭堰諸志俱不載及閱宋志北門舊名鄭堰門知堰之由來久矣其制砌石爲之高與路平永固如斯不致崩塌洩水（四明談助）

北津堰　縣西北二里又名北淸蓄水以通城下濠池今湮（敬止錄）

倪家上下堰　各長六十五丈闊二丈在五十都一啚
錢志

葉家堰　長十丈五尺闊一丈在五十都二啚乾隆五
十二年居民呈請於沾利田畝捐資建復未及舉行錢志

吳家堰　長二丈五尺濶一丈在五十都三啚錢志

方家堰　長二丈闊一丈二尺在五十都三啚錢志

金仙廟堰　舊名集神堰長八丈二尺闊一丈六尺在
五十都三啚錢志

王家堰　長十五丈闊二丈二尺在五十都五啚錢志

西渡壩　縣西北二十五里歲久塗漲明正統間知府鄭珞移置浦口兩岸甃石為塘成化志今名西壩長四丈闊二尺額設壩夫十名每名工食纔索銀九兩二錢在四十九都二啚錢志

金家堰　長六丈闊六尺在四十九都二啚錢志

王野堰　長五丈闊四尺在四十九都二啚錢志

大堰斗堰　長十一丈闊七尺在四十九都二啚錢志

橫河堰　長八丈闊六尺在四十九都三啚錢志

馬郎堰　長三丈闊六尺在四十九都四啚錢志

邵家堰　長五丈闊一丈三尺在四十九都四啚錢志原

名遶江堰今訛又名顧家堰新增

後浦堰　長三丈闊五尺在四十九都四啚錢志

包家堰　長十三丈濶五尺在四十九都六啚錢志

黃婆堰　長九丈闊八尺在四十九都六啚錢志

以上壩二堰凡五十九並傍鄞江之西

鄮童堰　縣西南二十里聞志

藺浦堰　小溪鎭洞橋側敬止錄　縣西南四十五里聞志

杉木堰　縣西南五十六里舊爲泥堰溝引江潮入河溉田數十頃惟潮湧則行人不便明弘治初爲石堰塞

民溝路水利不通行者便而農甚病謂宜易之以碶閘而上跨以橋庶得兩便開志

礫巖堰 在杉木堰之上通清源之水由懸磁入江敬止錄

縣西南六十里開志

西高堰 縣西南六十一里開志

大皎堰 縣西南七十里開志

以上六堰俱在句章鄉並由它山堰水所從出之處置之

慈谿江

源出紹興餘姚之太平山至丈亭岐而爲二一貫邑中一環邑外其西北諸山之水未至縣五里滙於彭山堰有斗門以洩於江二江皆東來至西渡復合以歷郡城北至郡城東北會鄞江爲三江口宋吳潛因於合處堰其貫邑中者名小西壩敬止錄

奉化江

源於鎮亭山出縣之惠政橋下與諸溪水會而南來至三港口與鄞江自小溪出者合而亘郡城之東敬止錄

浙江全省輿圖并水陸道里記·寧波府

本書選用中國國家圖書館藏本影印

浙江甯波府總圖

甯波府圖説

甯郡津渠交錯而甬江實為其綱江上承餘姚之姚江曲曲而東入慈谿境為丈亭江東南流分為二一曰前江亦東南流至府城北名甬江一曰後江東流曰東大河折而南曰西大河又折而西南與甬江復合為一又東北流至鎮海境曰大浹江又東北流由招寶山麓入海其瀠洄於甬江東北者有前大河中大河焉其分洩於甬江東南者有前塘河後塘河東中塘河焉其灌注於甬江西南者有西塘河南塘河焉而皆莫大於鄞江鄞江源出奉化西南納四明山

北溪之水東北過奉化北復納縣溪及金溪之水又東北納鄞奉橋水又曲曲而東北入甬江其郡北與東瀕海之洋浦淹浦松浦上河中河下河皆甚短促無足齒數郡北又有杜湖白洋湖亦頗狹小惟東南之東錢湖首受各塘河水東南分支迤邐由大嵩所南入海源流為稍遠焉東南越海為象山象山之水有東西諸河能自入海而微細不足道又越海有片壤曰南田近始墾闢如内地定海廳直鎮海東四面洪濤島嶼紛列僂指難詳其最大者八曰岱山曰長塗曰衢山曰普陀曰桃花曰六橫曰大謝曰金塘

寧波府二十里方圖左

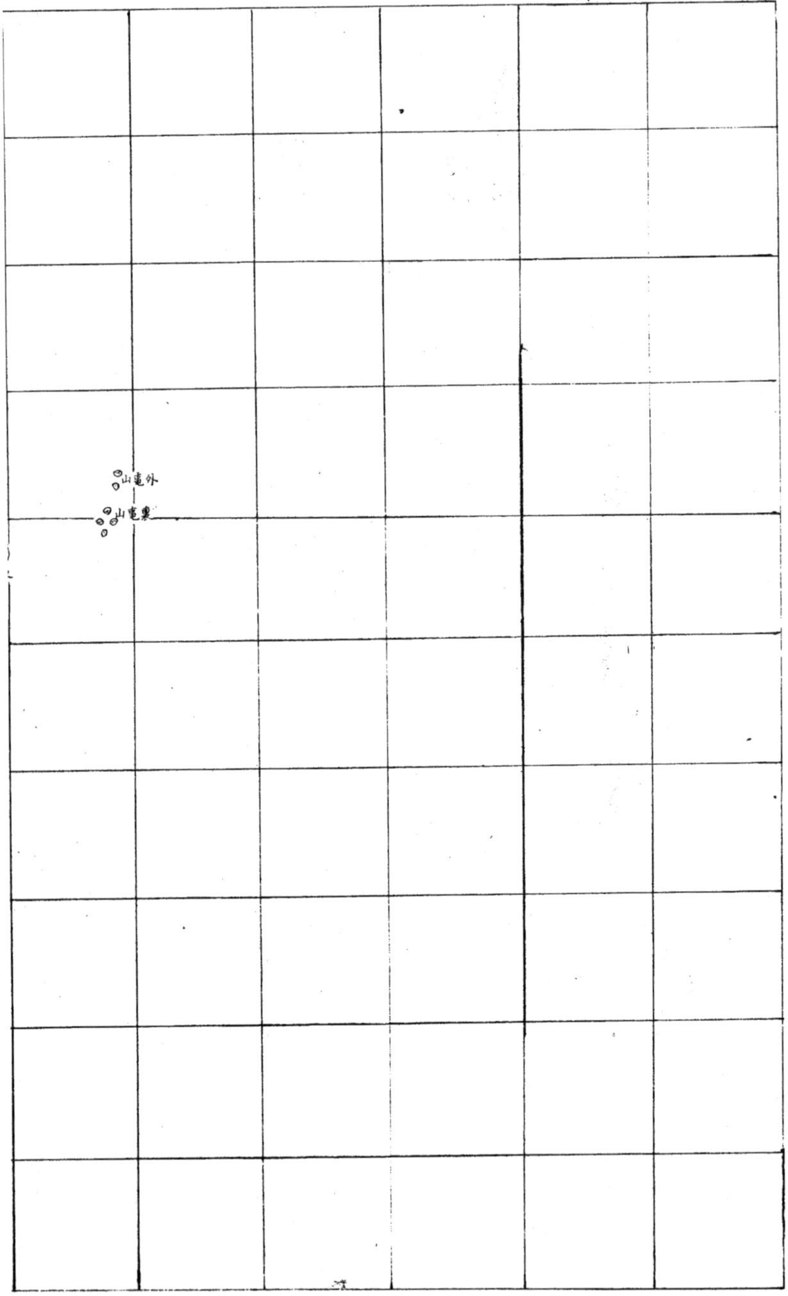

第一張

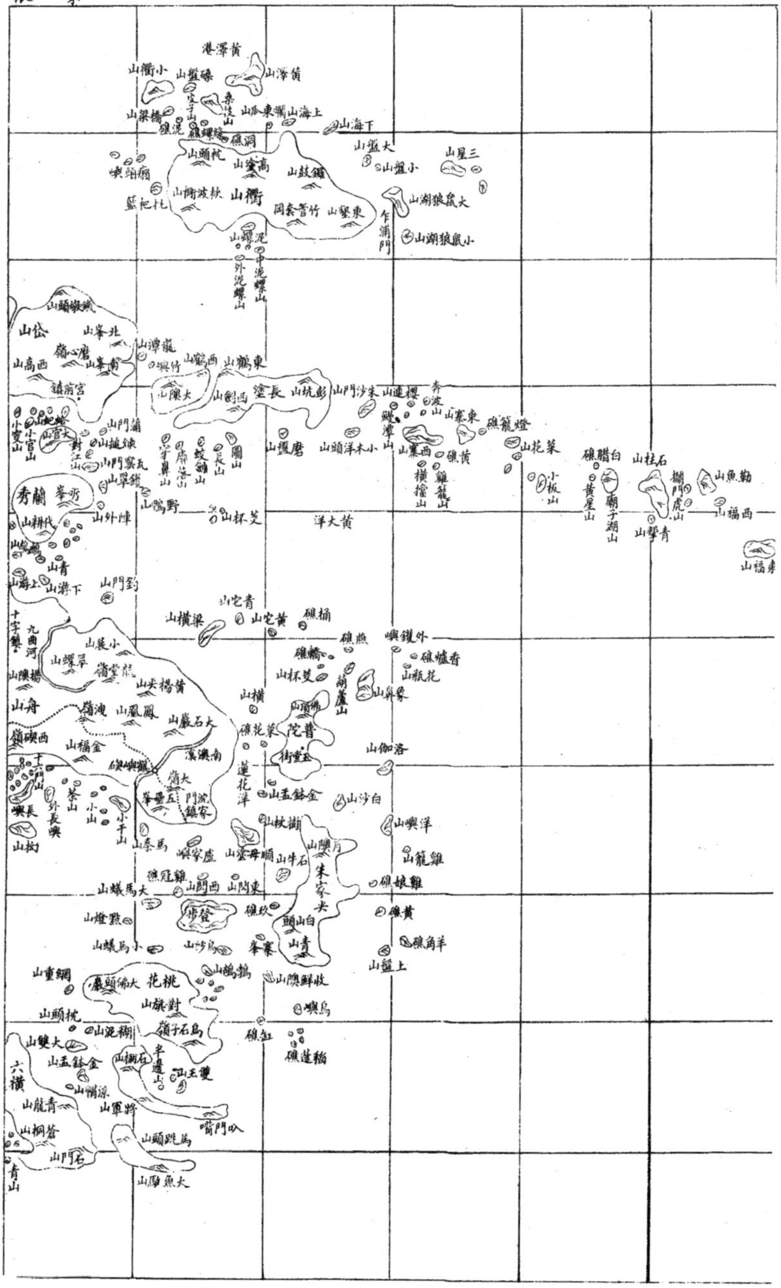

寧波府二十里方圖右

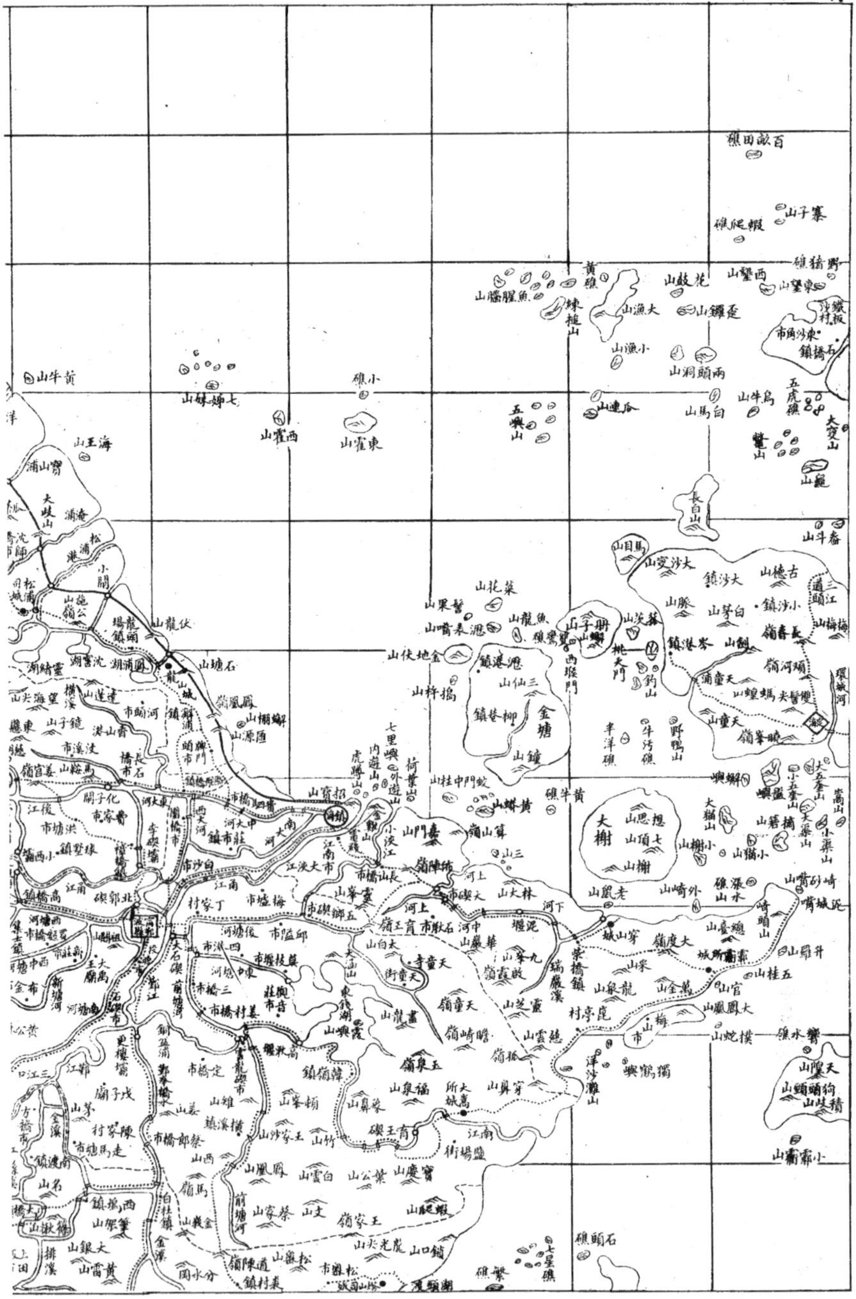
百畝田礁
塞子山
蝦爬礁
西鼇山
東鼇山
大漁山
小漁山
兩頭洞山
白馬山
黃牛山
七姊妹山
小礁
西霍山
東霍山
海王山
長白山
大榭
金塘
天童寺

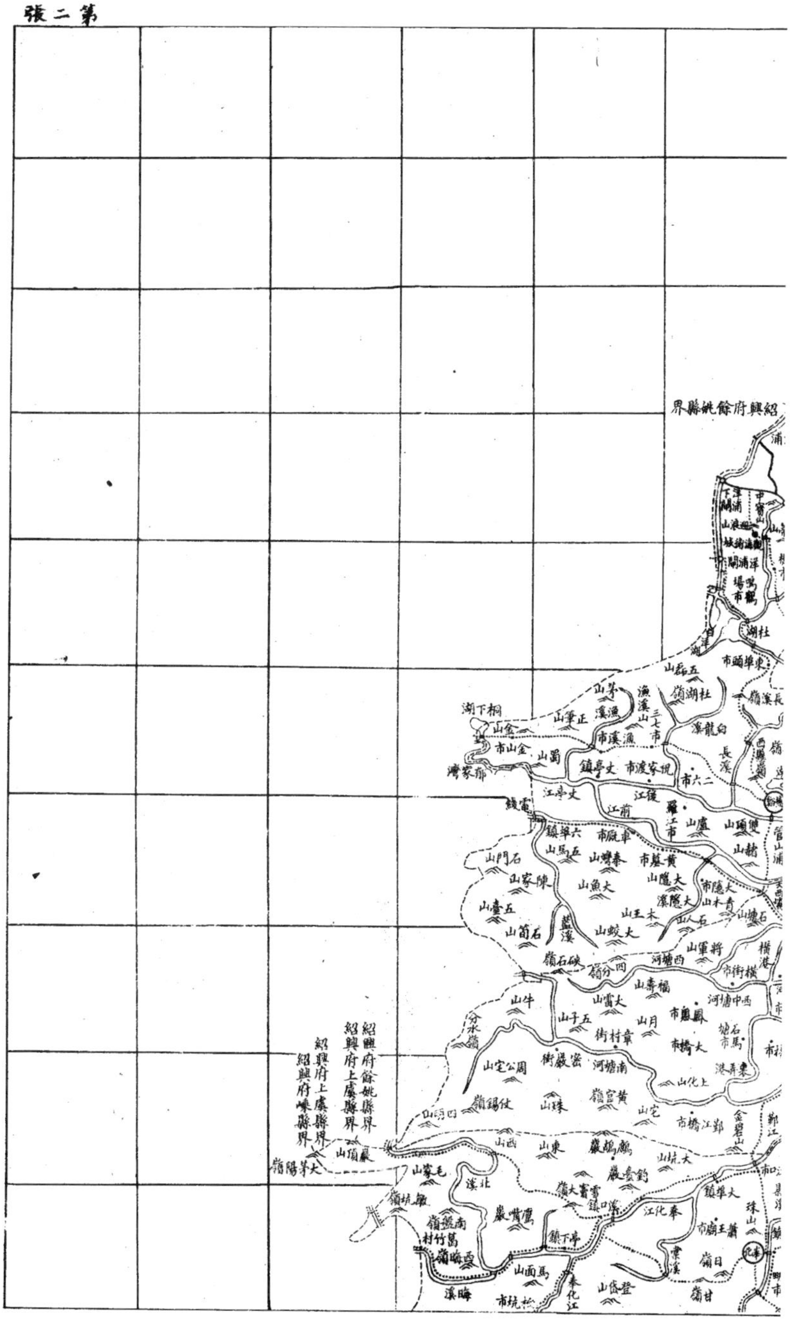
第二張
紹興府餘姚縣界
紹興府餘姚縣界
紹興府上虞縣界
紹興府上虞縣界
紹興府嵊縣界

寧波府二十里方圖右下

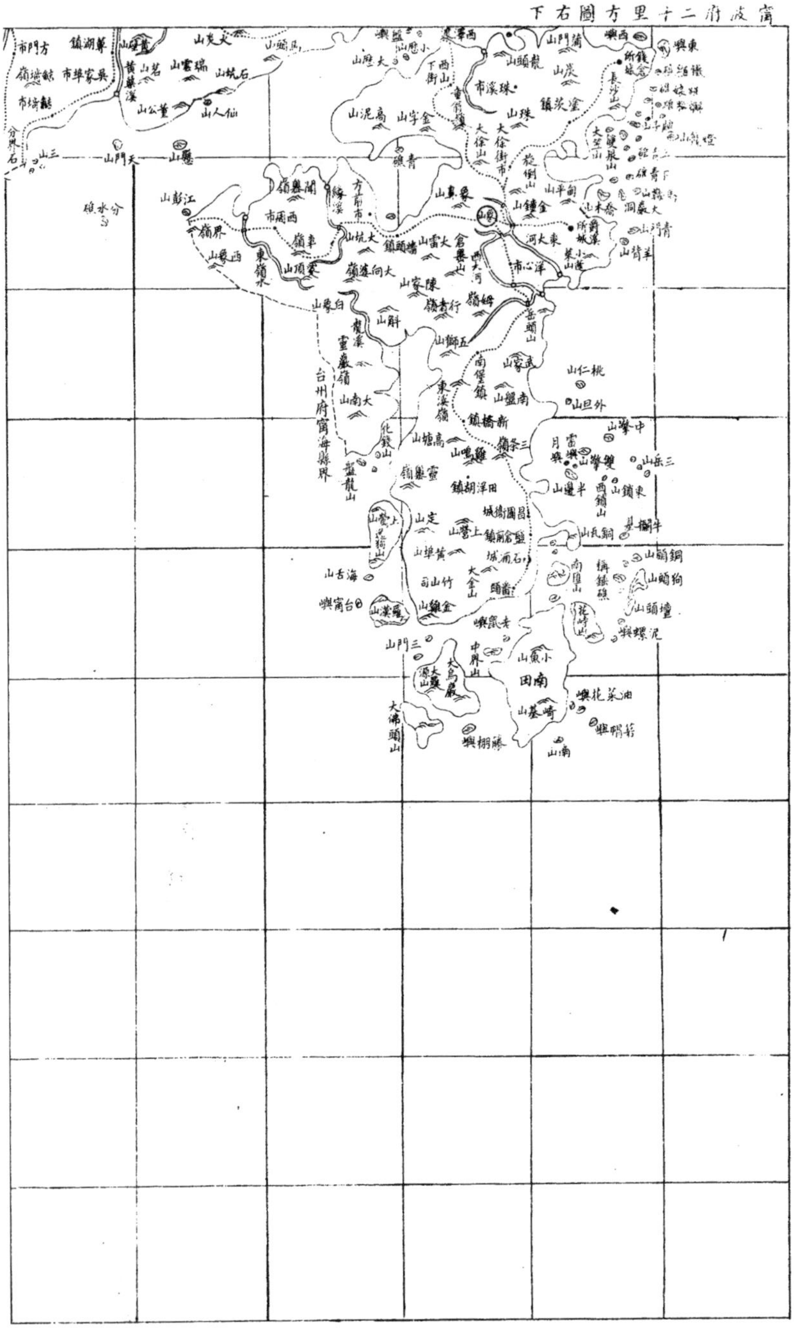

第三張

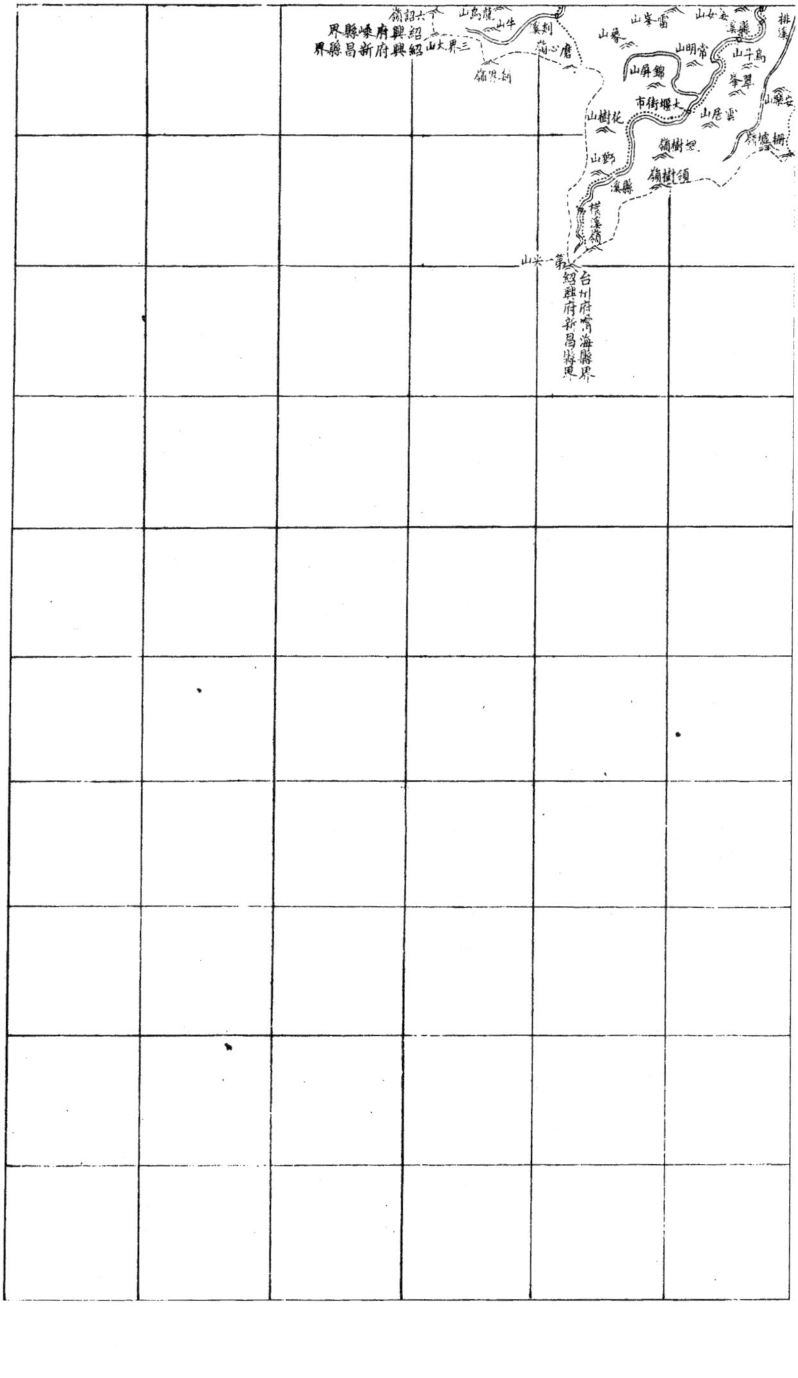
紹興府嵊縣界
紹興府新昌縣界
三界大山
六詔嶺
牛山
剡溪
磨心嶺
雷峯山
常明山
錦屏山
大堰街市
花樹山
雲居山
翠峯
橫溪嶺
第一尖山
台州府寧海縣界
紹興府新昌縣界

甯波府方域

領廳一縣五

鄞附郭慈谿在城西北三十二里奉化在城南少西六十一里鎮海在城東北三十三里象山在城東南一百五十二里定海廳在城東少北海中一百二十里

東由育王嶺柴橋鎮至泥城嘴海濱一百二十二里又東航海至海中普陀七十里

西由高橋鎮車廄市至六埠鎮紹興府餘姚縣界六十里

南由蔡郎橋萆湖諸市鎮至分界石台州府甯海縣界九十七里

北由團橋澥浦諸市鎮及松浦司觀海衛至洋浦下閘紹興府餘姚縣界一百六里

東南由道陳嶺湖頭渡水程十四里象山縣石浦番頭渡水程十里至海中南田二百四十六里

西南由石碶江口諸市歷奉化縣大堰街市至橫溪嶺台州府甯海縣界一百五十里

東北至鎮海縣三十三里又東北航海由金塘岱山至海中衢山一百八十里

西北由樟橋鎮慈谿縣漁溪市至桐下湖南紹興府餘姚縣界八十二里

鄞縣圖

拼圖式

右	中	左
	中下	左下

鄞縣五里方圖左

第一張

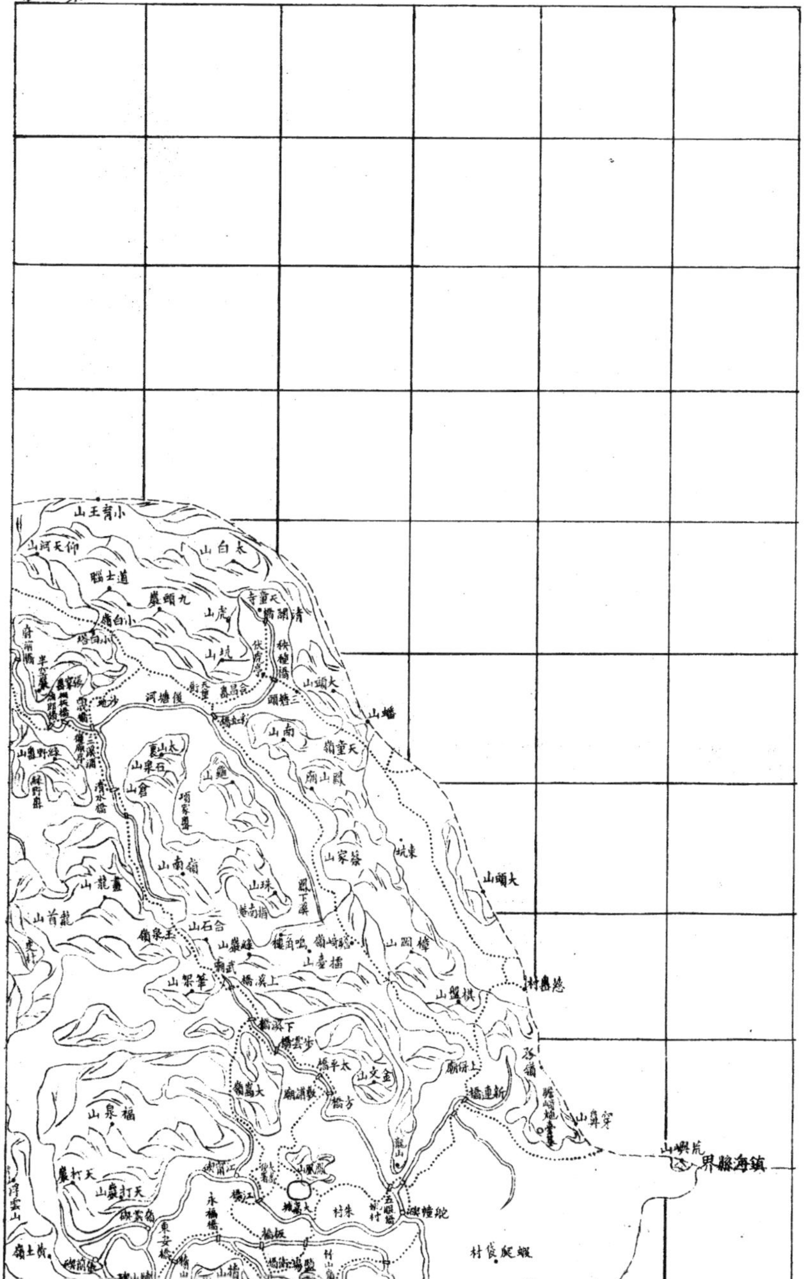

鄞縣五里方圖中

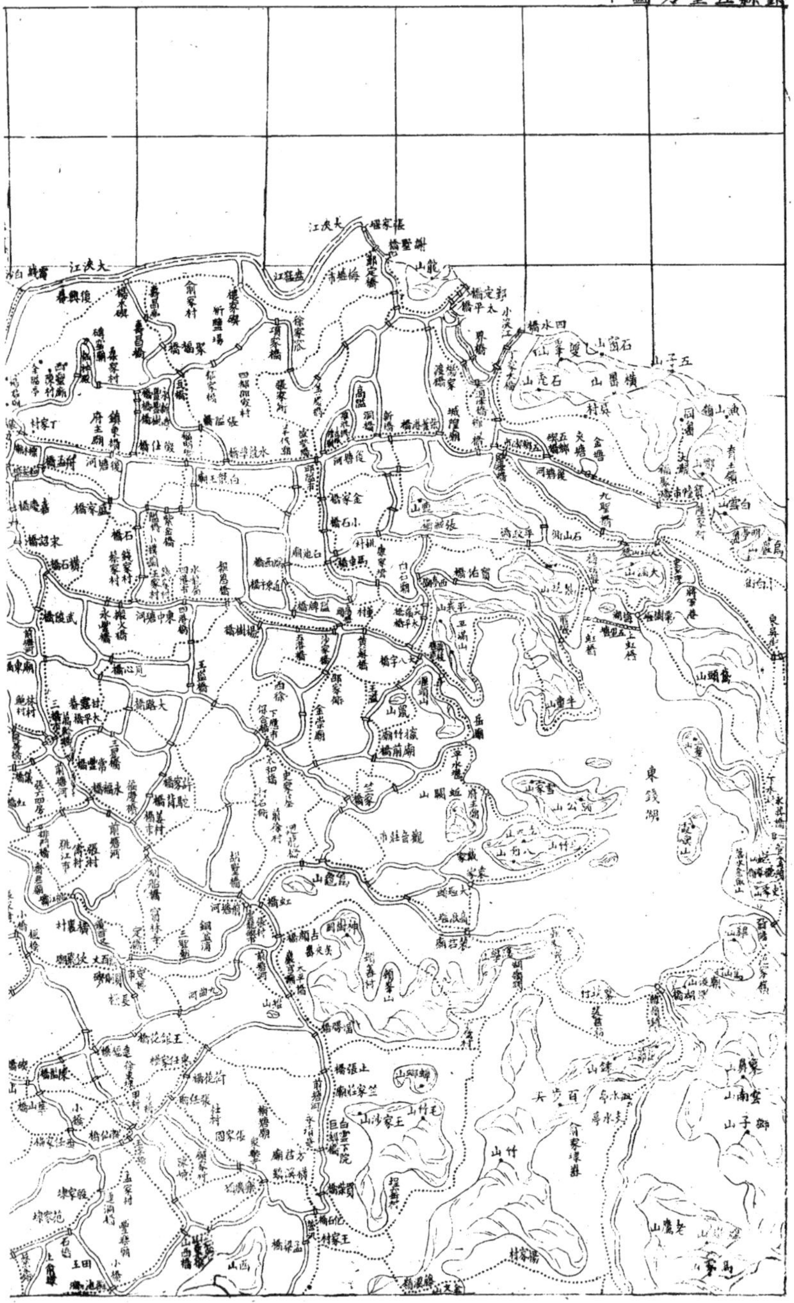

第二張

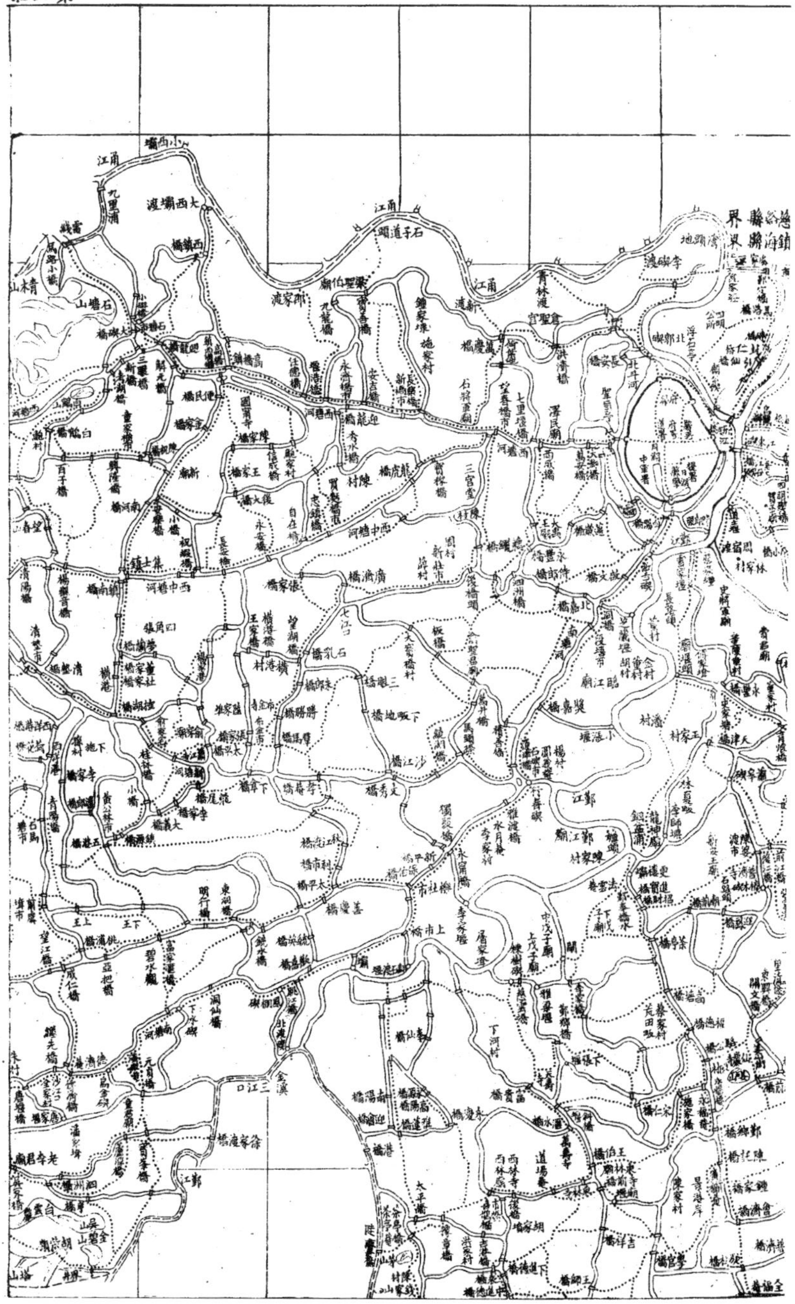

鄞縣五里方圖右

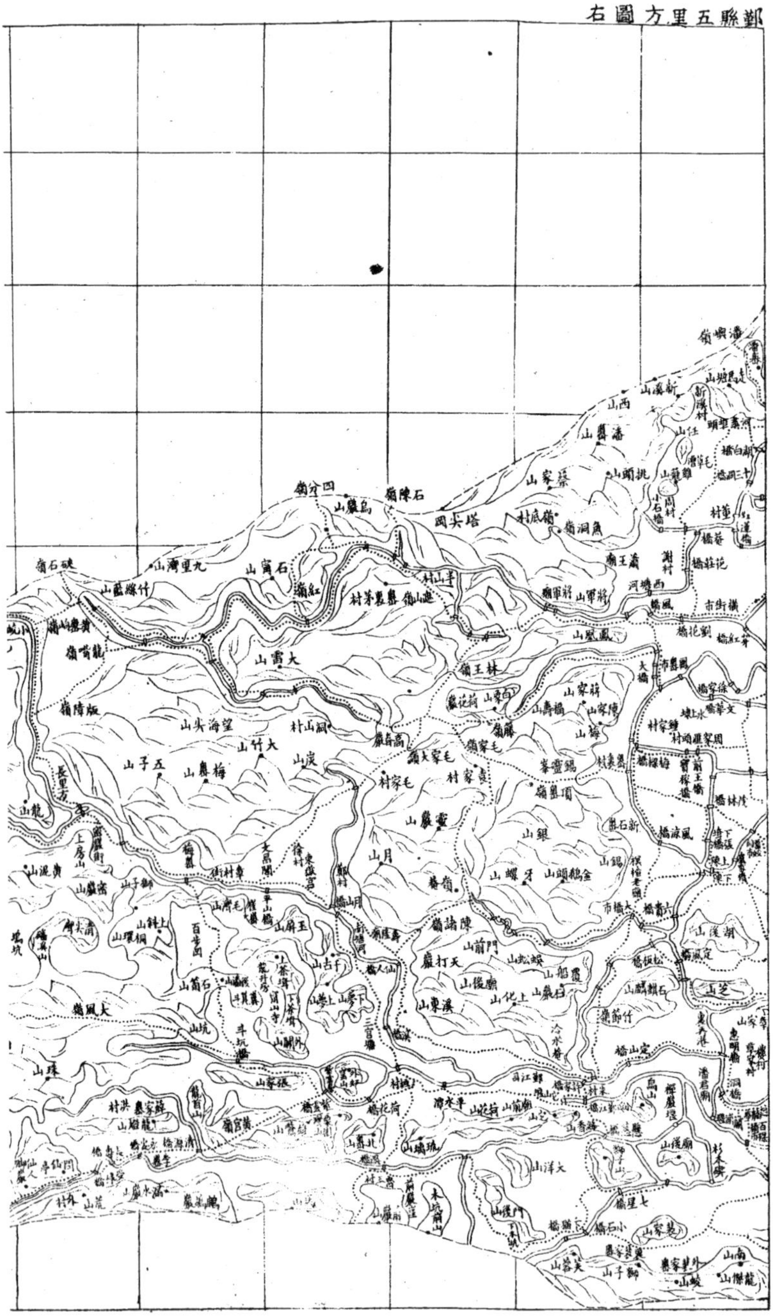

第三張

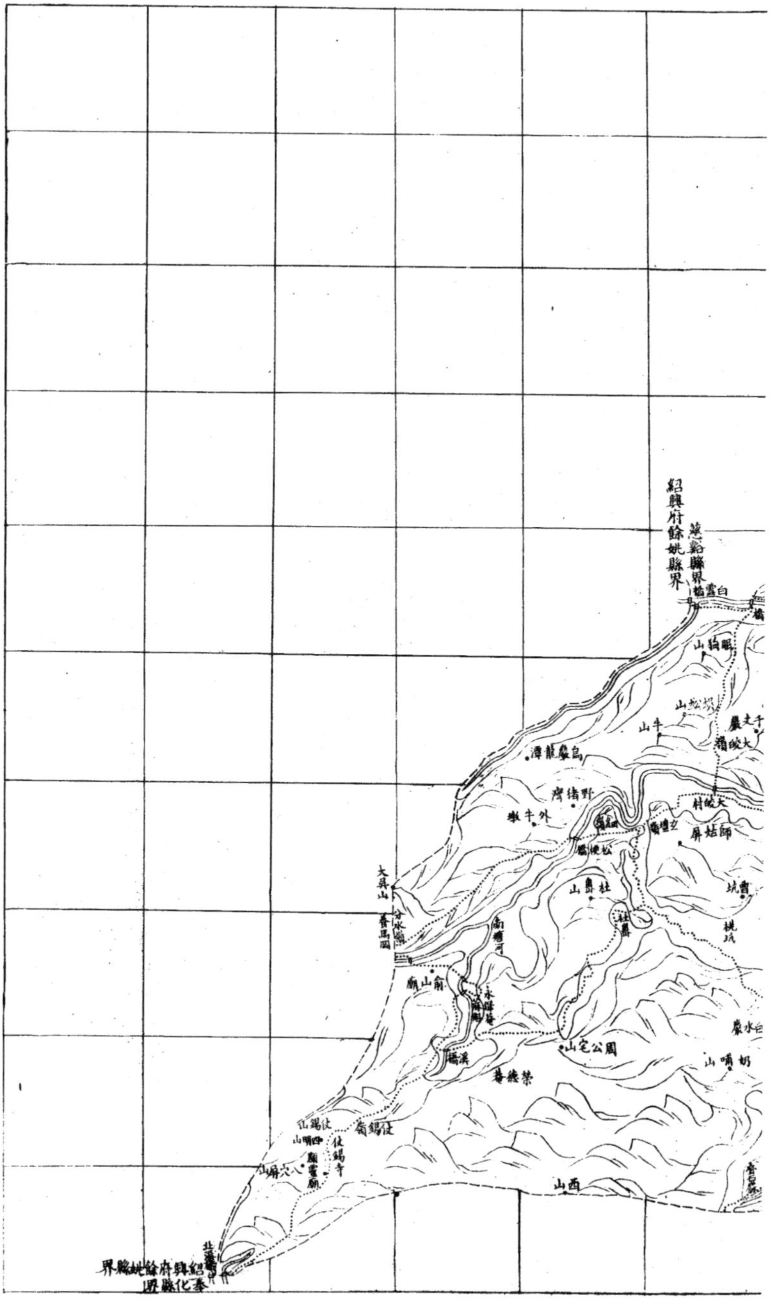

鄞縣五里方圖左下

(地图：浙江全省舆图并水陆道里记·宁波府，第四张)

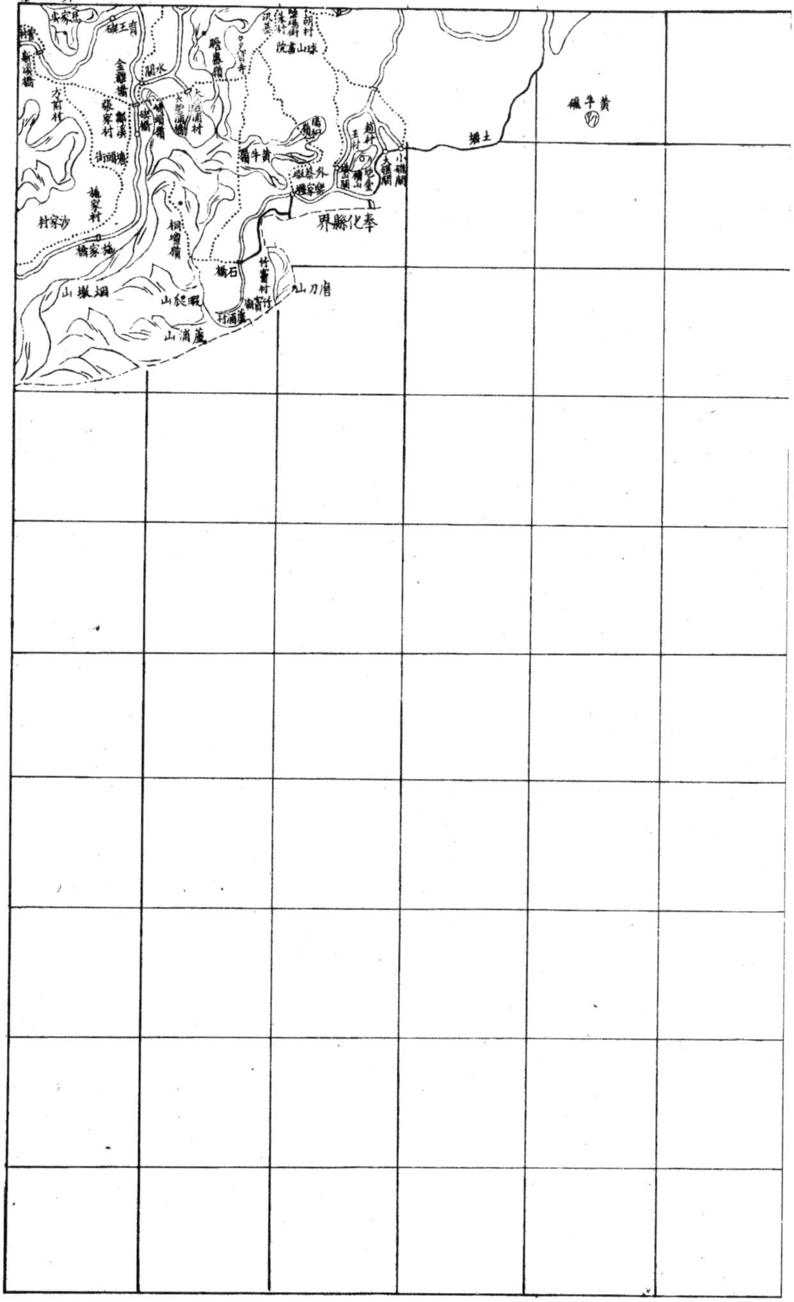

鄞縣五里方圖中下

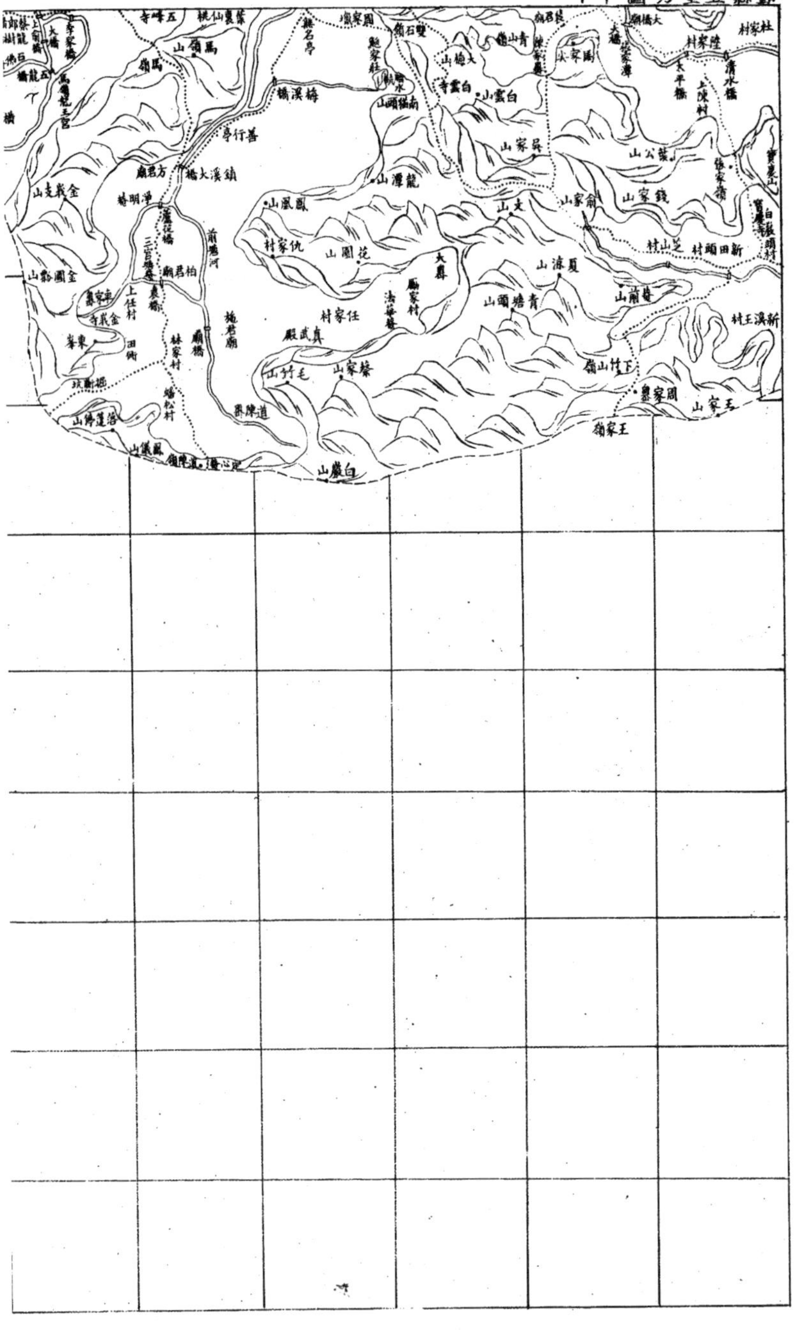

五峰寺
馬嶺山
周家墺
雙石嶺
梅溪橋
白雲寺
白雲山
善行亭
方君廟
龍潭山
鳳凰山
仇家村
花園山
文山
俞家山
錢家山
葉公山
新田頭村
芝山村
夏涼山
任家村
真武殿
毛竹山
蔡家山
杜家村
陸家村
清水橋
新溪王村
王家山
白巖山

第五張

鄞縣沿革

禹貢揚州之域董子國地春秋越東界鄞邑地戰國屬楚秦置鄮縣屬會稽郡漢以後因之陳開皇九年平陳并鄮縣入句章唐武德四年析句章縣置鄞州八年州廢復改置鄮縣移理句章城屬越州開元二十六年於縣置明州五代梁開平三年改曰鄞縣宋紹興五年為慶元府治元至元十四年為慶元路治至正二十七年為明州府治明初因之洪武十四年為甯波府治

國朝因之

甯波府鄞縣

水路道里記

甬江

經流

九里浦　甬江自慈谿縣在慈谿為前江流至此入境又東北流折而東南至大西壩渡六里五分水深二丈一尺江闊五十八丈九里浦迤東仍與慈谿縣分水以下至灣頭地皆同

石子衕頭　自大西壩渡東南流過邵家渡又東北流至此八里一分水深二丈二尺江闊四十三丈

青林渡　自石子衕頭東北流折而東南過新渡又東北流至此九里二分水深一丈七尺江闊四十九丈

李碶渡　自青林渡東南流折而東北至此四里二分水深二丈八尺面闊六十二丈

灣頭地　自李碶渡東北流折而東南至此四里六分

倪家堰前　自灣頭地南流至此一里强此段與鎮海縣分水

北郭碶　自倪家堰前南流過四明公所又西流折而南至此七里水深二丈三尺面闊五十六丈有南塘河下流之北斗河自西南來會之見後

新江橋東　自北郭碶東南流繞城東北至此六里水深三丈八尺面闊七十六丈有鄞江自南來會之見後

白沙市　自新江橋東口東北流至此五里强水深三丈八尺面闊七十五丈　白沙市迤東北與鎮海縣分水以下皆同

楊木碶　自白沙市東少北流至此四里四分水深三丈五尺面闊七十五丈

樓家碶北　自楊木碶東少北流至此四里七分水深三丈五尺面闊七十五丈

張家堰　自樓家碶北口東南流折而東北至此六里六分此段一名盎猛江　與鎮海縣分界

枝流南塘河

四明山　南塘河自此發源東北流曲曲至松梗橋十六里

大皎村　自松梗橋東北流曲折至此九里八分

窰巖街　自大皎村東少南流過龍山麓又東北流至此七里有小皎橋水自西北來注之

章村街　自窰巖街東南曲曲流至此五里三分

月山橋　自章村街東南流至此四里五分

仙人橋　自月山橋東南流折而東至此四里

許家橋　自仙人橋南少西流折而東少南曲曲至此十二里强

惠明橋前　自許家橋東少北流至此六里分一支北流為裏弄港見後

洞橋　自惠明橋前南流至此一里八分弱

德濟橋　自洞橋東少北流至此五里四分

下水碶前　自德濟橋東北流至此五里六分

歡喜橋　自下水碶前東北曲折流至此五里五分

櫟社市（保佑橋）　自歡喜橋東北流折而北至此五里二分

石碶市（通津橋）　自保佑橋東北流過雅渡橋至此七里

段塘市　自通津橋東北流至此六里一分

南門外　自段塘市東北流至此五里二分（分一支流入城中注日湖月湖）

西門外　自南門外西北流至此三里五分（有西塘河自西來會之見後以下又名北斗河）又曲曲北少東流

四里至北郭碶入甬江

枝流（裏弄港）

桃浦橋　裏弄港自惠明橋前分南塘河之水西北流過芝山前又東少北流至此七里

六分（以下又名西洋港）

西洋港橋　自桃浦橋北流至此八里五分

控湖橋前　自西洋港橋東北流折而東南至此二里五分水深七尺面闊六丈分一支東流為新塘河見後以下

鎮南橋又名橫港　自控湖橋前北流至此五里一分又越中塘河東北流八里强至高橋鎮入西塘河

枝流新塘河

下傘橋　新塘河自控湖橋前分裏弄港之水東少南流過桂林橋至此五里三分

七江口　自下傘橋東流折而北過布金市東又北少東流至此七里五分

後橋　自七江口東少北流過新莊市至此五里又曲折北流五里二分至望春橋市與西塘河會

枝流西塘河

硤石嶺　西塘河自此發源東少南流至大雷山西麓四里五分

烏巖山麓　自大雷山西麓曲折東北流至此十二里二分

將軍山前　自烏巖山麓東少南流至此十里分一支東流為西中塘河見後

十三洞橋　自將軍山前東北流曲折過花莊橋庵橋至此十里

石塘市（三眼橋） 自十三洞橋東北流過湖白橋考湖橋至此八里弱（分一支北流為九里浦入甬江）

高橋鎮 自三眼橋東南流過解元橋又東流至此四里五分（有裏弄港自西南來會之見前）

永濟橋市 自高橋鎮東少南流至此五里弱

望春橋市 自永濟橋市東少南流至此五里六分（有新塘河自南來會之見前有西中塘河自西南來會之見後）又東流五里一分至西門外入南塘河

枝流（西中塘河）

横街市 西中塘河自將軍山前分西塘河之水東流至此五里

鎮南橋 自横街市東北流折而東少南至此九里二分

長安橋 自鎮南橋越横港東流過祝蝦橋至此三里八分

買蜺橋市 自長安橋東少北流過永安橋至此五里又東北流六里二分強過龍虎橋至望春橋市仍入西塘河

鄞江

經流

金碧山東南 鄞江自奉化縣（在奉化縣為奉化江一名剡溪）流至此入境又東北曲折流至徐家渡橋

七里七分金碧山迤東北仍與奉化縣分水以下至北渡碶皆同

三江口　自徐家渡橋北流折而東至此六里水深三丈面闊四十二丈有奉化縣金溪水自東南來注之

北渡碶　自三江口東北流至此二里

翻石渡　自北渡碶東北曲折流至此五里五分水深二丈一尺面闊三十九丈

李家堰前　自翻石渡東北流折而東南又折而東北三折而西至此八里五分

銅盆浦口　自李家堰前東少北流至此七里五分水深三丈八尺面闊六十八丈有銅盆浦自東南來會之見後

小張堰前　自銅盆浦口西北流折而東北又折而西北至此九里九分

廟堰頭　自小張堰前東北流至此四里八分水深二丈二尺面闊五十二丈

紅舌碶東　自廟堰頭西北流折而北少東至此六里二分

大石碶前　自紅舌碶東首東少北流折而北少東至此六里三分有前塘河自東來會之見後又北

流二里三分過老江橋至新江橋東與甬江會

枝流前塘河

道陳嶺　前塘河自此發源北少西流至施君廟西六里五分

鎮溪大橋　自施君廟西首北流折而西北又折而北少東至此七里

孟棎橋　自鎮溪大橋東北流至此十里五分

巨鎮橋　自孟棎橋北少東流曲曲至此五里五分

太平橋　自巨鎮橋北少西流過上張橋至此七里一分弱

雲龍碶市　自太平橋西北流至此四里八分（分一支西流為銅盆浦見後）

姜村橋市　自雲龍碶市西北流至此四里四分

萬齡橋　自姜村橋市西北流至此五里七分

橫石橋　自萬齡橋北流至此六里六分（有東中塘河自東來會之見後）

和安橋前　自橫石橋北少西流至此四里二分（有後塘河自北來會之見後）又西流一里三分至大石碶入鄞江

枝流銅盆浦

定橋市　銅盆浦自雲龍碶市分前塘河之水西南流折而西至此六里七分

陳婆渡市　自定橋市西北曲曲流至此九里

更樓壩北　自陳婆渡市北少西流折而西南至此七里五分（有鄞奉橋水自南來會之見後）又西少北流一里至銅盆浦口入鄞江

枝流鄞奉橋水

鄞奉橋　鄞奉橋水自奉化縣流至此入境又北流至蔡郎橋市六里

學官橋　自蔡郎橋市北少西流折而西又折而北至此四里强

鄞鄉橋　自學官橋東北曲曲流至此六里

茶亭橋　自鄞鄉橋北少西流至此七里六分又曲曲北少西流四里三分至更樓墻北

入銅盆浦

枝流後塘河

太白山　後塘河自此發源東南流過天童寺前至秧種橋四里一分

西成橋　自秧種橋西少南流過彩虹橋至此七里七分（有三溪浦自東南來注之）

東吳街　自西成橋曲曲西北流至此五里五分

大涵山橋　自東吳街西北流至此六里

寶幢市　自大涵山橋東北流至此二里强（有育王嶺水自東來注之）

五鄉碶市　自寶幢市西少北流至此五里五分（分一支出五鄉碶西北流折而東北入鎮海縣境為小浹江）

滙繂橋　自五鄉碶市西流至此一里三分

盛墊橋　自滙緯橋西流過新橋至此八里

福明橋　自盛墊橋西流至此五里

張斌橋前　自福明橋西少北流過鎮東橋至此七里七分又南流一里五分至和安橋

前入前塘河

東錢湖

經流

韓嶺鎮　東錢湖東受諸山之水西北分洩於諸堰而南溢於此東南流折而西南又折而南至大橋十四里湖周六十三里面積九十方里其水由莫枝堰分一支西北流為東中塘河見後

太平橋　自大橋東南流折而東北至此二里五分

新溪橋　自太平橋東流至此六里九分

育王碶　自新溪橋東南流折而東北至此六里

嶺雲碶　自育王碶東北曲折流至此七里

大嵩所城南　自嶺雲碶東北流折而東南曲曲至此九里以下名大嵩所南江又曲折東南流二十一里入海

枝流東中塘河

莫枝堰　東中塘河自此分東錢湖之水西北流至黄蘇橋三里三分

楊樹橋　自黄蘇橋西流過五港橋至此三里五分

泗港橋　自楊樹橋西北流過報恩橋至此三里八分又西少北流五里七分至横石橋與前塘河會

陸路道里記

東門一名東渡門

幹路

新江橋　自東門外北行至此六分强

磚橋　自新江橋北少東行至此二里五分

鄞定橋　自磚橋北行至此四里一分强與鎮海縣分界

枝路

白沙市　自新江橋東北行至此六里弱與鎮海縣分界

靈橋門

幹路

老江橋東堍　自靈橋門外東行至此三分

和安橋　自老江橋東堍東行至此一里六分

張斌橋　自和安橋北行至此一里一分

福明橋　自張斌橋東行至此七里六分

盛墊橋　自福明橋東行至此四里八分

滙縴橋　自盛墊橋東少北行過同橋又東行過柴葉港橋至此七里九分

寶幢市　自滙縴橋東少南行過五鄉碶市至此七里一分

育王嶺　自寶幢市東少北行至此三里六分強嶺高十五丈與鎮海縣分界

枝路

周宿渡　自老江橋東堍南少西行至此三里二分

廟堰頭　自周宿渡西行折而南少西過長路頭至此六里五分強東通枝路之萬齡橋

銅盆浦渡　自廟堰頭南少西曲曲行至此七里強渡闊六十八丈

駱公橋　自銅盆浦渡南少東行至此八里三分

會濟橋　自駱公橋南少東行過鄞鄉橋至此七里

蔡郎橋市　自會濟橋南行過凝祥橋至此三里一分

鄞奉橋　自蔡郎橋市南行過龍樹橋至此四里四分强與奉化縣分界

慈雲橋　自銅盆浦渡曲曲西南行過下中上三戌子廟至此六里九分

富貴橋　自慈雲橋西行折而南少東至此六里

喜鵲橋　自富貴橋東南行過滙水橋又西行至此七里七分

陡亹橋　自喜鵲橋西少南行過豫章橋至此九里四分與奉化縣分界

楓橋　自駱公橋東北行過開文橋至此八里

定橋市　自楓橋東少南行至此三里一分又北行四里九分至姜村橋市與自和安橋起之枝路合

羅池廟　自蔡郎橋市東行過上俞橋至此五里四分又東北行十里七分强至橫溪鎮與自和安橋起之枝路合

枝路

橫石橋　自和安橋南少東行過四眼碶橋至此四里九分

萬齡橋　自橫石橋南行過武陵橋至此六里六分

姜村橋市　自萬齡橋東南行過常豐橋至此五里七分

雲龍碶市虹橋　自姜村橋市東南行至此四里八分

太平橋　自虹橋南少東行過古顏橋至此四里三分

巨鎮橋　自太平橋南少東行至此六里

橫溪鎮東　自巨鎮橋南少西行至此二里二分

梅溪橋　自橫溪鎮東首南少西行至此七里五分

鎮溪大橋　自梅溪橋西南行至此五里一分

袁橋　自鎮溪大橋西南行過蘆花橋又南行至此四里三分

道陳嶺　自袁橋南少東行至此七里强嶺高十九丈與奉化縣分界

四港市　自橫石橋東少南行至此五里六分

黃蘇橋　自四港市東行過報恩橋又東少南行過五港橋至此七里

莫枝堰市　自黃蘇橋東南行至此二里三分

陶公山脚　自莫枝堰市東南曲曲行過平水堰至此十里七分

高湫堰　自陶公山脚西少南行過大堰頭又南行至此七里七分

象坎村　自高湫堰東行過郭家嶼又西南行折而東至此七里三分

韓嶺鎮　自象坎村東行至此二里三分

支水亭　自韓嶺鎮東南行折而西南至此六里一分

大橋廟　自支水亭南行至此八里五分又東南行四里至上陳村北與自滙繂橋起之

枝路合

枝路

大涵山橋　自滙繂橋東南行至此六里七分

東吳街　自大涵山橋東南行至此六里一分

三溪浦　自東吳街東南行過相板橋西成橋至此五里一分

玉泉嶺　自三溪浦南行折而南少東曲曲至此九里二分嶺高四十五丈

方橋　自玉泉嶺東南行過上溪橋下溪橋太平橋至此八里三分

大嵩城北　自方橋西南曲曲行至此四里五分大嵩所城周三里二分共四門

鹽場街橋　自大嵩城北首曲曲西南行至此五里六分

瞻㟝嶺　自鹽場衖橋西南行至此四里三分強嶺高三丈八尺

金雞橋　自瞻㟝嶺西少南行過崎頭嶺嶺高三丈四尺至此四里三分

上陳村北　自金雞橋西北行過管村又西少南行至此九里四分

白巖頭村　自上陳村北首南少東行過張家嶺嶺高十三丈二尺至此九里五分

王家嶺　自白巖頭村西南曲曲行過下竹山嶺至此十里八分弱與奉化縣分界

小白街　自大涵山橋東南行至此四里七分

小白嶺　自小白街東南行至此五里二分嶺高二十六丈

天童街　自小白嶺東南行至此五里六分

蟠山南　自天童街東北行過秧種橋又東南行至此八里八分嶺高二十丈與鎮海縣分界

瞻崎嶺　自天童街東南行至此十一里六分嶺高六十丈

穿鼻山前　自瞻崎嶺東南曲折行過新連橋至此十六里與鎮海縣分界

南門一名長春門

幹路

段塘市　自南門外西南行過紅舌碶至此五里五分

石碶市　自段塘市西南行過獎嘉橋至此六里一分

櫟社市　自石碶市西南行過永甯橋至此六里六分

眺江橋　自櫟社市西南行過上市橋至此六里一分

濟衆菴　自眺江橋西南行至此六里四分

洞橋　自濟衆菴西行折而西北至此七里七分

許家橋　自洞橋北行過惠明橋又西行至此七里五分

仙人橋堍　自許家橋西少北行折而北至此十一里五分

章村街　自仙人橋堍西北行至此七里四分

蜜巖街　自章村街西北行至此五里二分

大皎村　自蜜巖街西南行折而西北至此八里一分

玄壇嶺　自大皎村西南曲曲行至此三里八分强嶺高五丈八尺

分水嶺　自玄壇嶺西南行過松梗橋至此十三里五分嶺高一百十丈與紹興府餘姚縣分界

枝路

寶峯橋　自濟衆菴南行至此四里四分

金碧山前井界　自寶峯橋南行折而西南再折而西三折而南至此六里一分與奉化縣

分界

枝路

平水潭　自許家橋南行折而西過它山堰至此四里三分

紫雲橋　自平水潭西行過荷花橋至此七里六分

長壽橋　自紫雲橋西少南行過黄官嶺至此十里

疊石巖西　自長壽橋西南行過受禄橋至此四里七分强與奉化縣分界

枝路

杜嶴　自玄壇嶺南少西行至此六里九分

周公宅山　自杜嶴南少西曲曲行至此六里二分

仗錫嶺即四明山　自周公宅山西行過溪橋又西南曲曲行至此十一里九分嶺高一百十六丈

溪橋　自仗錫嶺西南曲曲行至此十里一分與奉化縣分界

西門一名望京門

幹路

望春橋　自西門外西行過七里堰橋至此四里九分

新橋市　自望春橋西少北行過長樂橋至此三里

高橋鎮　自新橋市西少北行過永濟橋至此五里九分

石塘市　自高橋鎮西行折而西北過迴龍橋至此四里六分

馬路小橋　自石塘市西北行至此四里二分强與慈谿縣分界

枝路

買麪橋市　自望春橋西南行至此七里六分

集士橋　自買麪橋市西南行過自在橋至此七里四分

横街市　自集士橋西少北行過清陽橋又西南行至此六里一分

楓橋　自横街市西行至此三里七分

遮山嶺　自楓橋西行過將軍廟前又西南行折而西北至此九里八分嶺高十六丈

四分嶺　自遮山嶺西北行至此六里强與慈谿縣分界

枝路

新莊市　自望春橋南行過藕纜橋又西南行至此六里三分

布金市　自新莊市西行過廣濟橋又西南行至此八里九分

黄公林市　自布金市西南行過下傘橋大義橋至此八里二分

青陽橋　自黄公林市西南行折而北至此四里五分

大橋市　自青陽橋西北行折而西南曲曲過蚤蛟衖市至此九里七分强又南少西行

七里四分過竹節嶺至許家橋入南門幹路

枝路

大西壩渡　自高橋鎮北少西行至此四里九分水深二丈二尺面闊五十八丈渡江與慈谿縣分界

北門一名永豐門

幹路

北郭碶　自北門外北行至此一里一分

李碶渡　自北郭碶東北行折而西又折而北至此四里三分與慈谿縣分界

慈谿縣圖

拼圖式

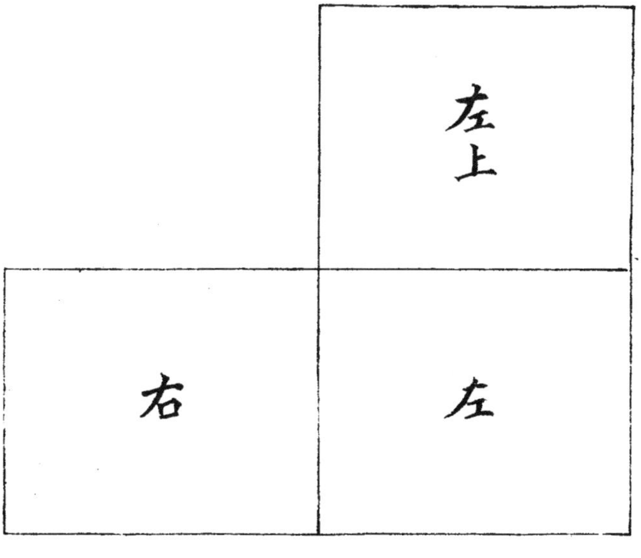

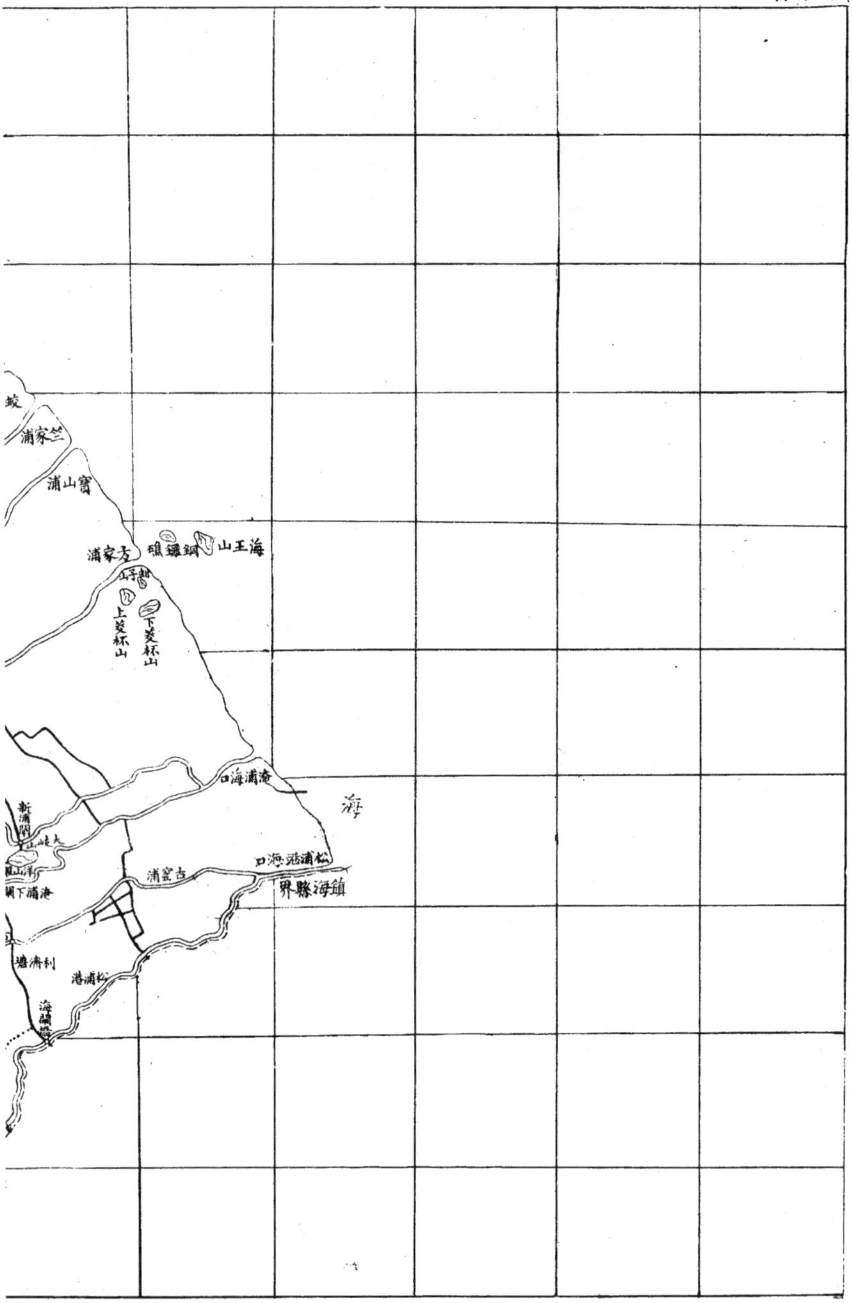
竺家浦
寶山浦
方家浦
銅鑼礁
海王山
上茭杯山
下茭杯山
菴浦海口
海
松浦港海口
古窰浦
鎮海縣界
海下浦閘
利濟塘
松浦港
新浦閘

第一張

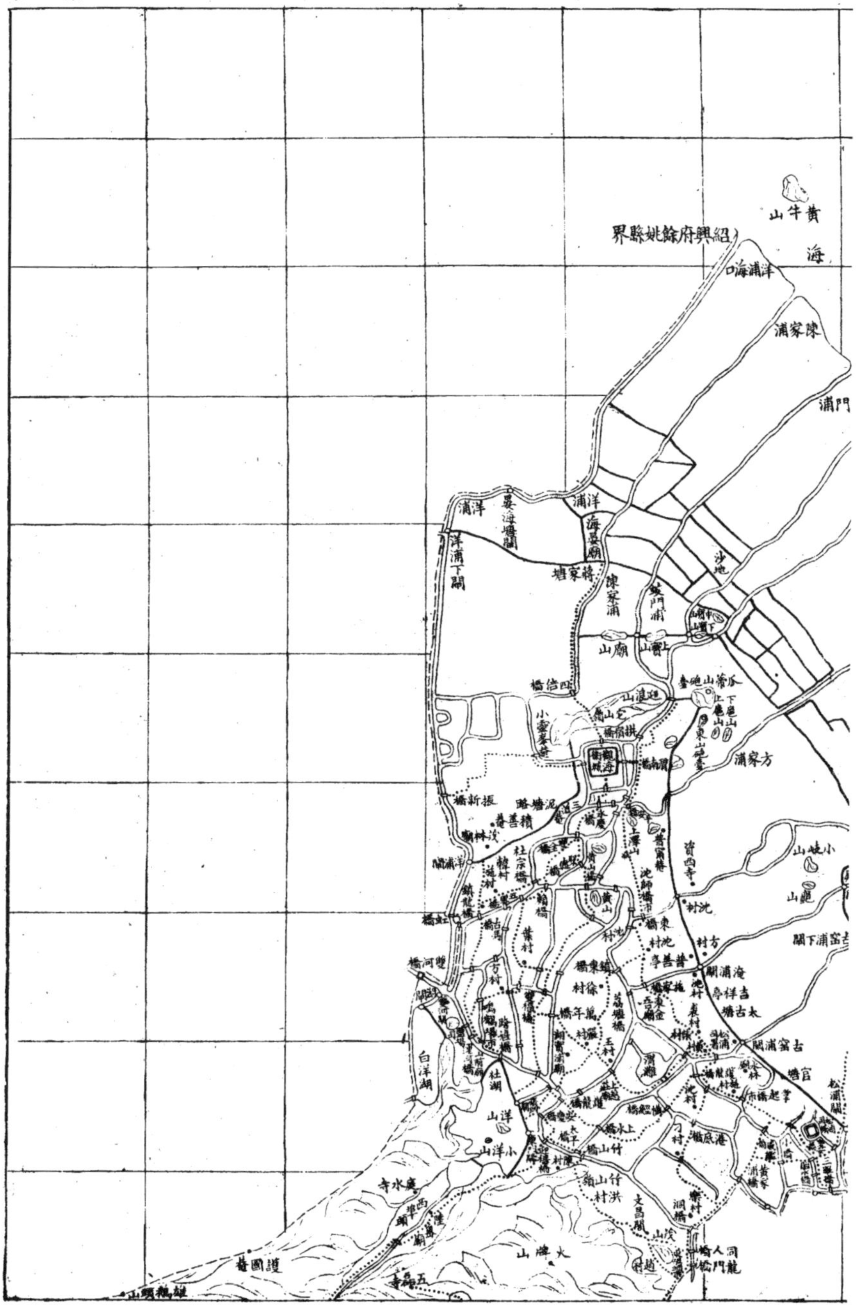

慈谿縣五里方圖左

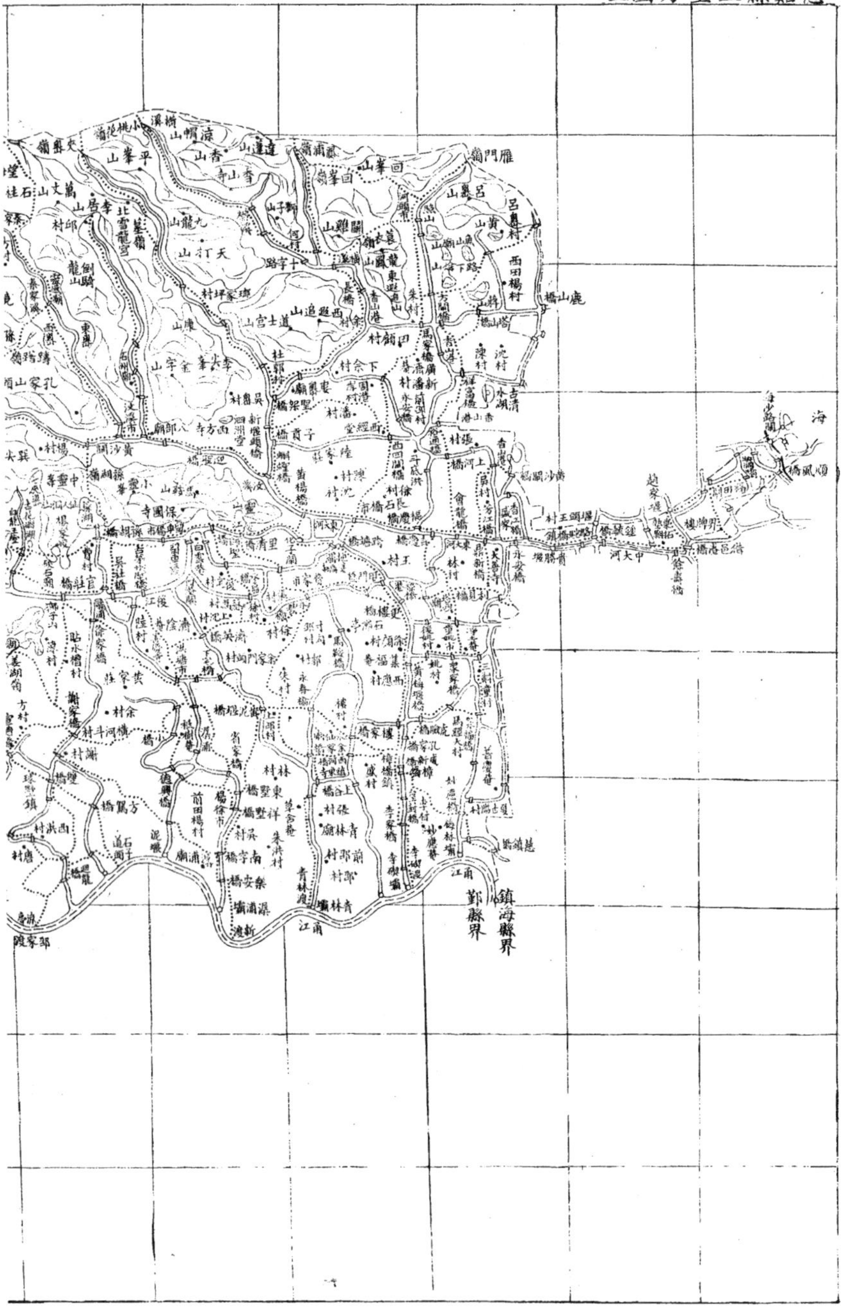

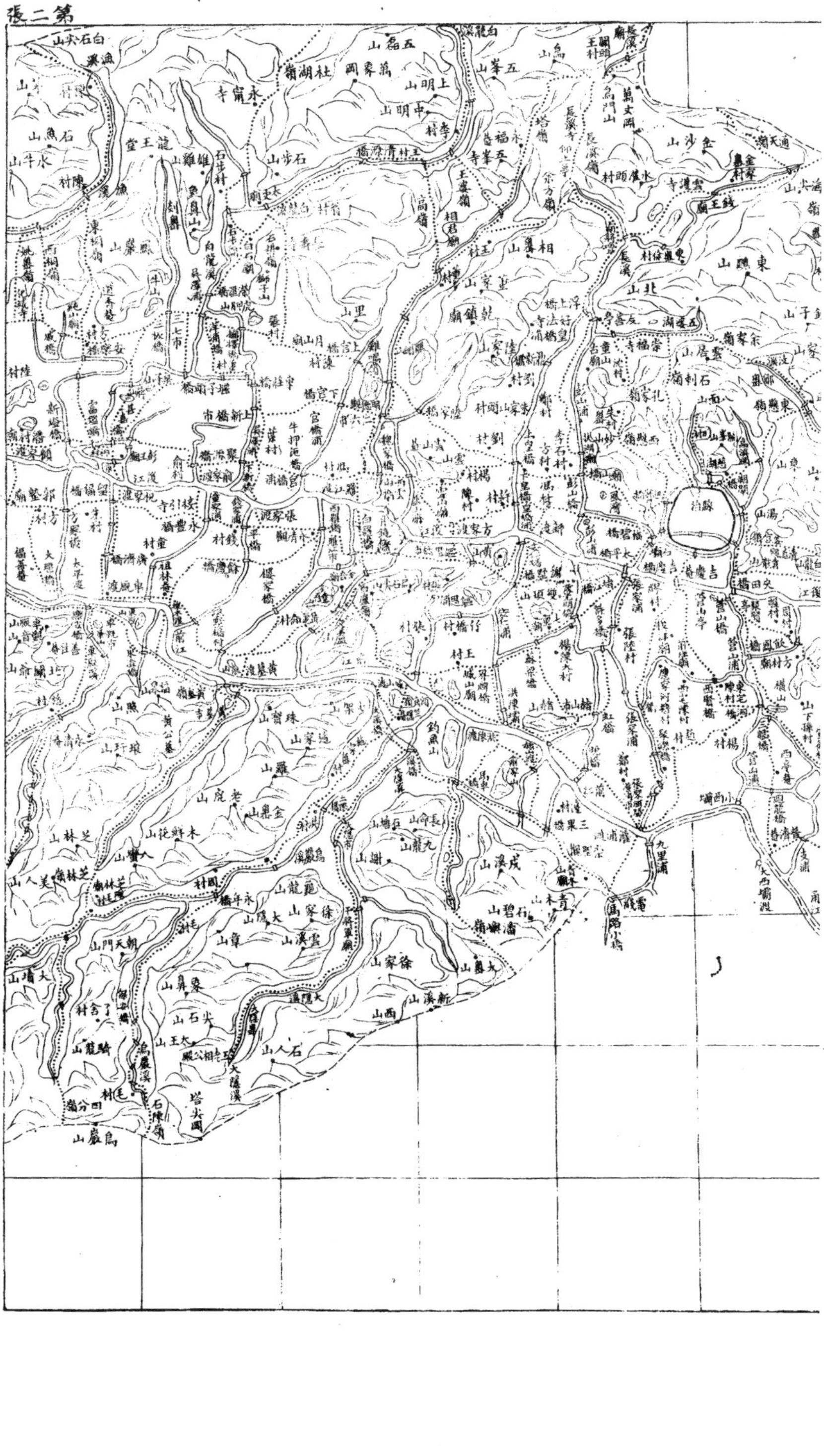
第二張

慈谿縣五里方圖右

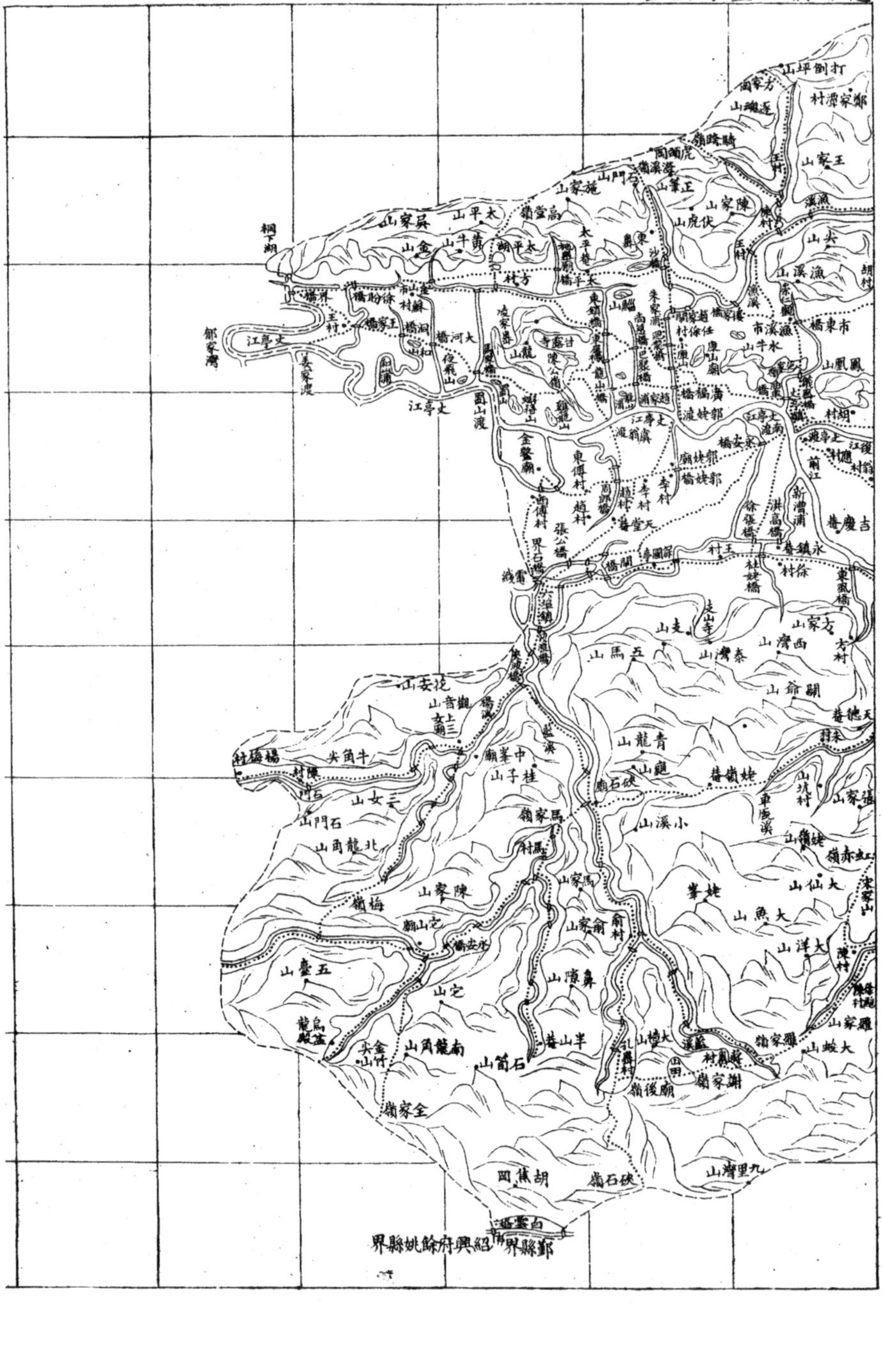
桐下湖
王家山
漁溪
伏虎山
陳家山
正筆山
施家山
太平山
吳家山
金山
方村
大河橋
丈亭江
丈亭渡
金鑾廟
東傅村
西傅村
張公橋
界石橋
永鎮橋
吉慶橋
五馬山
泰灣山
西灣山
闕爺山
牛角尖
楊橋村
三女山
北龍角山
青龍山
小溪山
梅嶺
陳家山
五臺山
大魚山
大仙山
大洋山
羅家山
大嶴山
南籠角山
石筍山
全家嶺
胡焦岡
砍石嶺
九里灣山
白雲橋
鄞縣界
紹興府餘姚縣界

第三張

慈谿縣沿革

禹貢揚州之域春秋越南界句無地戰國屬楚秦置句章縣屬會稽郡漢以後因之晉隆安四年移句章縣於小溪鎮唐初為鄮縣地開元二十六年析置慈谿縣屬明州五代因之宋紹興五年屬慶元府元至元十四年屬慶元路至正二十七年屬明州府明洪武十四年屬甯波府

國朝因之

寗波府慈谿縣

水路道里記

丈亭江在餘姚縣為姚江丈亭鎮以下為前江九里浦以下與鄞縣分水為甬江

經流

界橋南　丈亭江自紹興府餘姚縣流至此入境又東南流折而西至郁家灣五里界橋迤東南仍與餘姚分水以下至蠏箈山西皆同

姜家渡　自郁家灣南流折而東至此三里六分水深二丈一尺面闊四十丈

和山浦口　自姜家渡東南曲折流至此三里五分

蠏箈山西　自和山浦口東流折而南至此四里八分

虞翁渡　自蠏箈山西首東流至此五里三分

郭姥渡　自虞翁渡東流至此三里水深二丈三尺面闊三十四丈有漁溪由朱家浦自北來會之見後

丈亭鎮　自郭姥渡東南流折而東北復折而東南至此五里四分水深二丈三尺面闊四十九丈有後江水自東來會之見後以下為前江

東風橋北　自丈亭鎮南少東流至此五里一分

車廐市車廐渡　自東風橋北口東少南流至此五里六分水深四丈三尺面闊六十一丈有車廐溪自南來會之見後

黃墓市黃墓渡　自車廐渡東流過楝木渡又南流折而東南至此六里九分水深二丈八尺面闊三十九丈

額角嶺東　自黃墓渡東流過城山渡又東南流至此七里七分水深三丈五尺面闊五十一丈有大隱溪自西南來會之見後

赭山渡　自額角嶺東首東南流過洪陳渡至此四里三分水深二丈七尺面闊五十三丈

九里浦口　自赭山渡東南流過灌浦市至此五里一分水深二丈六尺面闊八十七丈有張家浦分後江水自北來注之九里浦迤東與鄞縣分水為甬江以下皆向

小西壩　自九里浦口東少北流至此三里七分有管山浦自北來會之見後

大西壩渡　自小西壩東南流至此二里八分水深二丈三尺面闊五十八丈

邵家渡　自大西壩渡東南流至此三里四分水深一丈九尺面闊四十二丈

潺浦壩　自邵家渡東北流過泥堰前又東南流至此八里二分水深二丈三尺面闊五十五丈有潺浦分後江水自北來注之

青林渡　自潺浦壩東南流過新渡又東北流至此五里七分水深二丈七尺面闊四十九丈

李碶渡　自青林渡東南流折而東北至此四里二分水深二丈八尺面闊六十二丈有樟橋港自北來會之見後

梅林壩　自李碶渡東北流至此二里六分又東南流二里與鄞縣鎮海兩縣分界對江即鄞縣灣頭地

枝流　漁溪

茅山　漁溪自此發源南流至陳村五里五分

王村　自陳村西少南流至此九里

趙家閘　自王村西南曲曲流至此四里五分以下為朱家浦又南流四里七分至郭姥渡口入

文亭江

枝流　車廐溪

姥嶺山　車廐溪自此發源東北流至施村八里又東北流折而西北六里至車廐渡入

前江　即文亭江下流

枝流　大隱溪

石人山　大隱溪即慈溪自此發源東北曲曲流至千將軍廟九里

大隱市　自千將軍廟北流至此三里五分

竺隱庵前　自大隱市東北流至此四里五分有烏巖溪自西來注之又東北流一里四分至額角
　嶺東入前江
後江初為橫溪下流為香山港又下為東大河自化子閘以下為後江
經流
小桃花嶺　後江自此發源東南流至十字路九里
長橋　自十字路東流折而南至此三里以上為橫溪
馬家橋　自長橋南流折而東至此三里二分
裕通橋　自馬家橋東流折而南曲曲至此五里
黃沙閘　自裕通橋東流折而南越鎮海縣境至此五里八分
芳江橋　自黃沙閘西南流折而南至此三里有鎮海縣中大河水由駱駝橋自東來會之以上為香山港
長石橋市　自芳江橋西少北流至此五里三分分一支南流為樟橋港見後
黃楊橋東　自長石橋市西流至此一里七分有汶溪自西北來會之見後
化子閘　自黃楊橋東首南流折而西至此一里三分以上為東大河
留車橋市　自化子閘西流至此四里七分水深九尺面闊六丈三尺

吳社橋　自留車橋市南流折而西至此四里六分分一支南流為澥浦過澥浦壩入甬江

央田橋　自吳社橋西少北流過官莊橋至此七里七分分一支南流為管山浦見後又分一支北流入城

太平橋　自央田橋西少北流過吉慶橋至此四里三分分一支南流為張家浦過張家浦閘入前江

皇橋浦口　自太平橋西北流過彭山浦口至此五里四分有長溪自北來會之見後

方家渡　自皇橋浦口西流至此二里五分水深一丈三尺面闊二十一丈

羅江渡　自方家渡西流折而西北至此三里九分

吳澤浦口　自羅江渡西流曲折過張家渡至此五里水深一丈三尺面闊三十八丈有白龍溪自北來會之見後

祝家渡　自吳澤浦口西流至此三里六分水深一丈七尺面闊三十九丈又西少北流七里過顧家渡

至丈亭鎮與丈亭江會

枝流　樟橋港

黃梅堰橋　樟橋港自長石橋分東大河之水即後江上流西南流折而東南至此七里五分

樟橋鎮樟橋　自黃梅堰橋南流至此四里三分又南流四里至李碶渡入甬江即丈亭江下流

枝流　汶溪

余家嶺　汶溪自此發源東南流至黃沙閘七里六分

汶溪市　自黃沙閘東流至此二里

螄蟶橋　自汶溪市東少南流至此四里五分又東南流二里四分至黃楊橋東入東大

河（即後江上流）

枝流管山浦

洞橋　管山浦自夾田橋分後江之水曲曲南流至此七里七分又曲曲南少西流六里

至小西壩入甬江（即丈亭江下流）

枝流長溪

長溪嶺　長溪自此發源東南流至南將壇三里八分

浮上橋　自南將壇西南流至此二里八分（以下為皇橋浦）又西少南流九里至皇橋浦口入後

江

枝流白龍溪

五磊山　白龍溪自此發源南流至李村五里

清源橋　自李村西少南流至此三里八分

石步嶺　自清源橋西南流至此六里八分

三七市　自石步廟南流過濴滙橋至此四里六分

東莊橋　自三七市南流折而東至此四里七分以下為吳澤浦又南少西流五里至吳澤浦口

入後江

洋浦

經流

湖閘　洋浦自此受白洋湖之水東北流至雙河閘一里有餘姚縣東横河水由雙河橋自西北來會之

虹橋　自雙河閘北流至此三里一分此段屬餘姚縣境

洋浦閘　自虹橋北少東流至此二里三分

振新橋　自洋浦閘北少西流至此三里

洋浦下閘　自振新橋北流至此十里七分

晏海塘閘　自洋浦下閘東北流至此四里

洋浦海口　自晏海塘閘東流折而東北至此十三里三分入海

淹浦

經流

張郎閘　淹浦自此受杜湖之水東北流折而東南又折而東北過護龍橋至荔塘橋七里九分

淹浦閘　自荔塘橋東少北流過施家橋至此二里七分

淹浦下閘　自淹浦閘東北流至此六里五分

淹浦海口　自淹浦下閘曲曲東北流至此十三里入海

松浦港

經流

東門閘　松浦港自此受杜湖之水東南流過迎禧橋至東埠頭市洞橋七里八分

三眼橋　自洞橋東南流折而東北越鎮海縣境至此十一里有鎮海縣山北大河自東來會之

松浦閘　自三眼橋北流至此二里六分

海閘橋　自松浦閘東北曲曲流至此五里

松浦海口　自海閘橋東北曲曲流至此十四里一分入海

藍溪

經流

大蛟山　藍溪自此發源西北曲曲流至俞村九里五分

夾波橋　自俞村北少西曲曲流至此十二里二分

界石橋前　自夾波橋北流至此三里八分與餘姚縣分界入餘姚縣境為官船浦

陸路道里記

東門又名瞻嶽門

幹路

聚賢亭　自東門外南行過夾田橋至此三里四分

横山　自聚賢亭南行過飲鳳橋至此三里九分自此西南行至南門幹路之灌浦渡計八里四分

大西壩渡　自横山南行過迴龍橋至此六里一分渡闊五十八丈與鄞縣分界

枝路

姜湖嶺　自聚賢亭東南行至此四里四分嶺高三丈七尺

横河斗村　自姜湖嶺東南行過謝家橋至此四里八分

楊徐市　自横河斗村東行折而南少西過德興橋又東南行至此七里七分

新渡　自楊徐市南少西行過南字橋又南行至此五里與鄞縣分界

枝路

球墅鎮　自橫山東南行過宣德橋至此三里八分

邵家渡　自球墅鎮東南行過雙橋又曲折南行至此七里四分渡闊四十二丈與鄞縣分界

南門又名拱壽門

幹路

吉慶橋　自南門外西南行至此一里五分東南通東門幹路之橫山計六里六分

灌浦市渡灌浦　自吉慶橋西南曲折行過聚源橋至此九里八分渡闊八十七丈

青木山東北　自灌浦渡渡江西南行至此三里一分此處與鄞縣分界

三果橋西义路　自青木山東北首西北行至此三里三分

馬車橋　自三果橋西义路西北行至此三里二分

竺隱庵　自馬車橋西北行曲曲過溪橋至此四里一分

黃墓渡　自竺隱庵西北行折而西至此五里九分

東澄橋東义路　自黃墓渡西北行過黃墓嶺嶺高五丈三尺至此三里二分

車廐渡　自東澄橋東义路西北行至此二里三分

杜姥橋　自車廐渡西少北行過東風橋至此八里强

六聿鎮界石橋　自杜姥橋西行過保國亭至此七里四分與紹興府餘姚縣分界

枝路

豬山渡　自灌浦渡西北行過晚橋至此四里八分渡闊五十三丈又西北行五里九分過洪陳渡至城山渡與西門幹路内自太平橋西南行之枝路合

枝路

陳毛村　自黄墓渡西南行過芝林嶺嶺高十六丈七尺至此十里六分

羅家嶺　自陳毛村西南行至此八里七分嶺高二十三丈

孔隩村　自羅家嶺西少南行過謝家嶺嶺高二十九丈至此六里七分

硤石嶺　自孔隩村南行折而東南至此四里九分嶺高二十七丈與鄞縣分界

枝路

施村　自車廐渡南少西行至此四里九分

朱村　自施村西南行折而西少北至此六里一分

姥嶺庵　自朱村西南行至此五里七分

硤石廟　自姥嶺庵西行至此四里七分

永安橋　自硤石廟西南行過馬家嶺（嶺高二丈三尺）至此七里七分

全家嶺　自永安橋西南行至此八里四分（嶺高三十七丈）與紹興府餘姚縣分界

枝路

夾波橋　自六埠鎮南少西行過波浪橋至此四里一分

上三女廟　自夾波橋西南行至此四里三分

楊梅村　自上三女廟西少南行折而西過陳村至此八里二分與紹興府餘姚縣分界

西門（又名萃寶門）

幹路

太平橋　自西門外西南行過橫碧橋至此二里三分

謳思橋市　自太平橋西少南行過謝墅橋又西少北行至此六里二分

羅江市　自謳思橋市西少北行過月鏡橋至此六里八分

西羅橋　自羅江市西北行至此一里六分（自此南少西行六里八分至黃墓渡過江入南門外幹路）

方村　自西羅橋西行過永豐橋至此十里四分

丈亭渡　自方村西北行至此五里五分渡闊四十九丈

郭姥橋　自丈亭渡過江西少南行至此六里一分

金鼇廟　自郭姥橋西行曲曲至此四里三分又南少西行四里七分至六埠鎮入南門

幹路

枝路

城山渡　自太平橋西南行過界牌橋至此七里八分渡闊五十一丈

洪村　自城山渡過江西南行越額角嶺嶺高八丈五尺至此六里二分

永年橋　自洪村西南曲曲行至此六里

石陳嶺　自永年橋西南行折而南過保安橋至此十一里一分嶺高十九丈五尺與鄞縣分界

枝路

赭山市　自太平橋南行過虹橋折而西至此七里九分又西南行折而南五里二分過赭山渡至三果橋西义路入南門幹路

枝路

楝木渡　自西羅橋西南行過餘慶橋至此七里二分渡闊四十二丈又渡江南行二里至東澄

橋東义路入南門幹路

小西門

幹路 路向西

上皇橋　自小西門外西少南行折而西北過廟山橋至此七里三分

雞鳴嶺東麓　自上皇橋西北行過六家橋至此六里二分

三七市　自雞鳴嶺東麓西北行過嶺 嶺高十一丈 至此八里一分

方村　自三七市西少南行過三板橋至此四里二分

漁溪市　自方村西北行折而西至此六里一分

沙橋　自漁溪市西北行過樓家橋至此四里八分

金山市　自沙橋西行過太平橋至此八里八分

桐下湖 嶴界　自金山市西行過徐盼橋至此四里四分與紹興府餘姚縣分界

枝路

魏家橋　自上皇橋曲曲西行過西雲山橋至此六里九分

下新橋　自魏家橋西行至此五里二分

富鑑橋　自下新橋西行過聚源橋又西少北行至此六里二分

丈亭鎮　自富鑑橋西行過新燈橋至此五里四分

廣福橋　自丈亭鎮北少西行過油車橋又西少北行至此五里五分

馬家橋　自廣福橋西少北行曲曲過陳公嶺至此七里五分又西北行七里四分過王村至桐下湖界橋入幹路

枝路

塔嶺　自雞鳴嶺東麓東北行至此十二里五分又東北行三里至關頭王村入向北幹路嶺高十七丈四尺

枝路

羅江渡　自雞鳴嶺東麓南少西行至此五里三分渡闊三十六丈

白蘆嶺　自羅江渡南行過江至此四里又東南行三里八分至城山渡與西門幹路内自太平橋西南行之枝路合

枝路

石步村　自三七市北少東行過白石廟又西北行至此五里

杜湖嶺　自石步村東北行至此四里四分

六畧廟　自杜湖嶺東北行至此七里五分又東北行六里五分至迎禧橋入向北幹路

枝路

祝家渡市　自三七市南行過堰子頭橋又西南行折而南至此七里七分又南行四里
至車廐渡過江入南門幹路

枝路

儀鳳橋　自漁溪市南行過范家嶺至此二里又南行二里二分至丈亭鎮與自上皇橋
起之枝路合

枝路

陳村　自漁溪市北行折而東北至此四里七分

方家岡　自陳村北行折而西北至此五里五分與紹興府餘姚縣分界

枝路

澄溪嶺　自沙橋北行至此四里四分嶺高九丈八尺與紹興府餘姚縣分界

枝路

郭姥渡　自沙橋南行過滙龍橋至此五里二分渡闊三十四丈

李村　自郭姥渡過江南少西行至此二里三分又西南行六里五分至六埠鎮入南門

幹路

幹路北向

西懸嶺　自小西門外北行折而西北至此二里一分嶺高二十一丈

崇福寺西　自西懸嶺北行過孔家嶺嶺高五丈三尺至此六里三分

長溪嶺　自崇福寺西首西北行折而東北過南將壇又西北行折而北少東至此七里五分嶺高三十五丈

關頭王村　自長溪嶺北少東行至此三里九分

東埠頭市　自關頭王村東北行至此四里六分

竹山嶺　自東埠頭市曲曲西北行至此五里三分嶺高三丈

迎禧橋　自竹山嶺東北行折而西北至此二里一分

鳴鶴場市　自迎禧橋曲曲西北行至此四里三分

古馮橋　自鳴鶴場市西北行折而北少東至此五里四分

洋浦閘　自古馮橋北行折而西至此二里二分與紹興府餘姚縣分界

枝路

慶安橋　自東埠頭市東北行過黄家浦橋又東行至此七里五分（東北通松浦閘計一里與鎮海縣分界）

掌起橋市　自慶安橋西北行過松浦司城西首至此二里九分

施家橋　自掌起橋市西北行曲曲至此八里一分

沇師橋市　自施家橋北行至此四里三分

觀海衛城東門　自沇師橋市北行過渭南橋又西行至此六里五分（城周五里二分共四門）

振新橋　自觀海衛城東門西行穿城又西行折而西南曲曲至此九里與紹興府餘姚縣分界

枝路

葉村　自鳴鶴場市東北曲折行至此三里二分

雙全橋　自葉村東北行至此五里一分

觀海衛城南門　自雙全橋東北曲曲行至此二里三分

海晏廟　自觀海衛城南門北行穿城又西北行折而北少東至此九里二分（以下海塘）

洋浦下閘　自海晏廟西少北行至此六里二分與紹興府餘姚縣分界

小北門

幹路

五婆湖南　自小北門外北少西行過石刺嶺嶺高三十五丈至此七里三分又西行二里七分

至崇福寺西入小西門向北幹路

北門又名拱辰門

幹路

東懸嶺　自北門外東北行至此四里弱嶺高九丈五尺

黃沙閘　自東懸嶺東南行至此四里七分

汶溪市　自黃沙閘東行至此一里八分

蠏蟶橋　自汶溪市東南行至此四里

黃楊橋　自蠏蟶橋東南行至此二里二分

長石橋市　自黃楊橋東少南行至此二里

駱駝橋鎮　自長石橋市東少南行過福慶橋至此六里七分

借邑港橋　自駱駝橋鎮東少南行至此三里四分與鎮海縣分界

枝路

吳社橋　自黃沙閘南行過蒸湖嶺（嶺高六丈三尺）至此六里三分又東南曲曲行四里三分至洪塘市入小東門幹路

枝路

杜郭村　自蠏蟶橋北行過子貢橋至此四里三分

十字路村　自杜郭村東北行折而西北至此八里一分

小桃花嶺　自十字路村西北行至此九里三分（嶺高三十七丈）與鎮海縣分界

瑯家坪村　自杜郭村西北行至此四里三分

夾嶴嶺　自瑯家坪村西北行過墓嶺至此八里六分與鎮海縣分界

枝路

西經堂　自長石橋市東北行過西四閘橋至此三里七分

馬家橋　自西經堂北行折而東北至此四里三分

河頭市　自馬家橋北行至此三里七分

雁門嶺　自河頭市東北行至此三里二分與鎮海縣分界

枝路

更樓橋　自長石橋市南少西行過跨塘橋又東南行至此四里六分又南行七里五分至樟橋鎮入小東門幹路

小東門

幹路

白龍王堂　自小東門外南行過姜官嶺嶺高五丈二尺又東少南行至此四里二分

官莊橋　自白龍王堂東南曲折行至此三里自此南少西行至東門枝路之球墅鎮計七里七分

洪塘市　自官莊橋東南行至此六里一分

上邵村　自洪塘市東行折而東南至此三里八分

樟橋鎮　自上邵村東南行過永春橋至此五里三分

慈鎮橋　自樟橋鎮曲曲東南行過妙應橋至此五里六分強與鎮海縣分界

枝路

留車橋市　自白龍王堂東行曲曲過蒜湖橋至此七里二分又曲曲東行折而北至黃

楊橋入北門幹路

枝路

費家市　自洪塘市東少北行曲曲過永豐橋至此八里

利見橋東　自費家市東行過更樓橋至此七里三分與鎮海縣分界

枝路

李碶渡　自樟橋鎮南行過李家橋至此三里八分與鄞縣分界

奉化縣圖

拼圖式

右	中	左
右下	中下	

奉化縣五里方圖左

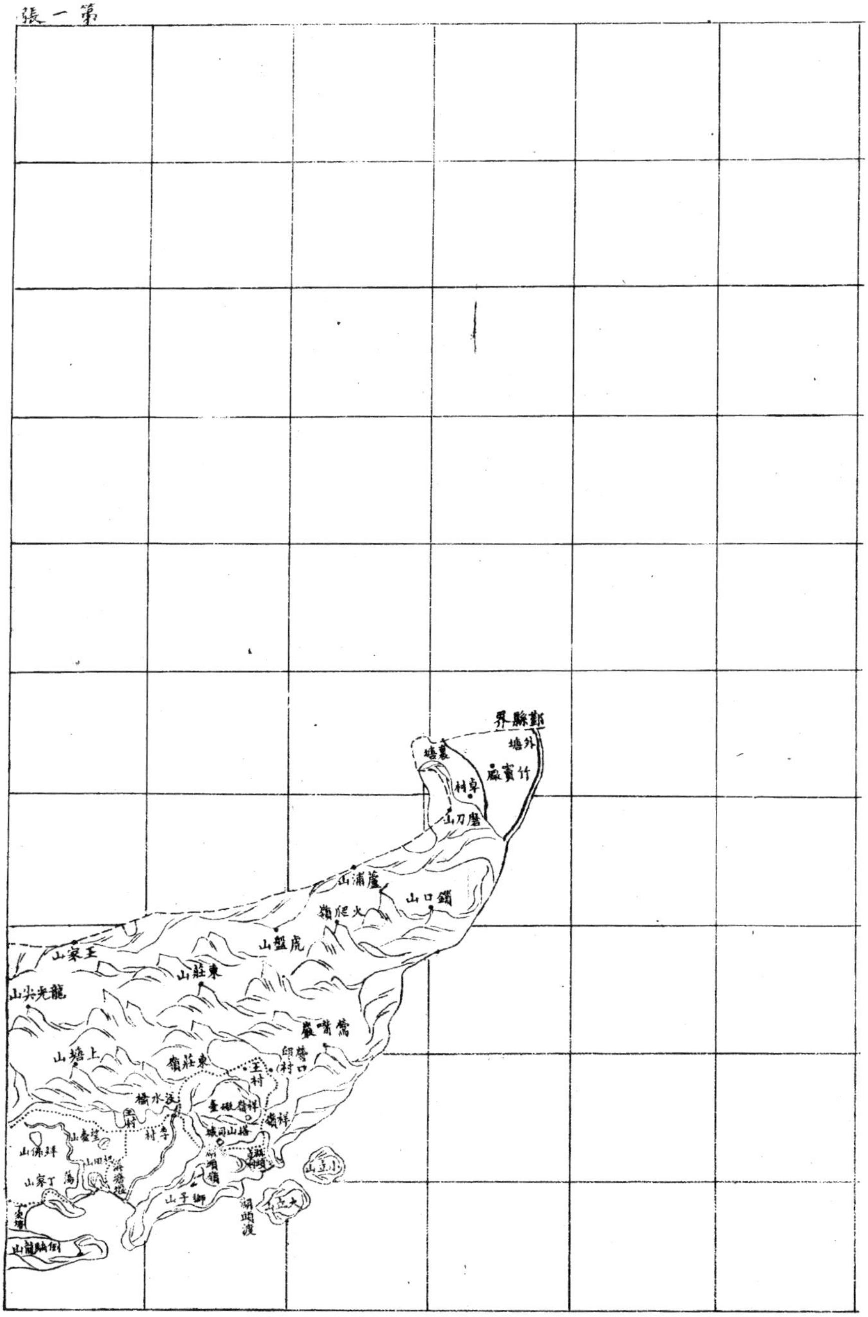
第一張
鄞縣界
外塘
裏塘
竹實廠
阜村
磨刀山
蘆浦山
火爬嶺
虎盤山
王家山
東莊山
龍光尖山
鷲嘴巖
上塘山
東莊嶺
王村
李村
塔山司城
小立山
大立山
鄉子山
湖頭渡
丁家山
倒騎龍山

奉化縣五里方圖中

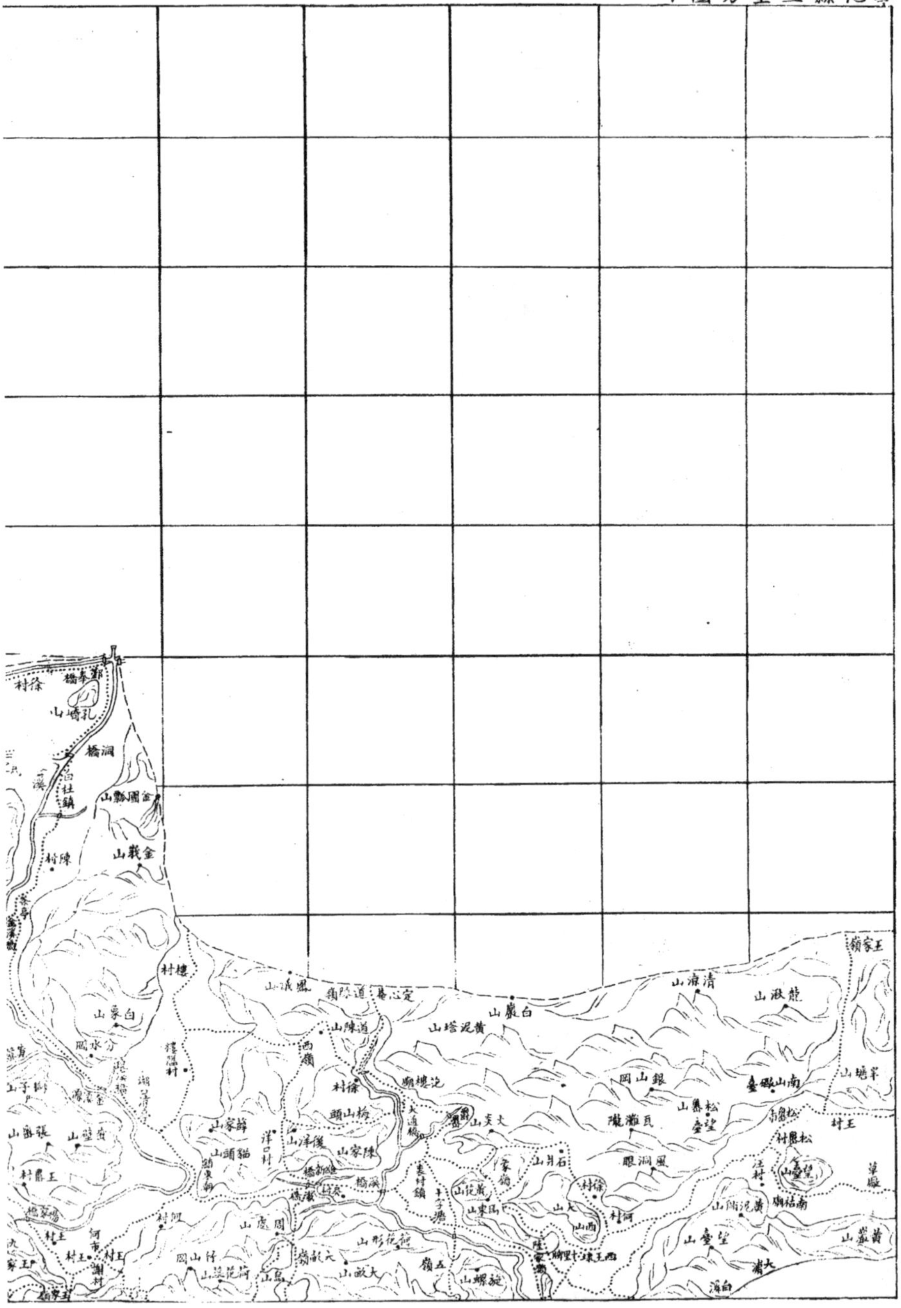

第二張

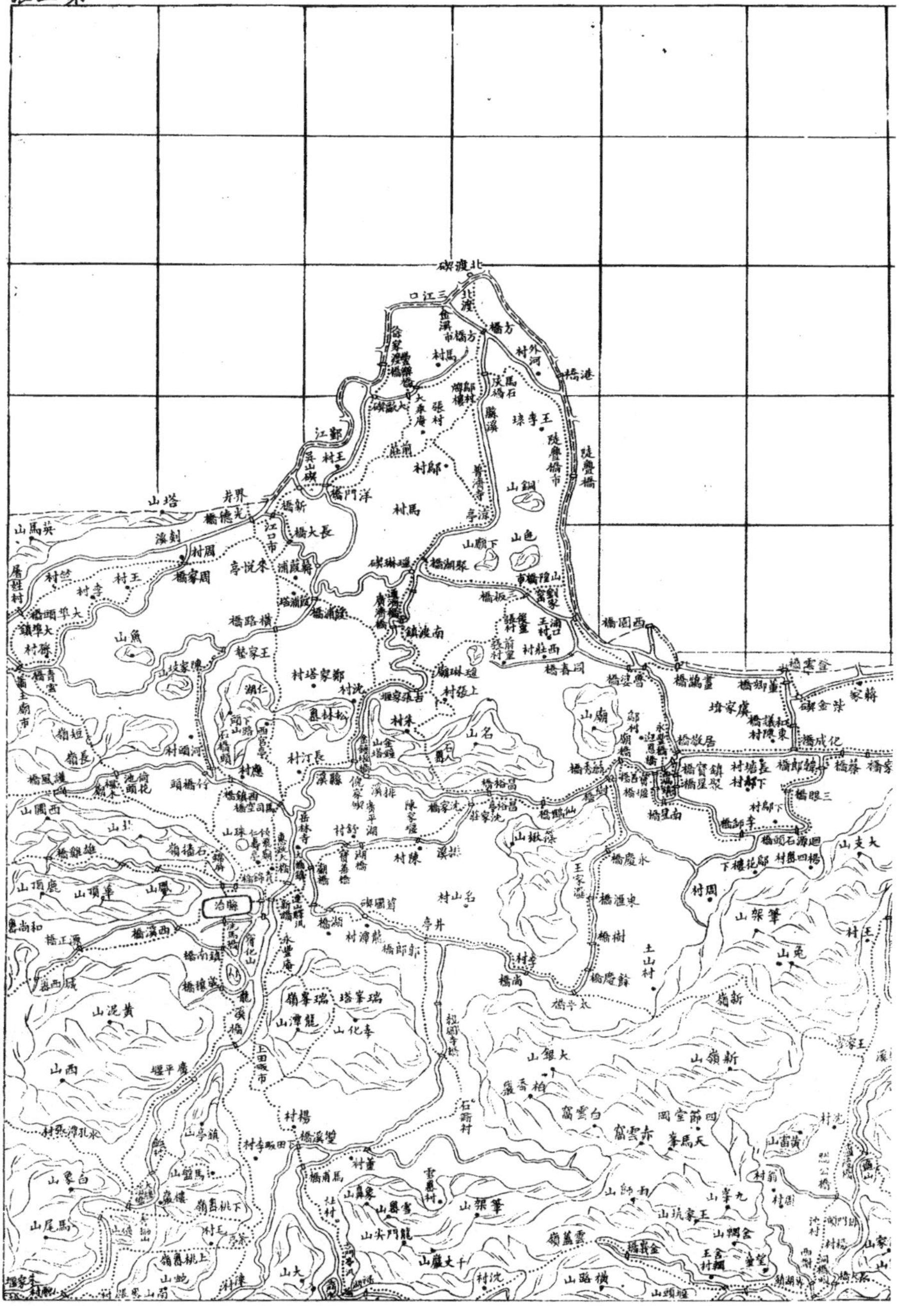

奉化縣五里方圖右

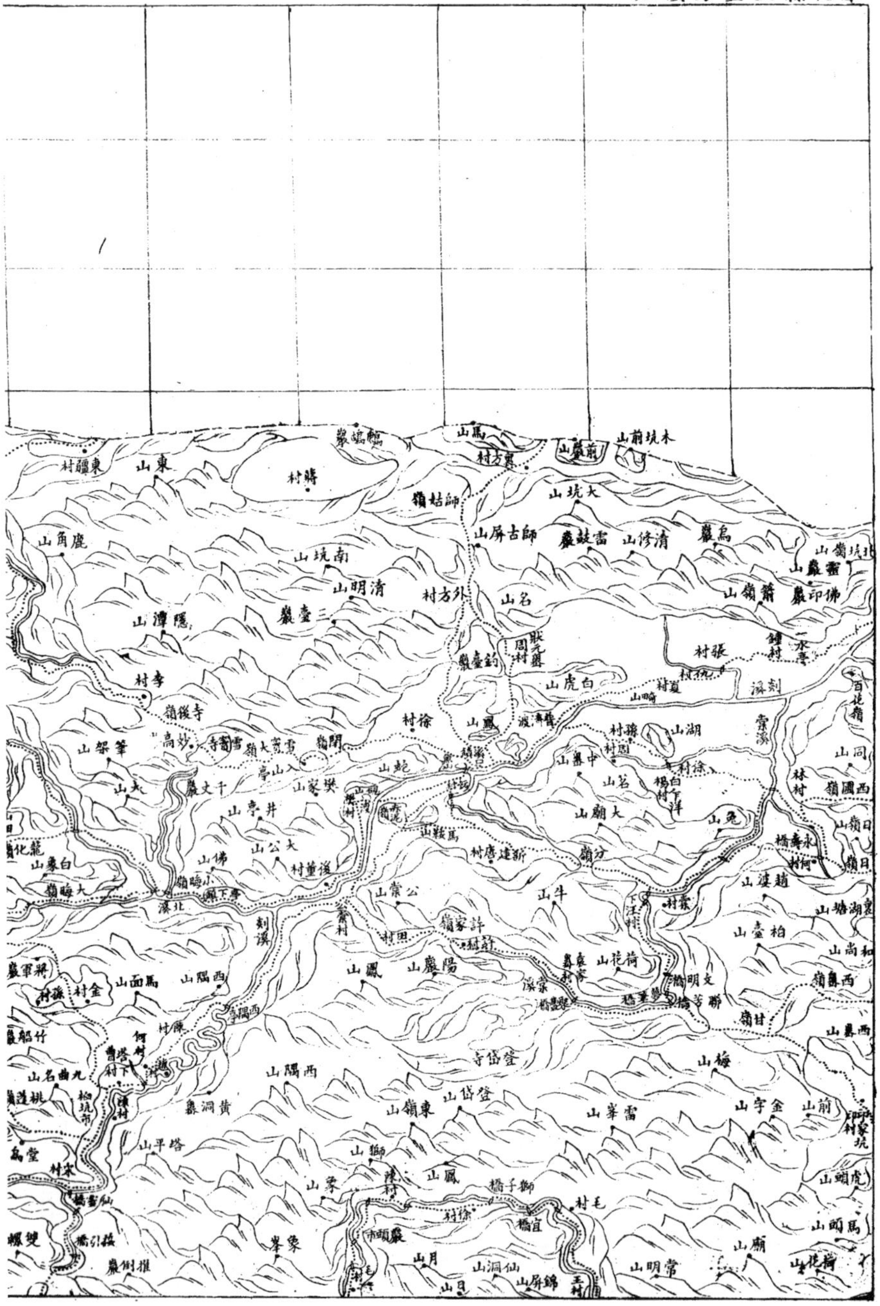
東山
鹿角山
南坑山
清明山
隱潭山
三臺巖
李村
筆架山
大坑山
師古屏山
雷鼓巖
清修山
白虎山
張村
徐村
剡溪
大廟山
登岱寺
黃洞巖
東嶺山
雷峯山
金宇山
常明山
錦屏山
仙洞山

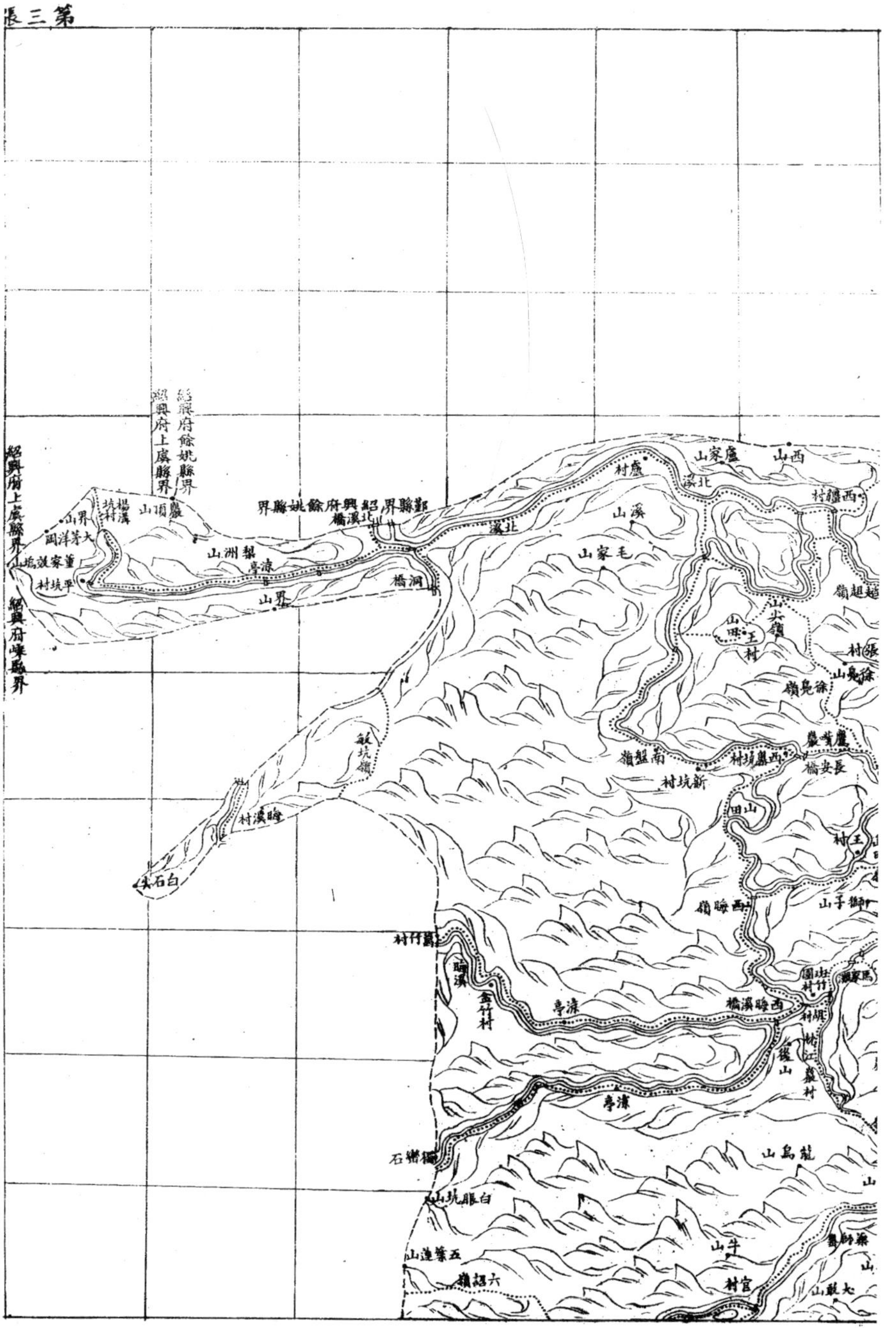
第三張
紹興府上虞縣界
紹興府嵊縣界
紹興府餘姚縣界
鄞縣界
西山
盧家山
北溪
盧村
溪山
毛家山
洞橋
界山
梨洲山
白石頭
新坑村
長安橋
西嶴坑村
西嶺
西嶴溪橋
澽亭
龍烏山
牛山
官村
白服坑山
五峯蓮山
六詔嶺

奉化縣五里方圖中

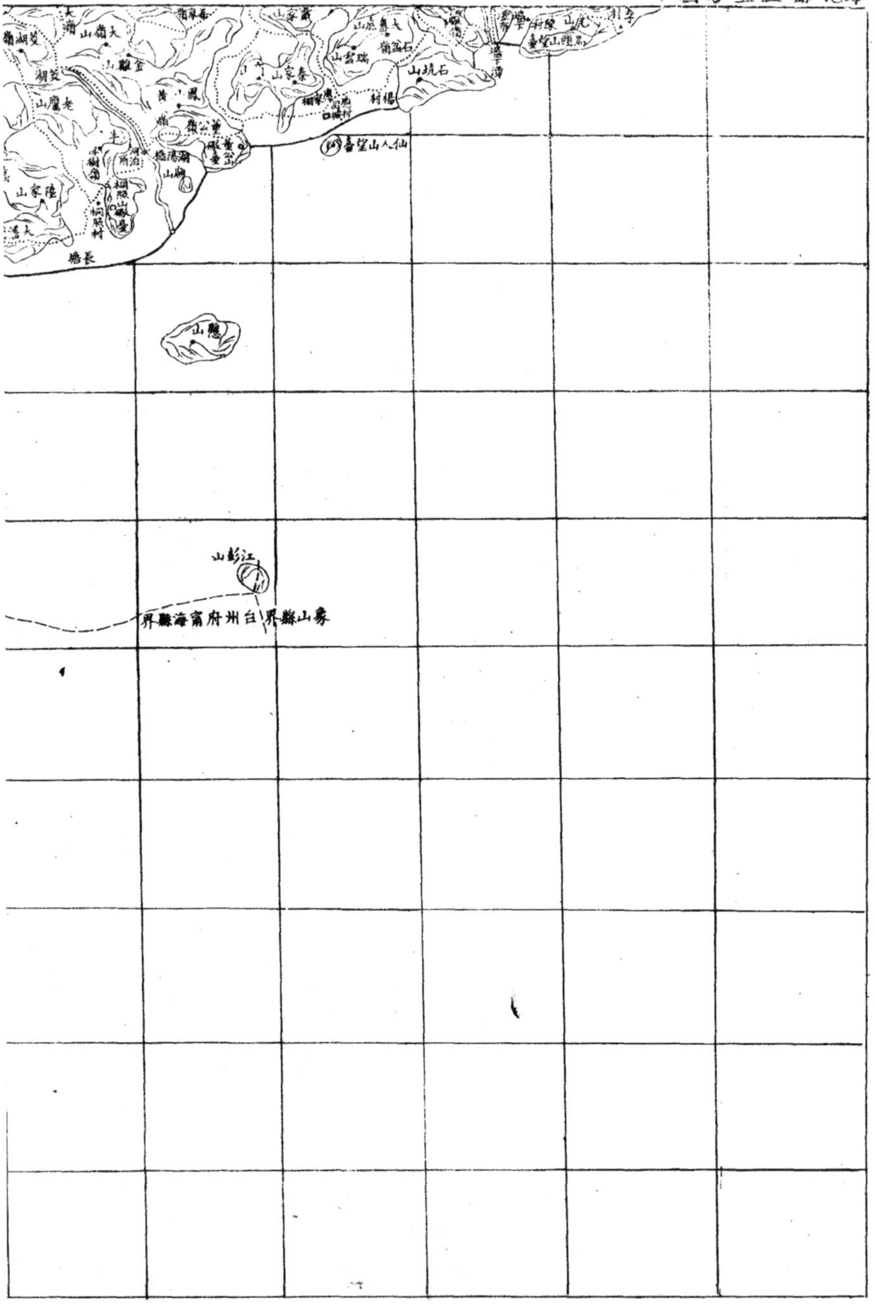

寧波歷代專志選刊（一）

第四張

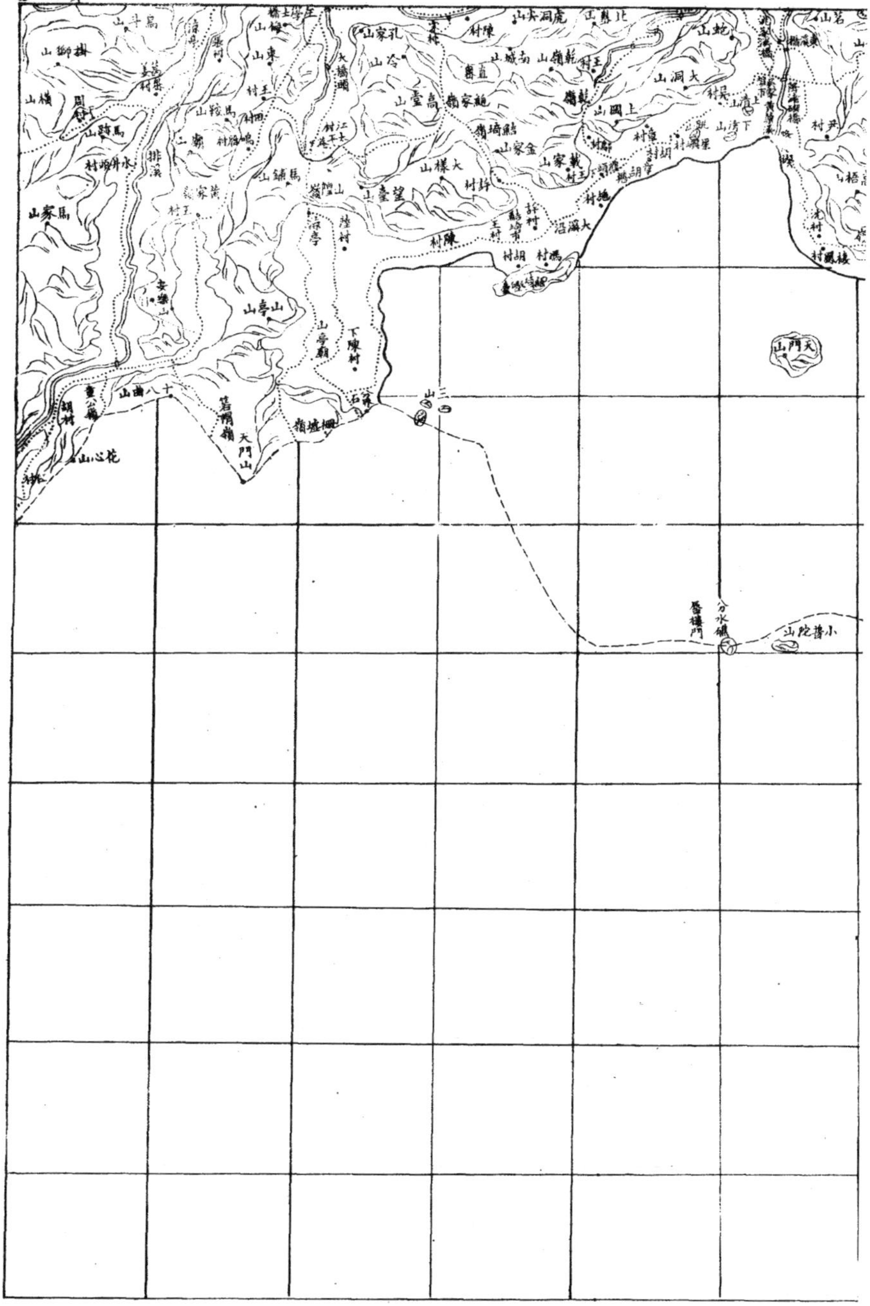

奉化縣五里方圖右下

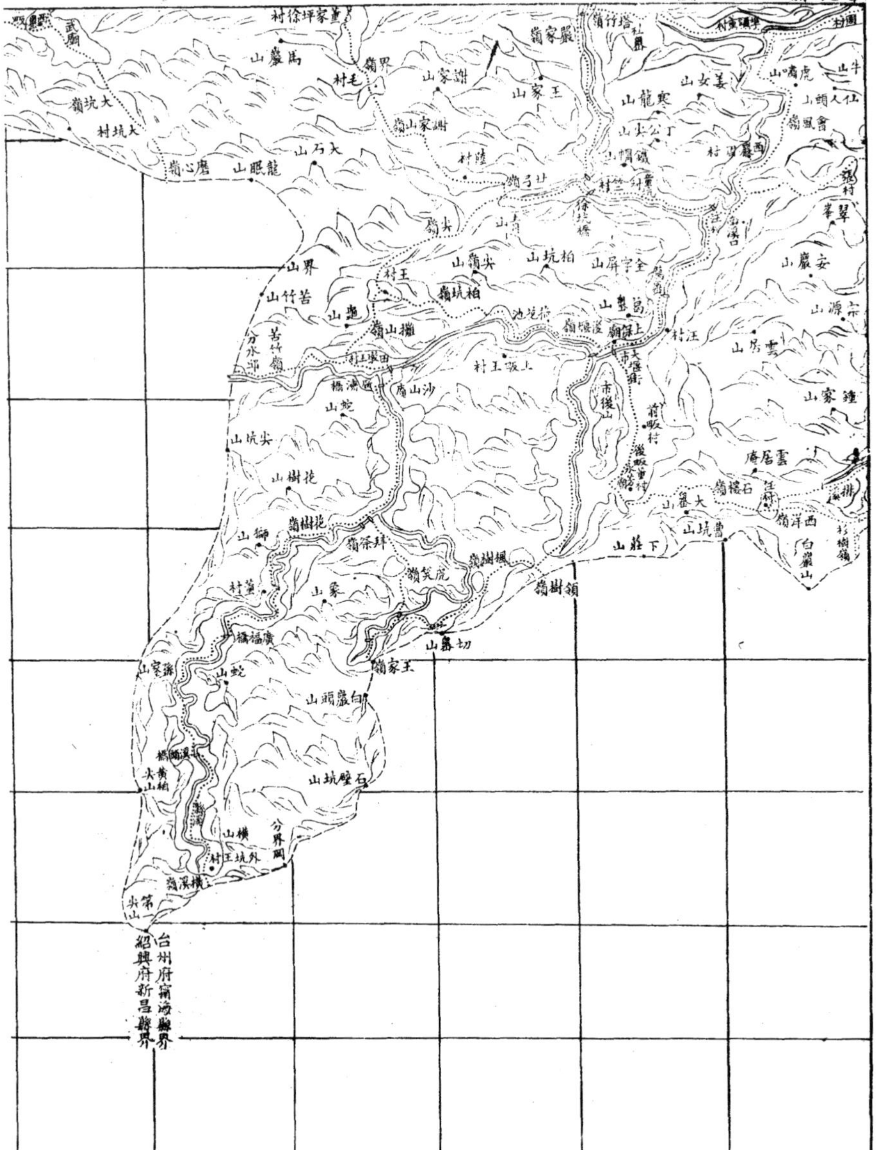

第五張

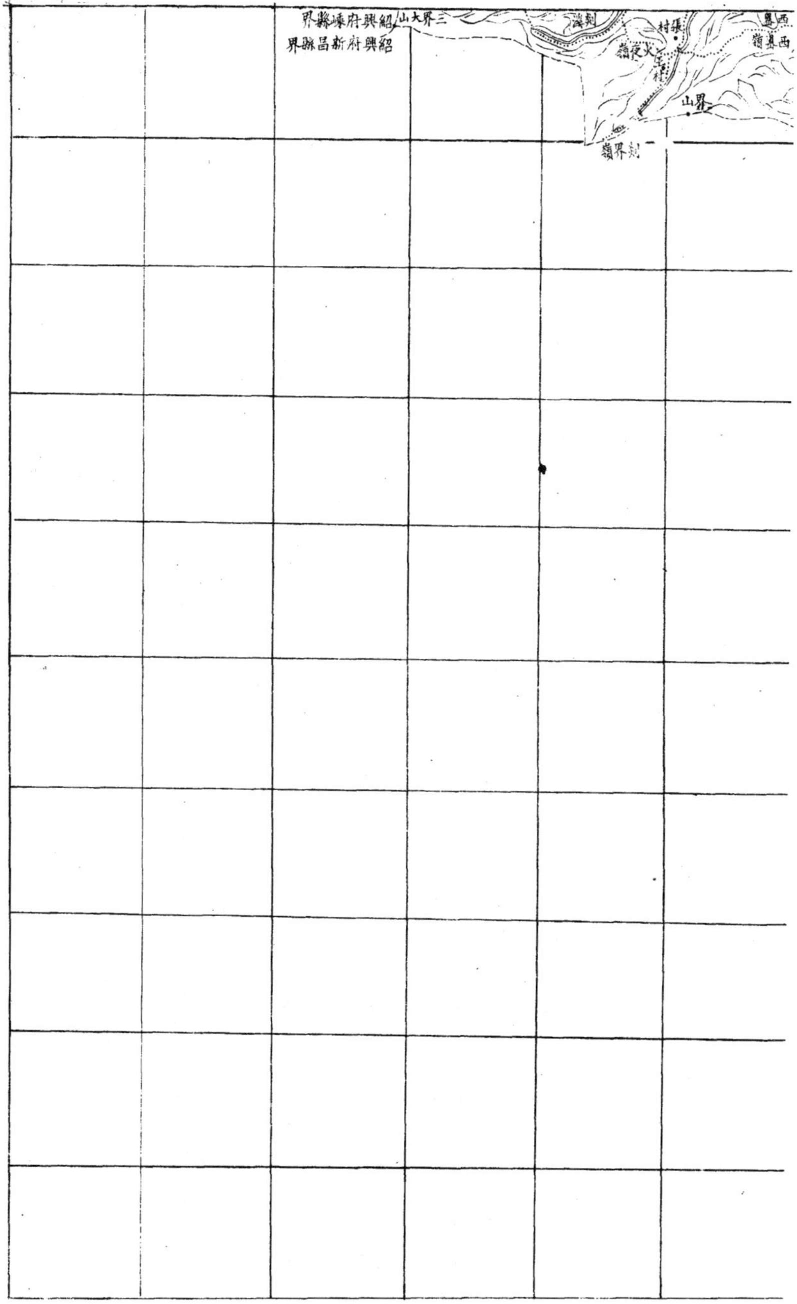

奉化縣沿革

禹貢揚州之域春秋越鄞地戰國屬楚秦置鄞縣屬會稽郡
漢陽朔元年為東部都尉治後漢以下因之隋開皇九年平
陳省入句章縣唐初為鄮縣地開元二十六年析置奉化縣
屬明州五代因之宋紹興五年屬慶元府元至元十四年屬
慶元路元貞元年升奉化州仍屬慶元路至正二十七年屬
明州府明洪武二年降為縣十四年屬甯波府
國朝因之

寗波府奉化縣

水路道里記

奉化江一名剡溪

經流

六詔嶺　奉化江自此發源東北曲曲流至藥師嶴十里五分

柏坑市　自藥師嶴東流折而西北又折而北少東至此八里五分

趙村　自柏坑市東北曲曲流至此四里五分

大公山南麓　自趙村東北曲曲流至此十里五分有北溪自西北來會之見後

樊村渡　自大公山南麓東少北流折而北至此六里水深三尺面闊十三丈

溪口鎮　自樊村渡東少北流至此四里五分

普濟渡　自溪口鎮東北流至此四里

同山西北麓　自普濟渡東北流折而東至此十一里水深二尺面闊十二丈有棠溪自西南來會之見後

大埠鎮　自同山西北麓東北流至此四里五分

江口市北　自大埠鎮東流至此十里江口市北迤東北與鄞縣分水為鄞江以下皆同

徐家渡橋　自江口市北口東北曲折流至此七里七分

三江口　自徐家渡橋北流折而東至此六里有金溪自東南來會之見後

北渡　自三江口東北流至此二里水深一丈八尺面闊三十五丈與鄞縣分界

枝流　北溪

北溪橋　北溪自鄞縣四明山發源西注紹興府餘姚縣境成溪南流至此入境又南流折而東少北至盧村十二里

西山南麓　自盧村東少南曲曲流至此七里

山尖嶺北麓　自西山南麓曲曲南流折而西至此六里

南盤嶺脚　自山尖嶺北麓西北流折而西南至此十五里

西嶴坑村　自南盤嶺脚東少南曲曲流至此七里

西晦嶺脚　自西嶴坑村南少西曲曲流至此八里

胡村　自西晦嶺脚南少東曲曲流至此六里有晦溪自西來注之

大晦嶺脚　自胡村東北曲曲流至此五里五分

亭下鎮　自大晦嶺脚東流至此八里又曲曲東流四里至大公山南麓入奉化江

枝流棠溪

許家嶺　棠溪自此發源東少南流至夢筆橋八里

棠村　自夢筆橋曲折北流至此六里又東北流十二里至同山西北麓入奉化江

枝流金溪

仇家山　金溪自此發源東北流折而西北至鄉溪橋前十一里

獅子山北　自鄉溪橋前西北流至此二里分一支西南流為黃蘗溪見後

金溪橋　自獅子山北首西北流折而北至此五里五分

白杜鎮北洞橋　自金溪橋北少東流至此七里分一支北流為鄞奉橋水見後

化成橋前　自洞橋西流至此六里

居敬橋　自化成橋前西流至此四里有排溪分出之水自西南來注之

山隍橋市　自居敬橋西北流至此七里五分山隍橋市東南首進北與鄞縣分水以下至外河村南皆同

陡亹橋市　自山隍橋市北流至此五里

外河村南　自陡亹橋市北流至此三里四分

方橋市　自外河村南首西北流至此三里六分有縣溪自南來會之見後又西北流一里五分至三

江口入鄞江即奉化江下流

枝流黄蘗溪

盧陵橋　黄蘗溪自獅子山北分金溪之水西南曲曲流至此五里五分

蕁湖鎮　自盧陵橋南少西曲曲流至此八里

吳家埠市　自蕁湖鎮南少西流至此三里一分

降渚碶　自吳家埠市南流至此二里九分入海

枝流鄞奉橋水

鄞奉橋前　鄞奉橋水自洞橋口分金溪之水北少東流至此六里與鄞縣分界

枝流縣溪

橫溪嶺　縣溪自此發源北流曲曲至溪頭橋五里五分

廣福橋　自溪頭橋東北曲曲流至此七里

拜祭嶺脚　自廣福橋東北曲曲流過花樹嶺麓至此九里

田墩王村　自拜祭嶺脚北流至此六里四分

上畈王村　自田墩王村東北流折而南至此六里

大堰街市　自上畈王村東少南流至此五里

汪村　自大堰街市東北流至此七里五分

埠頭董村　自汪村東北曲曲流至此九里二分

朱家堰　自埠頭董村東少北流至此五里八分

大堰溪橋　自朱家堰東北曲折流至此十一里

廣平堰　自大堰溪橋東北流至此七里

新橋　自廣平堰北少東流至此八里

大橋鎮　自新橋東北流至此一里四分

岳林寺北　自大橋鎮北流至此四里五分分一支西北流至江口市入奉化江

金鐘墩橋　自岳林寺北首東北曲曲流至此四里有排溪自東南來會之見後

南渡鎮　自金鐘墩橋北少東曲折流至此八里

聚潮橋　自南渡鎮北少東流至此三里又東北流折而北十一里五分至方橋市入金

溪

枝流　排溪

杉樹嶺　排溪自此發源東北流至童公嶺脚七里五分

水井頭村　自童公嶺脚北流至此八里

陳村　自水井頭村東北流至此八里

董村　自陳村北少東流過雙溪橋又東流至此九里以下又名雙溪

報國寺橋　自董村東北流至此六里

井亭前　自報國寺橋北流至此六里分一支東流由西隖鎮至居敬橋入金溪

寶善橋　自井亭前西北流過湖橋又北流折而東至此九里

沈家橋　自寶善橋東流過陳家堰又東流折而東北至此六里又西北流五里過倪家碶至金鐘壕橋入縣溪

陸路道里記

東門又名迎恩門

幹路

大橋鎮　自東門外東北行過新橋至此一里四分

昌裕亭　自大橋鎮東北行至此八里三分

毓秀橋　自昌裕亭東少北行至此五里三分

西塢鎮居敬橋　自毓秀橋東北行折而東南又折而東北至此二里八分

化成橋　自居敬橋東行至此四里

洞橋　自化成橋東行至此六里

鄞奉橋　自洞橋北少東行至此五里二分與鄞縣分界

枝路

上田畈市　自東門外新橋南少西行過龍潭山麓至此七里

馬甫橋　自上田畈市南少東行至此四里八分

方門市　自馬甫橋南少東行至此五里六分

山隍嶺麓　自方門市西行折而南至此六里三分嶺高五丈六尺

柵墟嶺　自山隍嶺麓曲曲南少西行至此十一里五分嶺高二十五丈與台州府寧海縣分界

報國寺橋　自馬甫橋東北行折而北至此八里一分又北行五里二分至郭郎橋與自

大橋鎮東南行之枝路合

雲蓋嶺　自方門市東南行折而東北過沈村至此九里三分嶺高二十丈

金莪橋　自雲蓋嶺東南行至此二里三分又東南行七里强至吴家埠市與自大橋鎮東南行之枝路合

枝路

郭郎橋　自大橋鎮東南行至此五里五分

太平橋　自郭郎橋東南行至此五里九分自此北少東行至幹路之獅耆橋計十里三分

王家塾　自太平橋東南行折而東北過新嶺嶺高七十九丈又東南行至此十二里一分

金溪橋東　自王家塾北少東行至此六里五分

湖口涼亭　自金溪橋東首南少東行過琅溪橋又東南行至此十一里

戴橋　自湖口涼亭東南行過鎮東廟又東行至此六里九分

裘村鎮　自戴橋東行過溪橋又東北行至此四里九分

徐村　自裘村鎮東北行折而西北至此六里二分

道陳嶺　自徐村東北行折而西北至此三里一分嶺高十七丈八尺　與鄞縣分界

蓴湖鎮　自王家塾南少西行過閻公橋至此九里八分

吴家埠市　自蓴湖鎮南少西行至此三里三分

大溪沿　自吳家埠市西南行至此十里一分

陳村　自大溪沿西行過結埼市至此五里四分

分界石　自陳村西行折而南少西至此十里五分與台州府甯海縣分界

白杜鎮　自金溪橋東首北少東行至此五里一分又北少東行一里七分至洞橋入幹路

十里牌　自裘村鎮東南曲曲行過象嶺嶺高五丈至此七里一分

松嶴市　自十里牌東北行至此七里五分

望臺山北　自松嶴市東行至此九里八分

塔山司城　自望臺山北麓東行折而東南至此五里

湖頭卓村　自塔山司城東行折而南至此一里三分至海濱

枝路

馬司空橋　自大橋鎮西北行折而北至此四里五分

沈村　自馬司空橋東北曲折行至此六里八分

南渡鎮　自沈村北少東行至此二里七分

三义路涼亭　自南渡鎮北少東行過進林碶又東北行至此五里

馬石灰橋　自三义路涼亭北行至此六里

北渡　自馬石灰橋北行至此三里與鄞縣分界

横路橋　自馬司空橋北行至此七里七分

江口市　自横路橋北少西行至此四里八分

光德橋北堺　自江口市北行至此一里四分與鄞縣分界

枝路

魯婆橋　自居敬橋北少西行至此三里五分

山隍橋市　自魯婆橋西北行至此五里

陡亹橋市　自山隍橋市北行至此五里五分又西北行六里二分至馬石灰橋與自大橋鎮西北行之枝路合

南門又名貞明門

幹路

龍溪橋西　自南門外南行至此五里三分

下田畈李村　自龍溪橋西首東南行過上田畈市又西南行折而南少東至此六里一分

葛嶴姜村　自下田畈李村南行折而西南至此十里六分

童公嶺　自葛嶴姜村南行至此十五里一分嶺高二十四丈與台州府甯海縣分界

枝路

大堰溪橋　自龍溪橋西首西南行至此八里八分强西北通西門幹路之甘嶺計十一里八分

朱家堰　自大堰溪橋西南曲曲行至此五里三分

虎嘯山麓　自朱家堰西少南行至此四里八分

南溪口汪村　自虎嘯山麓西少南曲折行過會鳳嶺嶺高二十三丈至此九里七分

犬堰街市　自南溪口汪村南少西行至此七里九分

荷花池　自大堰街市西少北行過後堰嶺嶺高六丈五尺至此五里一分

王村　自荷花池西少北曲曲行過柏坑嶺嶺高十七丈至此五里二分

田墩王村　自王村西南行過攤山嶺嶺高十丈又東行至此四里三分

拜祭嶺腳　自田墩王村南行至此八里二分

廣福橋　自拜祭嶺腳西南曲曲行過花樹嶺嶺高十三丈至此十一里三分

横溪嶺　自廣福橋曲曲南行至此十三里四分嶺高六十丈與台州府甯海縣分界

西門又名順成門

幹路

城西畚　自西門外西南行至此七里四分

甘嶺　自城西畚西行過西畚嶺又西南行至此六里二分嶺高五十丈

聯芳橋　自甘嶺西少北行至此四里

下汪村　自聯芳橋北行至此五里四分

新建唐村　自下汪村西北行至此五里九分

公棠村　自新建唐村西南行至此七里六分

西隅亭　自公棠村西南行至此六里五分

趙村　自西隅亭西南行至此四里

柏坑市　自趙村西南行至此四里

仙靈橋　自柏坑市西南行折而東南又折而西至此三里八分

官村　自仙靈橋西行折而西南至此八里八分

六詔嶺　自官村西少南行折而西北至此八里一分十丈嶺高八

三界大山北　自六詔嶺西行至此五里一分與紹興府嵊縣分界

枝路

西嶴畈　自仙靈橋南行過接引橋又西南行至此六里四分

磨心嶺　自西嶴畈東南行至此八里九分與紹興府新昌縣分界

北門又名起鳳門

幹路

荷花池頭　自北門外東北行折而西北至此六里五分

青雲橋　自荷花池頭西北行過長短二嶺至此七里四分

大埠鎮　自青雲橋北行至此二里四分

鍾村　自大埠鎮西南行至此六里三分

普濟渡　自鍾村西少南行至此六里三分渡闊十丈

溪口鎮　自普濟渡西南行至此二里八分

入山亭　自溪口鎮西北行過徐村又西少南行至此八里六分

寺後嶺　自入山亭西行過雪竇大嶺（嶺高七十八丈）又西北行至此六里四分（嶺高四十三丈）

趨趄嶺　自寺後嶺西北曲折行至此十里强（嶺高一百丈）

盧家山前　自趨趄嶺西北行至此十里七分

盧村　自盧家山前西北行至此三里

北溪橋　自盧村西南行折而北至此十里四分與紹興府餘姚縣分界

枝路

日嶺　自北門外西少北行至此八里九分又西少北行折而西南八里四分至下汪村

入西門幹路

枝路

林村　自荷花池頭西行過西圖嶺（嶺高二十丈）至此七里二分

孫村　自林村南行折而西北至此八里五分又西北行二里至普濟渡入幹路

枝路

周家橋　自大埠鎮東少北行至此六里六分又東少北行三里二分至江口市與東門

幹路内自大橋鎮西北行之枝路合

枝路

後董村　自溪口鎮西少南行過樊村渡又南行至此八里五分

亭下鎮　自後董村西行至此五里五分

胡村　自亭下鎮西行過大晦嶺嶺高二十七丈三尺又西南行至此十里九分

金竹村　自胡村西行過涼亭又西北行至此十二里四分

葛竹村　自金竹村西北行折而西南至此二里八分與紹興府嵊縣分界

枝路

南盤嶺　自盧家山前南少西行折而東南至此十二里三分嶺高二十五丈

西𧯸坑村　自南盤嶺東南行折而東少北至此六里一分

西晦嶺頂　自西𧯸坑村西南行折而南少東曲曲至此八里一分嶺高二十二丈又南少東曲曲行五里四分至胡村與自溪口鎮起之枝路合

鎮海縣圖

拼圖式

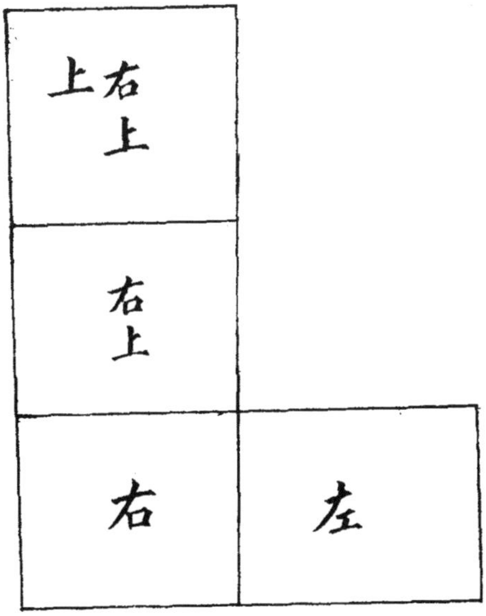

鎮海縣五里方圖右上上

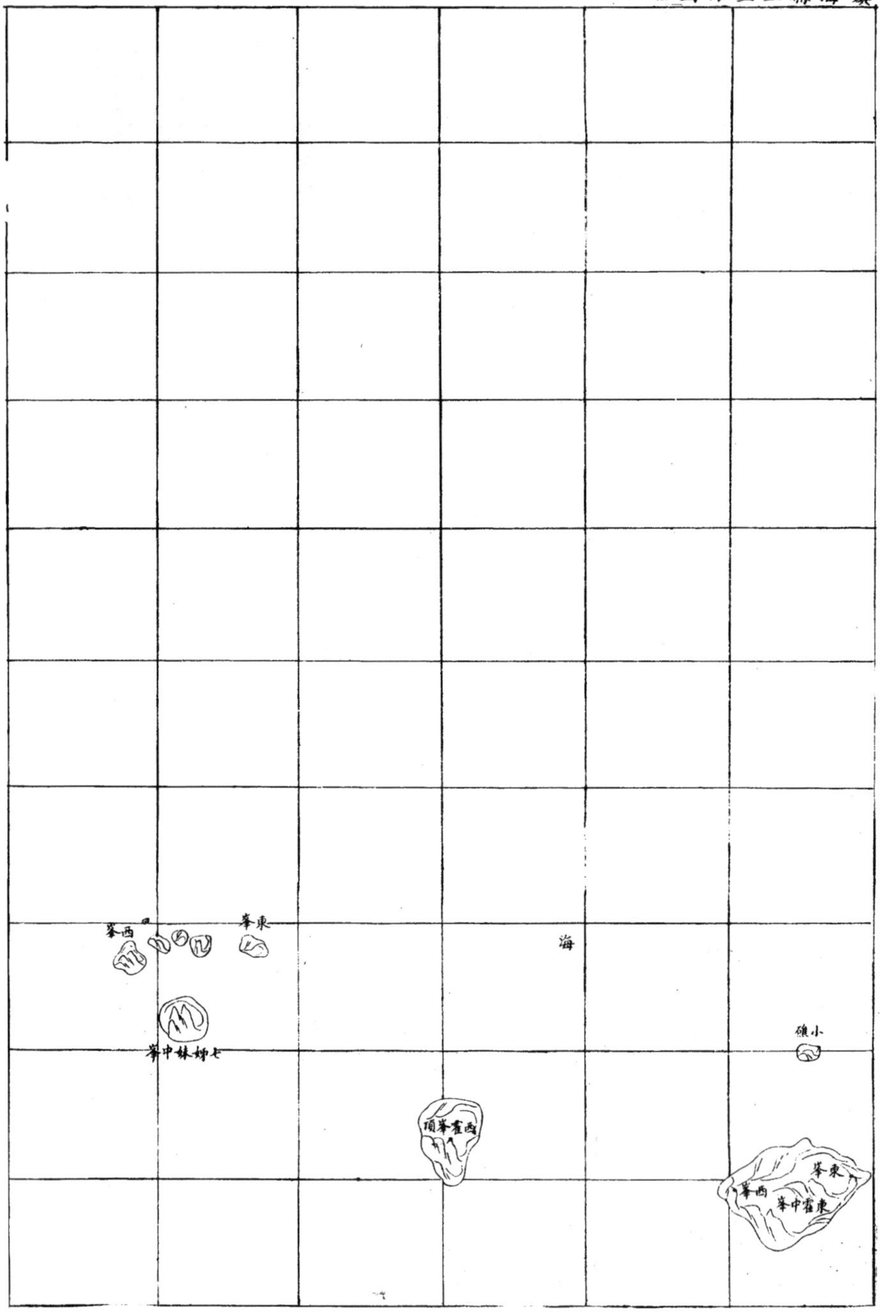
西峯
東峯
七姊妹中峯
海
小礁
西霍峯頂
東峯
西峯
東霍中峯

第一張

鎮海縣五里方圖右上

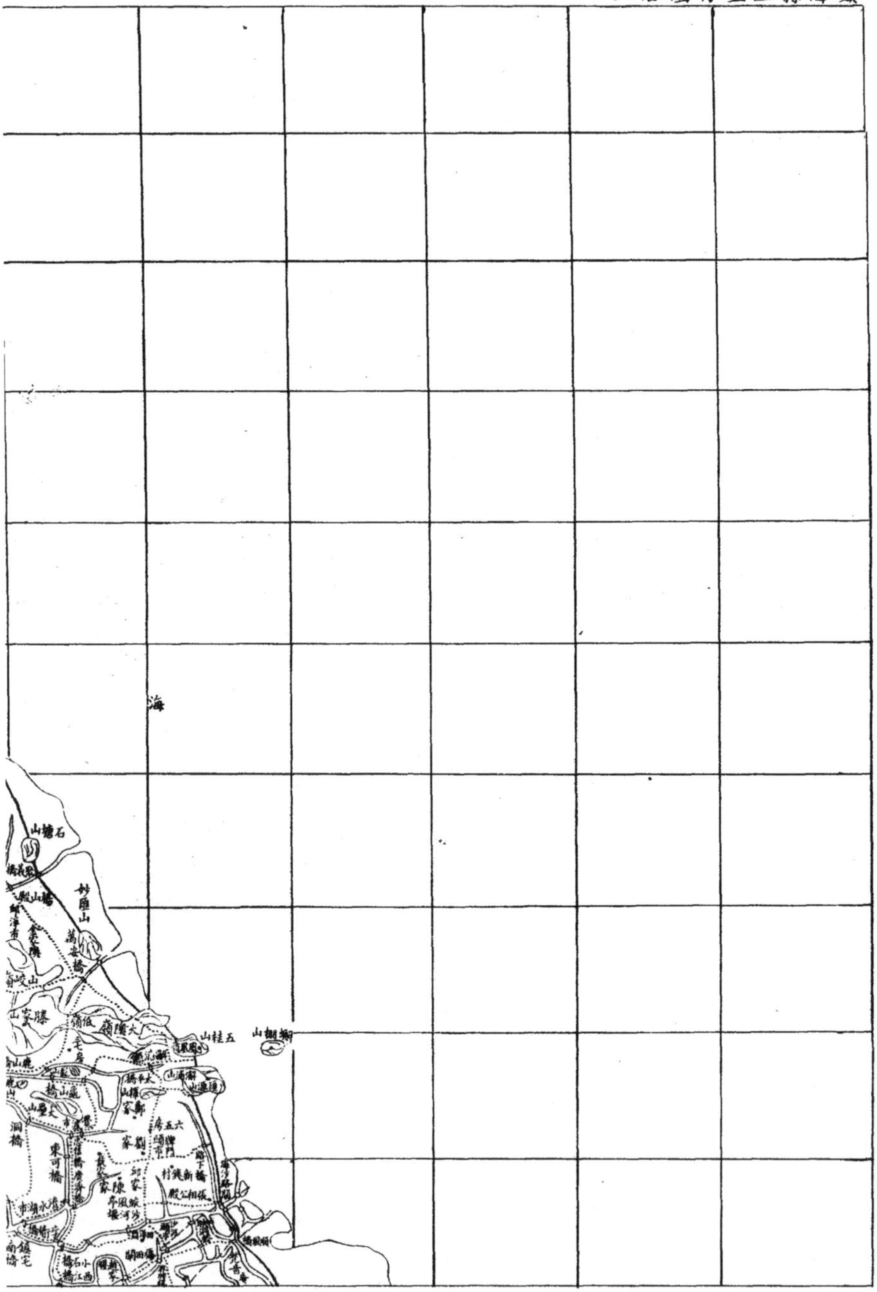

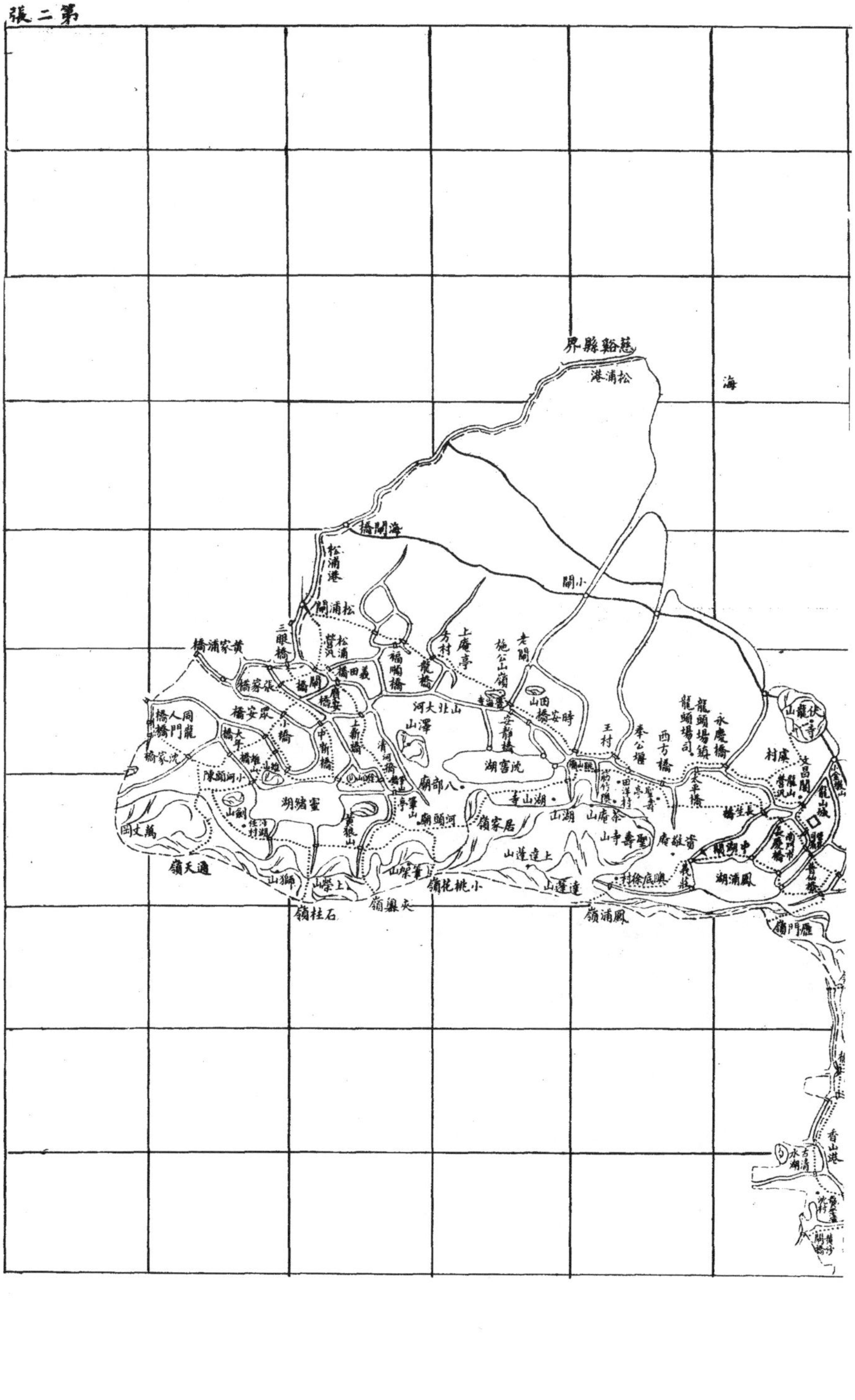
第二張
慈谿縣界
松浦港
海
海閘橋
小閘
松浦閘
黃家浦橋
張家橋
沈家橋
萬丈岡
通天嶺
獅山
石柱嶺
夾嶴嶺
小桃花嶺
達蓬山
上達蓬山
鳳浦嶺
鳳浦湖
沈窖湖
聖壽寺山
居家嶺
河頭廟
八部廟
靈緒湖
山北大河
澤山
時安橋
永慶橋
龍頭場鎮
龍頭場司
西方橋
奉公壩
王村
香山港

鎮海縣五里方圖左

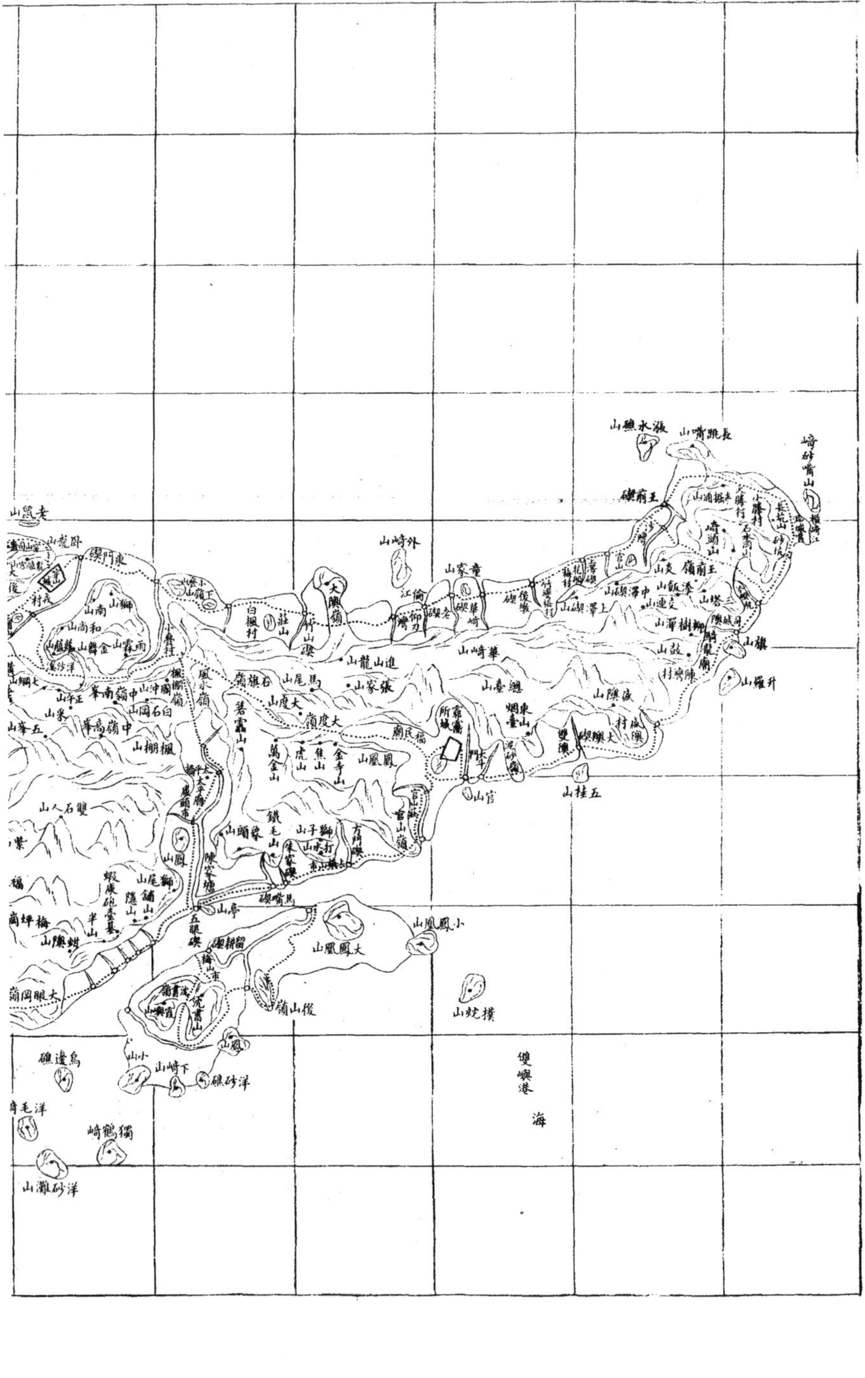

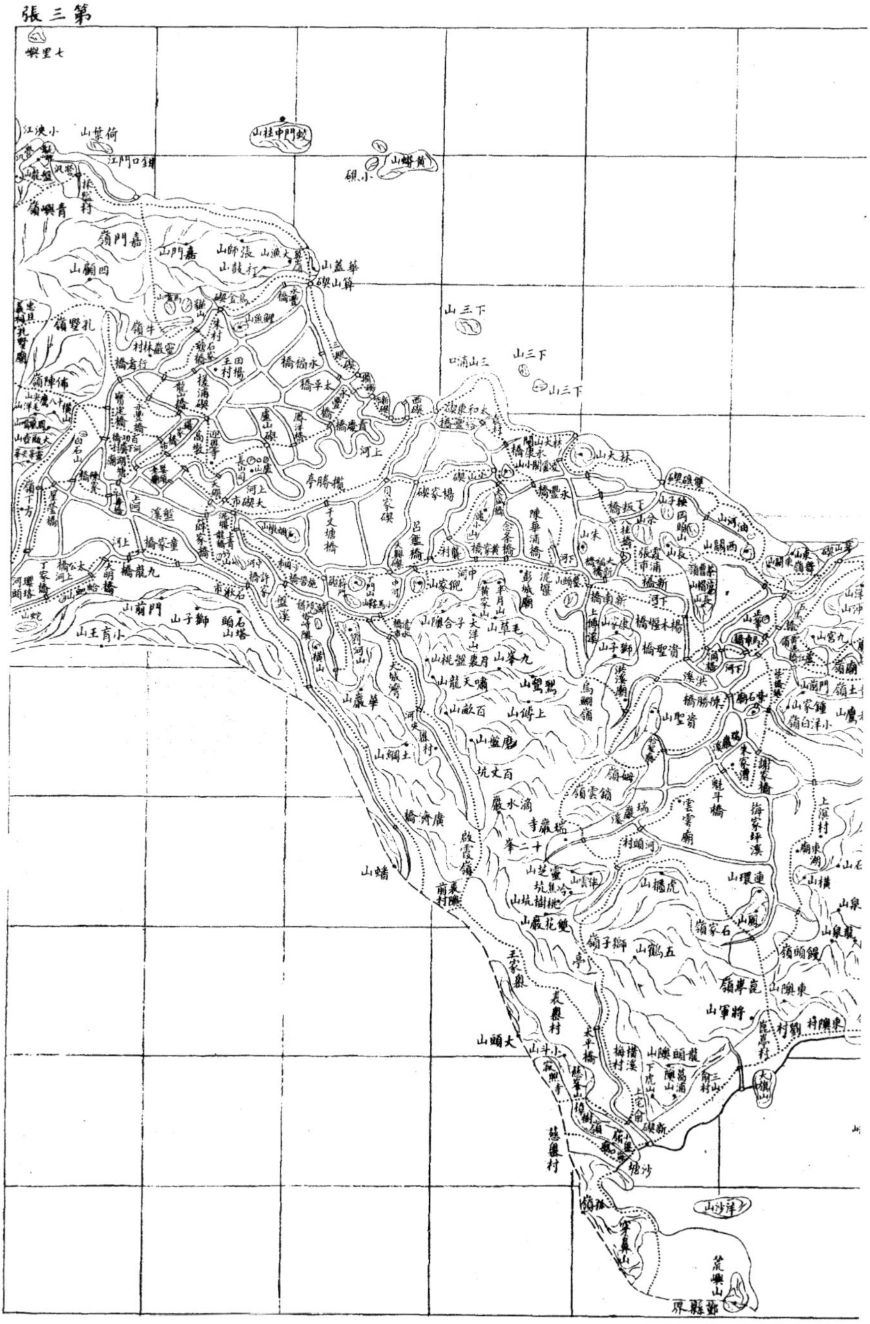
第三張
七里嶼
蛟門中柱山
黃蟒山
下三山
大嵩山

鎮海縣五里方圖右

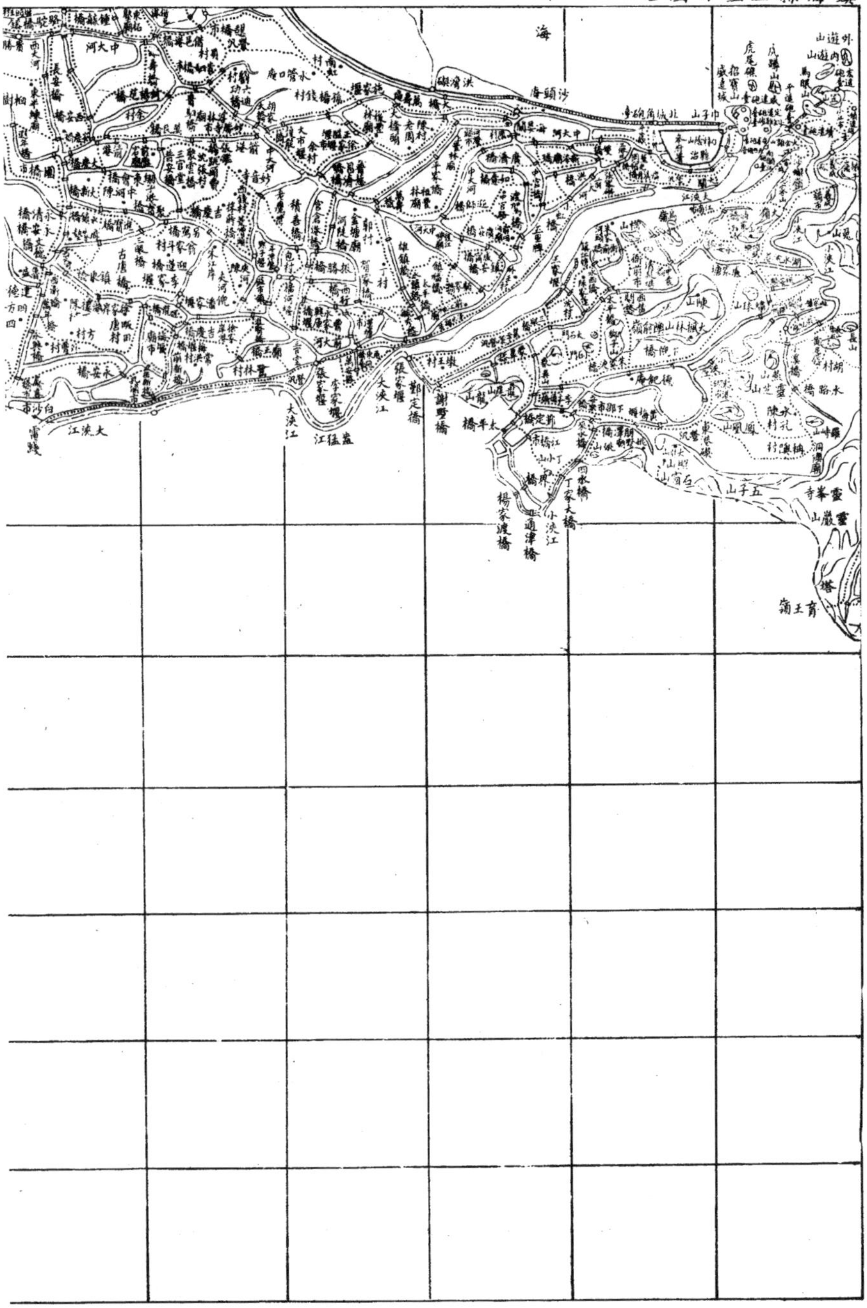

第四張

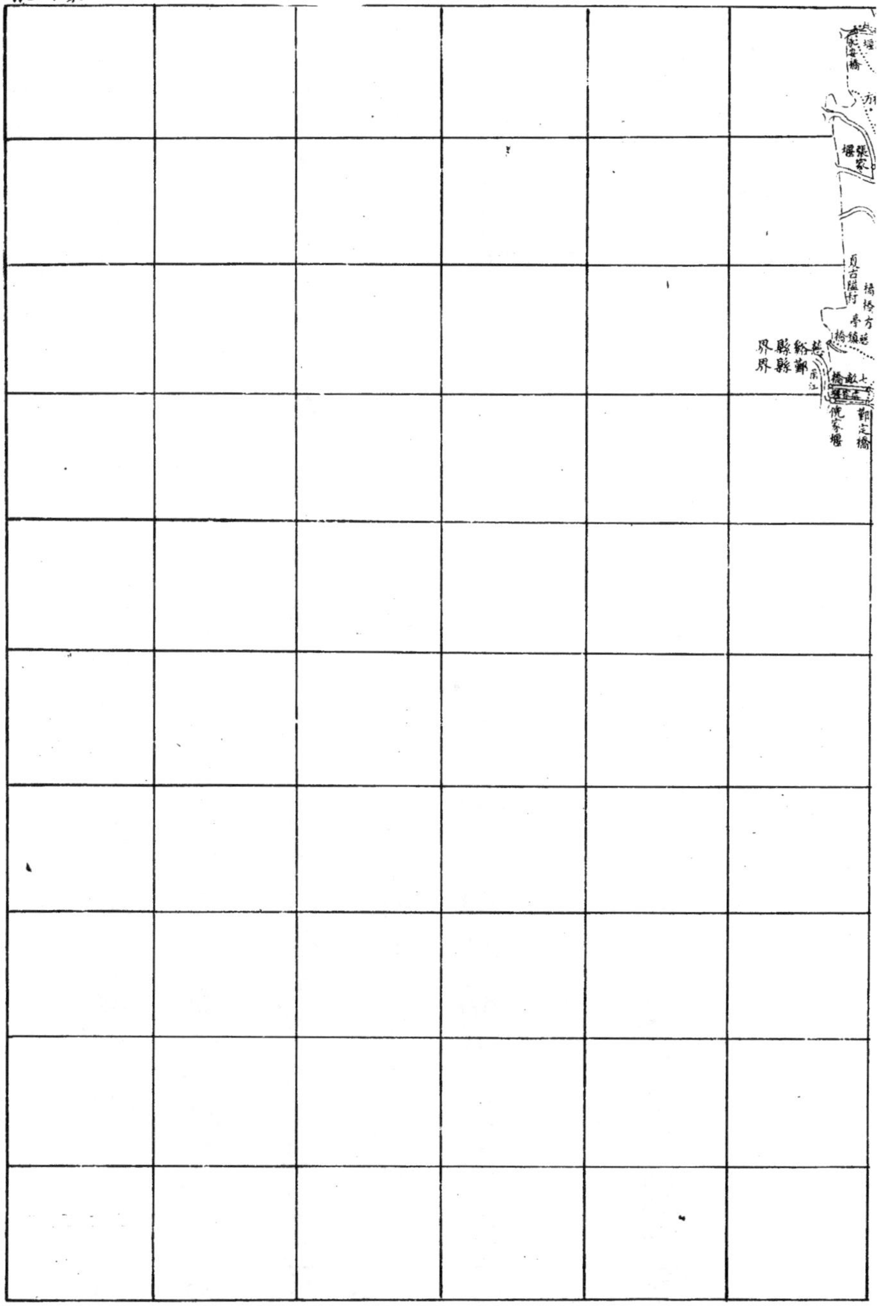

鎮海縣沿革

禹貢揚州之域春秋越句無地戰國屬楚秦會稽郡句章縣地漢以後因之唐為鄮縣元和四年省翁山海壖地置望海鎮於甬江海口五代梁開平三年吳越改為靜海鎮尋置望海縣後又改定海縣屬明州宋紹興五年屬慶元府元至元十四年屬慶元路至正二十七年屬明州府明洪武十四年屬甯波府

國朝康熙二十六年別置定海縣於舟山而改故定海為鎮海縣仍屬甯波府

甯波府鎮海縣

水路道里記

大浹江在鄞縣為甬江

經流

白沙市　大浹江自鄞縣流至此入境又東少北流至孔浦市三里七分水深二丈九尺面闊八十一丈

白沙市迤東仍與鄞縣分水以下至張家堰皆同

三官堂汎　自孔浦市東少北流至此五里水深三丈二尺面闊九十丈

李家堰　自三官堂汎東南流折而東北至此三里五分水深五丈面闊一百二十五丈此段一名盘猛江

張家堰　自李家堰東北流至此三里五分

王家堰　自張家堰東北流至此六里一分水深三丈六尺面闊一百二十六丈

朱家河頭　自王家堰東北流至此三里二分水深四丈三尺面闊一百四十一丈

大關渡口　自朱家河頭東少北流至此三里七分水深三丈九尺面闊一百十七丈

招寶山脚　自大關渡口東北流至此二里九分入海水深六丈三尺面闊二百二丈

小浹江

經流

通津橋　小浹江自鄞縣五鄉碶市分後塘河之水西北流至此入境又東北流至四水橋三里此段仍與鄞縣分水

東港碶市　自四水橋東北流折而東又折而東北至此九里九分水深九尺面闊十丈

長山橋市　自東港碶市東北曲曲流至此九里九分

湖水沈港口　自長山橋市曲曲北流至此三里八分有湖水沈港自西來注之

義成橋市　自湖水沈港口西北流折而東北曲曲至此六里四分

長跳嘴山北　自義成橋市西北流折而東北過義成碶至此四里五分水深三丈面闊八十丈入

海

中大河

經流

巾子山　中大河自此發源西南流繞城折而西北至葱園三港口四里五分分一支西南流為前大河見後

新添廟橋　自葱園三港口西流過雙橋至此三里八分

迎師橋　自新添廟橋西流過廣濟橋又西南流五里五分

大市堰　自迎師橋西流折而西北至此六里（水深五尺面闊六丈三尺）

貴駟橋　自大市堰西北流過妙勝寺市至此五里

餘壽橋　自貴駟橋西北流至此二里五分（餘壽橋迤西與慈谿縣分水以下皆同）

駱駝橋鎮　自餘壽橋西流至此三里四分（分一支南流為西大河見後）

永安橋　自駱駝橋鎮西流過貴勝壩至此二里與慈谿縣分界入慈谿後與東大河會

枝流前大河

五里牌　前大河自葱園三港口分中大河之水西南流至此四里五分

清水鋪市　自五里牌西南流至此五里二分（水深六尺面闊三丈）

甬東橋　自清水鋪市曲曲西流至此五里二分

橫河堰　自甬東橋西北曲曲流至此四里六分（水深五尺面闊二丈八尺）

進賢橋東　自橫河堰西流折而南過莊市鎮至此二里一分（此段一名橫河）

迴龍橋　自進賢橋東口西流折而南又折而西至此四里五分（以下又為徐家岸港）又西少北流四里七分至西衛橋北（水深五尺面闊二丈六尺）與西大河會

枝流西大河

團橋市　西大河自駱駝橋鎮分中大河之水南流至此四里四分

西衛橋北　自團橋市南流至此四里五分 有前大河水自東南來會之見前

四方橋　自西衛橋北首南少西流至此一里二分

鄞定橋　自四方橋南少西流至此三里九分 以下與鄞縣分水

倪家堰西　自鄞定橋西流至此一里二分 入甬江 與鄞縣分界

上河

經流

育王嶺　上河自此發源東北流至九龍橋五里六分

薛家橋　自九龍橋西少北流折而東少南至此八里 分一支東南流為中河見後

新碶市　自薛家橋東北曲曲流過大碶市至此十四里入海

枝流中河

清水橋市　中河自薛家橋分上河之水東南流至此八里二分

泥堰　自清水橋市北流折而東至此六里五分 以下為下河

楊木堰橋　自泥堰東南流至此五里九分

柴橋鎮　自楊木堰橋南迤東流折而東少北至此五里四分有洪溪瑞巖溪梅家坪溪自西南來注之

穿山碶　自柴橋鎮東北流至此四里四分水深五尺面闊十五丈入海

山北大河

經流

中湖閘　山北大河自此受鳳浦湖湖周十一里弱水深四尺於淺之水東北流至龍山所城二里三分

奉公堰　自龍山所城西北曲曲流至此八里水深四尺面闊二丈七尺

時安橋　自奉公堰西北流至此四里五分有沈窖湖之水自南來注之湖周十里水深三尺五寸淤淺

三眼橋　自時安橋西少北曲曲流至此九里四分與慈谿縣分界入慈谿後為松浦港

陸路道里記

東門一名鎮遠門

幹路

招寶山　自東門外北少東行至此二里三分抵海濱

南門一名南薰門

幹路

江南市　自南門外南行渡大浹江渡闊一百十七丈至此一里三分

盧家塘　自江南市南少東行至此二里六分

長山橋市　自盧家塘東南行至此三里五分

㑌陣嶺南麓　自長山橋市東南行至此五里一分嶺高二十丈八尺

大碶市　自㑌陣嶺南麓東南曲曲行至此八里六分

施㽝橋　自大碶市東南行至此四里一分

清水橋市　自施㽝橋東南行至此四里一分

泥堰　自清水橋市東北行過倪家山麓又東行至此六里五分

楊木堰橋　自泥堰東少南行至此六里

柴橋鎮　自楊木堰橋東南曲曲行至此三里

洋沙溪　自柴橋鎮東行過黃土嶺嶺高五丈九尺又東少南行至此六里三分

小疉村　自洋沙溪東行過中嶺嶺高二十六丈又東少北行至此五里五分

大度嶺　自小疉村東南行過風水嶺嶺高二十一丈三尺石旗嶺嶺高二十丈至此八里五分嶺高二十三丈

霩衢所城北門　自大度嶺東少南行過鳳凰山麓又東北行至此四里五分城周二里八分共四門

泥砂嶺　自霩衢所城北門東南行穿城南行折而東過大陡門至此三里六分

雙嶴村　自泥砂嶺東少北行至此二里

盛嶴村　自雙嶴村東少南行過大嶴碶至此四里三分

司城嶴　自盛嶴村東北行至此四里七分

泥城嘴　自司城嶴東北行至此四里八分抵海濱

枝路

義成橋市　自江南市東行過大嶺嶺高十五丈又東北行至此四里七分

青嶼汎　自義成橋市東行折而東北過青嶼嶺嶺高六丈二尺至此三里二分

算山嶺　自青嶼汎東南行至此十一里八分嶺高五丈

備碶　自算山嶺南少東行過算山碶三眼碶至此六里七分

西碶　自備碶東南行過新碶市又東行至此一里四分

三山浦口　自西碶東北行過太和東碶至此二里七分

林大山　自三山浦口東南曲曲行至此五里三分
東關山西北麓　自林大山東南曲曲行過雙礁碶至此八里四分
穿山碶　自東關山西北麓東南行折而東北過舞嶺（嶺高四丈）至此四里三分
穿山所城北門　自穿山碶東行過穿山司署又東行折而南過龍睡宮山脚至此二里
六分（城周二里一分共四門）
東門碶　自穿山所城北門東行穿城又東北行至此一里四分
白楓村　自東門碶東少南曲曲行至此七里二分
華崎碶　自白楓村東少南行過竹山碶大嶼嶺（嶺高十三丈）又東少北行至此七里二分
上澤碶　自華崎碶東少北行過後墩碶至此五里五分
大滕村　自上澤碶東北行過王前碶又東北行折而東至此七里四分又東南行三里
三分至泥城嘴入幹路

枝路

衙前市　自江南市西南行過烏嶺（嶺高六丈）至此四里
沈村　自衙前市西南行至此二里九分

張家堰　自沈村西南行至此五里六分與鄞縣分界

枝路

下倪橋　自盧家塘西南行至此四里

鄞定橋　自下倪橋西南行至此六里四分與鄞縣分界

枝路

孔墅嶺　自長山橋市東北行至此五里四分（嶺高二十九丈）

永豐橋　自孔墅嶺南少東行至此五里四分

烏金碶　自永豐橋東北行至此四里六分又東少北行三里四分至筭山嶺與自江南

市東行之枝路合

枝路

嶺下方村　自佈陣嶺南麓西南行至此五里一分

育王嶺　自嶺下方村南少西行至此六里三分（嶺高二十丈）與鄞縣分界

枝路

石湫市　自大碶市西南行折而南少東至此三里二分

華巖山西　自石湫市南少東行至此六里六分

蟠山東南　自華巖山西麓南少東行至此十里與鄞縣分界

枝路

貝家碶　自大碶市東少北行至此六里二分又東北行二里九分至西碶與自江南市

東行之枝路合

枝路

啟霞嶺　自清水橋市南少東行至此九里九分嶺高三十六丈

裘隩前村　自啟霞嶺西南行至此三里五分與鄞縣分界

枝路

謝家橋　自柴橋鎮南行至此二里八分

河頭村　自謝家橋南行折而西北又折而西南至此六里五分

獅子嶺　自河頭村西南行至此四里三分嶺高三十八丈

太平橋　自獅子嶺南行至此六里

上宅俞村　自太平橋南少東行至此四里

樟樹嶺西　自上宅俞村西北行折而西至此二里九分與鄞縣分界

枝路

太平橋　自小豐村南少東行過楓棚嶺嶺高十七丈至此四里六分

康頭市　自太平橋西南行至此一里九分又南行二里九分至五眼碶與自霩衢所城

起之枝路合

枝路

官山嶺　自霩衢所城西南行至此四里嶺高十二丈

上梅山市　自官山嶺西行過方門碶至此二里三分

五眼碶　自上梅山市西少南行過朱家碶馬嘴碶至此五里三分

大眼岡嶺　自五眼碶西南行至此六里二分嶺高十六丈

崑亭村前　自大眼岡嶺西少南行至此五里二分

沙塘　自崑亭村前西南行至此七里八分

慈嶴村　自沙塘西少北行至此二里八分與鄞縣分界

小南門一名晴川門

幹路

廣濟月橋　自小南門外南行折而西至此二里四分

五里牌　自廣濟月橋西南行至此四里

清水鋪市　自五里牌西南行至此四里二分

毓秀橋　自清水鋪市西南行至此二里五分

張家堰　自毓秀橋西少南行至此三里六分

孔浦市　自張家堰西少南行過三官堂汎至此六里三分

白沙市　自孔浦市西少南行至此三里七分與鄞縣分界

西門一名武甯門

幹路路向西

蔥園前　自西門外西少北行至此一里

新添廟橋　自蔥園前西行至此三里八分

迎師橋　自新添廟橋西南曲曲行至此五里

慈濟橋　自迎師橋西北行至此五里二分

大市堰　自慈濟橋西北行至此一里一分
妙勝寺市　自大市堰西北行至此二里五分
貴駟橋　自妙勝寺市西北行至此二里六分
借邑港橋　自貴駟橋西北行至此二里五分
駱駝橋鎮　自借邑港橋入慈谿境西少北行至此三里四分
團橋市　自駱駝橋鎮復入本境南行至此四里三分
永清橋　自團橋市南行至此一里七分
四方橋　自永清橋南少西行至此四里
壓賽橋市　自四方橋南少西行至此三里二分
鄞定橋　自壓賽橋市南行至此一里九分與鄞縣分界

枝路

振勝橋　自慈濟橋南少西行至此三里
莊市鎮　自振勝橋西南行至此二里五分
吉慶橋　自莊市鎮西少南行至此三里四分

梅堰廟市　自吉慶橋西南行至此一里二分又西南行三里二分至孔浦市入小南門

幹路

枝路

聚雲橋　自妙勝寺市西行至此二里

萬民橋　自聚雲橋西行折而西北至此二里又西行三里至團橋市入幹路

幹路路向西北

北城角炮臺　自西門外北行至此七分

沙頭菴　自北城角炮臺西少北行至此四里八分此段海塘

萬壽菴　自沙頭菴西行至此四里六分

水管口菴　自萬壽菴西北行至此四里六分

鵖橋市　自水管口菴西北行至此三里九分

界牌樓　自鵖橋市西北行至此一里

福田閘　自界牌樓入慈谿境西北曲曲行至此一里五分

沙河頭市　自福田閘復入本境北少西行至此一里四分

牌門頭市　自沙河頭市北行至此三里六分

澥浦鎮　自牌門頭市北少東行折而北少西至此五里

萬安橋　自澥浦鎮北行過鳳凰嶺（嶺高三丈）又西北行過大隩嶺（嶺高十一丈）至此五里

邱洋市　自萬安橋西北行至此三里四分

龍山所城南門　自邱洋市西北行至此三里六分（城周二里七分共四門）

龍頭場鎮　自龍山所城南門西北曲曲行至此四里二分

奉公堰　自龍頭場鎮曲曲西行至此三里二分

施公山嶺　自奉公堰西北行至此五里一分（嶺高二丈）

松浦閘　自施公山嶺西北行至此六里八分與慈谿縣分界

枝路

龜山橋　自澥浦鎮西少北行折而西南至此三里六分

覺度寺（忠信橋）　自龜山橋東南行折而西至此三里

李衙橋　自忠信橋南行至此四里三分

堰頭王村　自李衙橋南行至此三里又南行六分入慈谿縣境至駱駝橋鎮入向西幹

路

象山縣圖

拼圖式

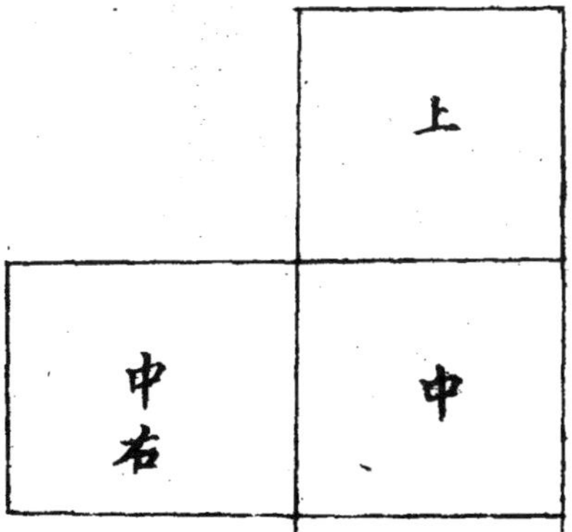

象山縣五里方圖 上

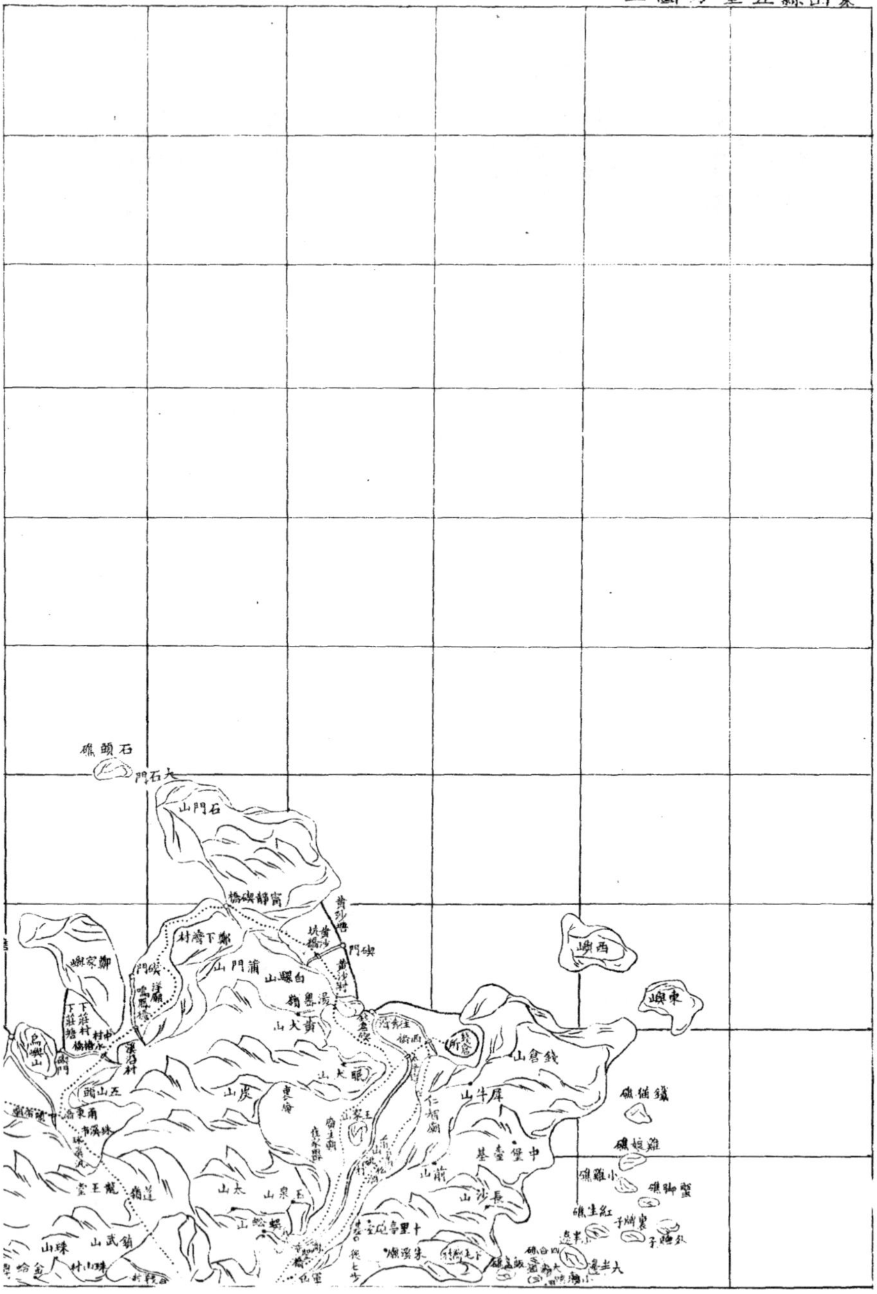

象山縣五里方圖 中

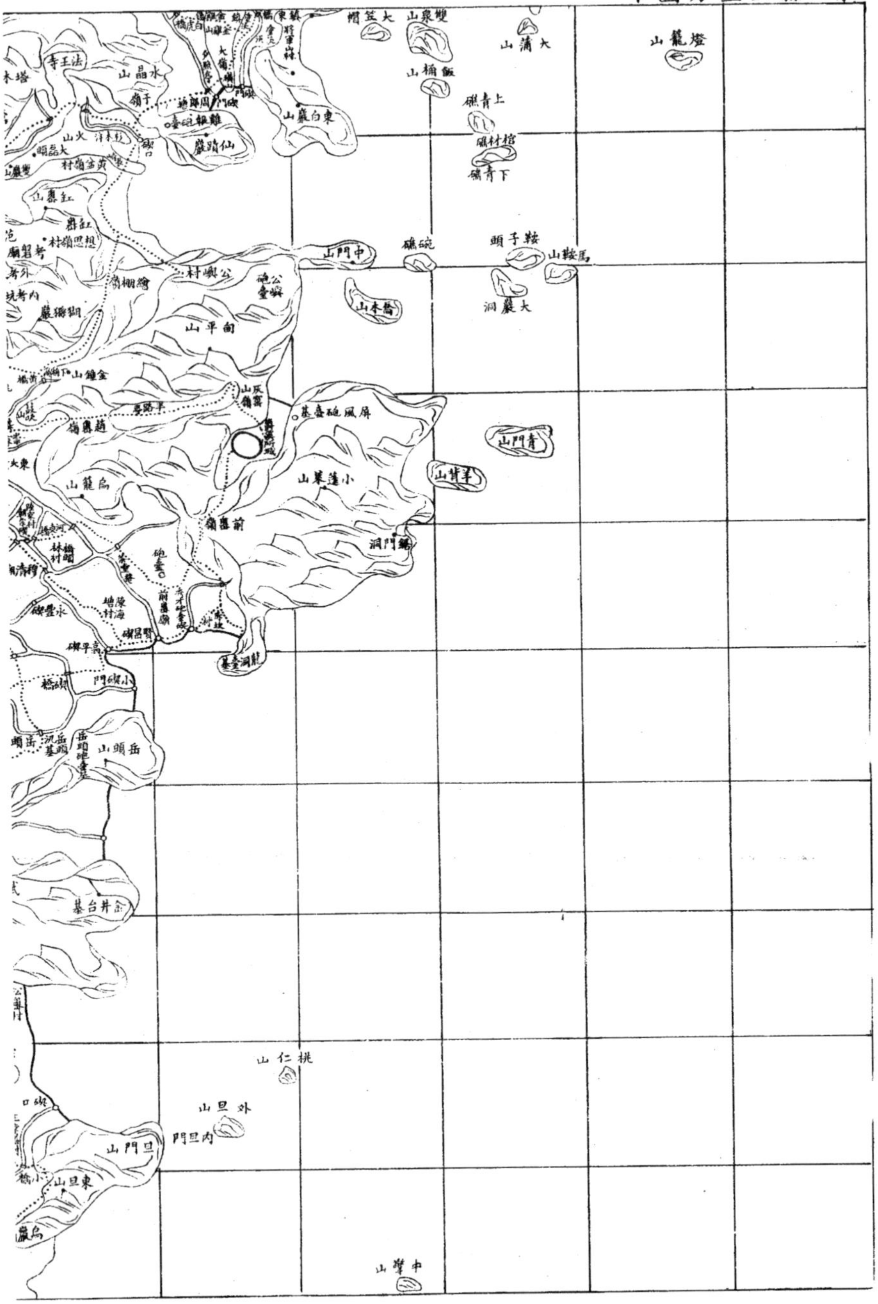
雙泉山
大笠帽
大蒲山
燈籠山
飯桶山
東白巖山
上青礁
下青礁
中門山
碗礁
鞍子頭
馬鞍山
大巖洞
青門山
羊背山
小蓬萊山
屏風砲臺基
甸平山
金鐘山
烏巖山
水晶山
法王寺
仙踏巖
公嶼村
金井台基
岳頭山
桃仁山
外旦山
內旦門
旦門山
東旦山

第一張

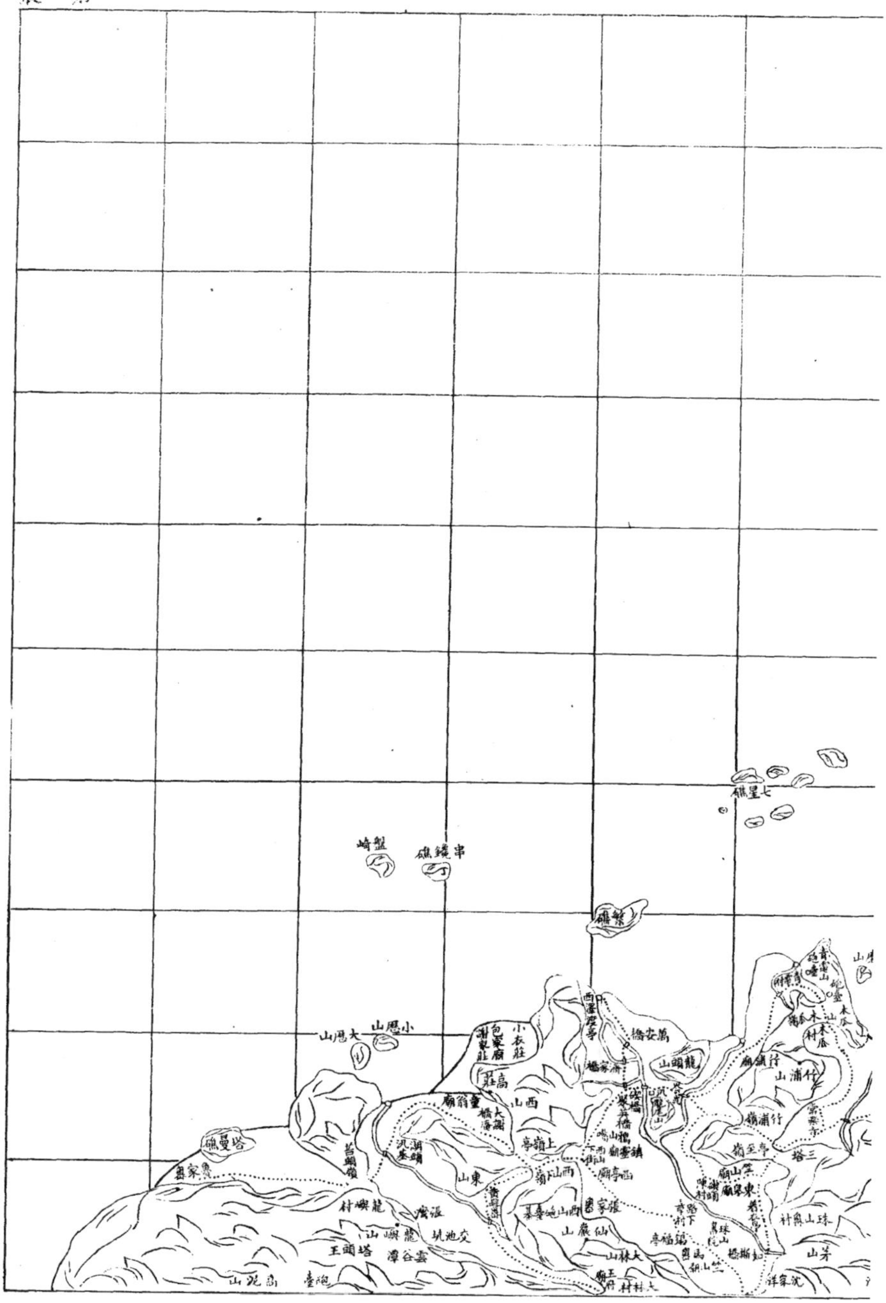

第二張

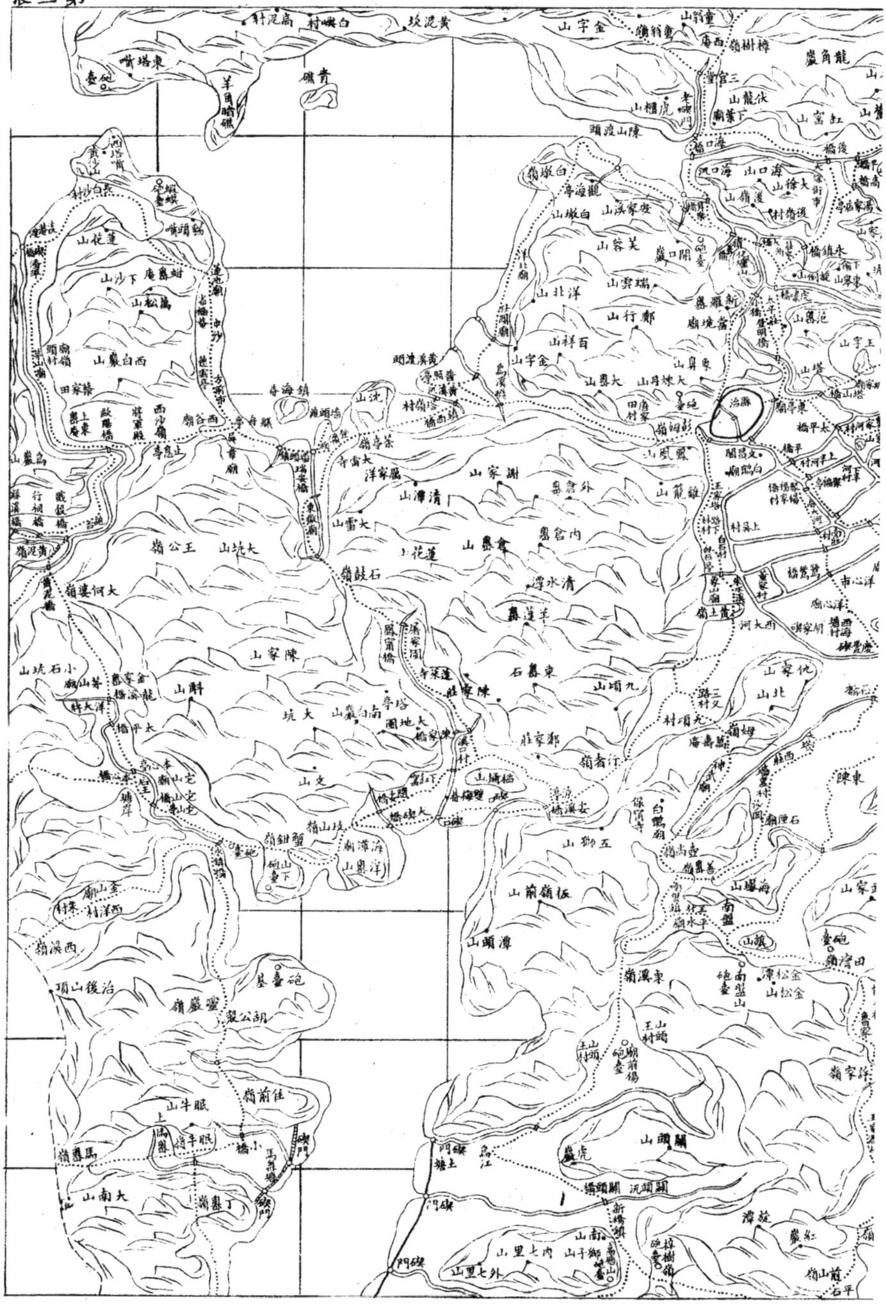

浙江全省輿圖并水陸道里記·寧波府

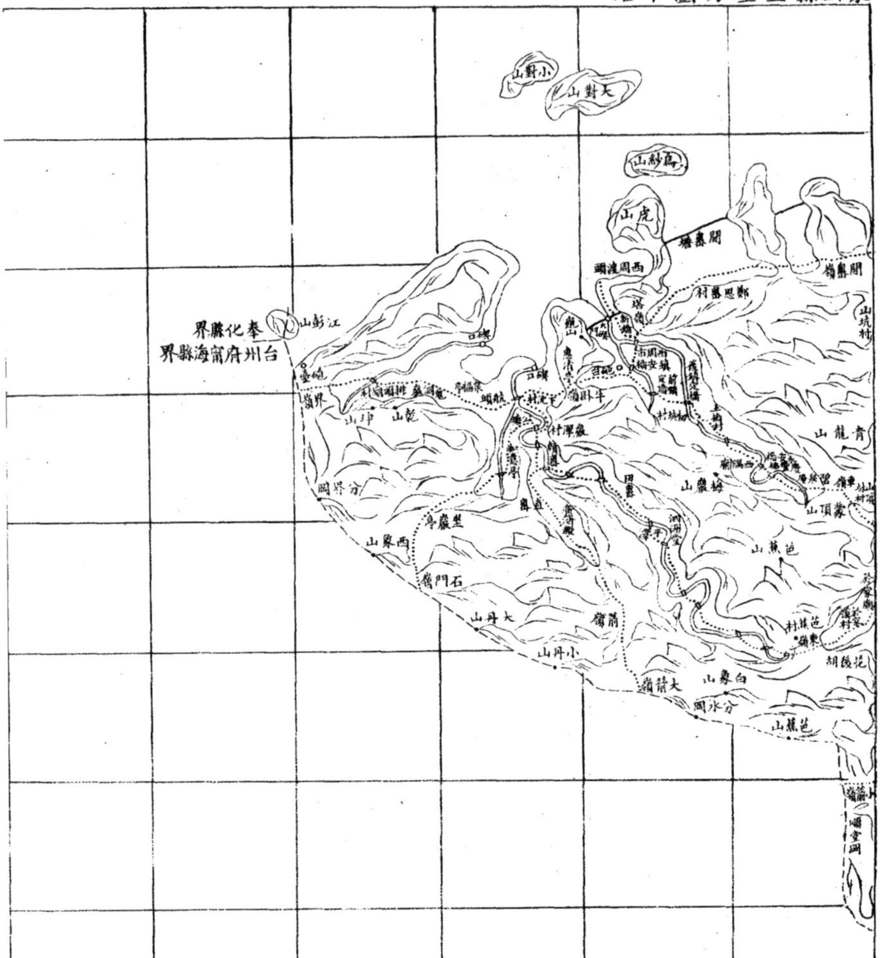
小對山
大對山
虎山
關嶴塘
鄭思嶴村
奉化縣界
台州府甯海縣界
乾山
分界岡
青龍山
蒙頂山
芭蕉山
西象山
石門嶺
大丹山
小丹山
白象山
分水岡

第三張

象山縣五里方圖下

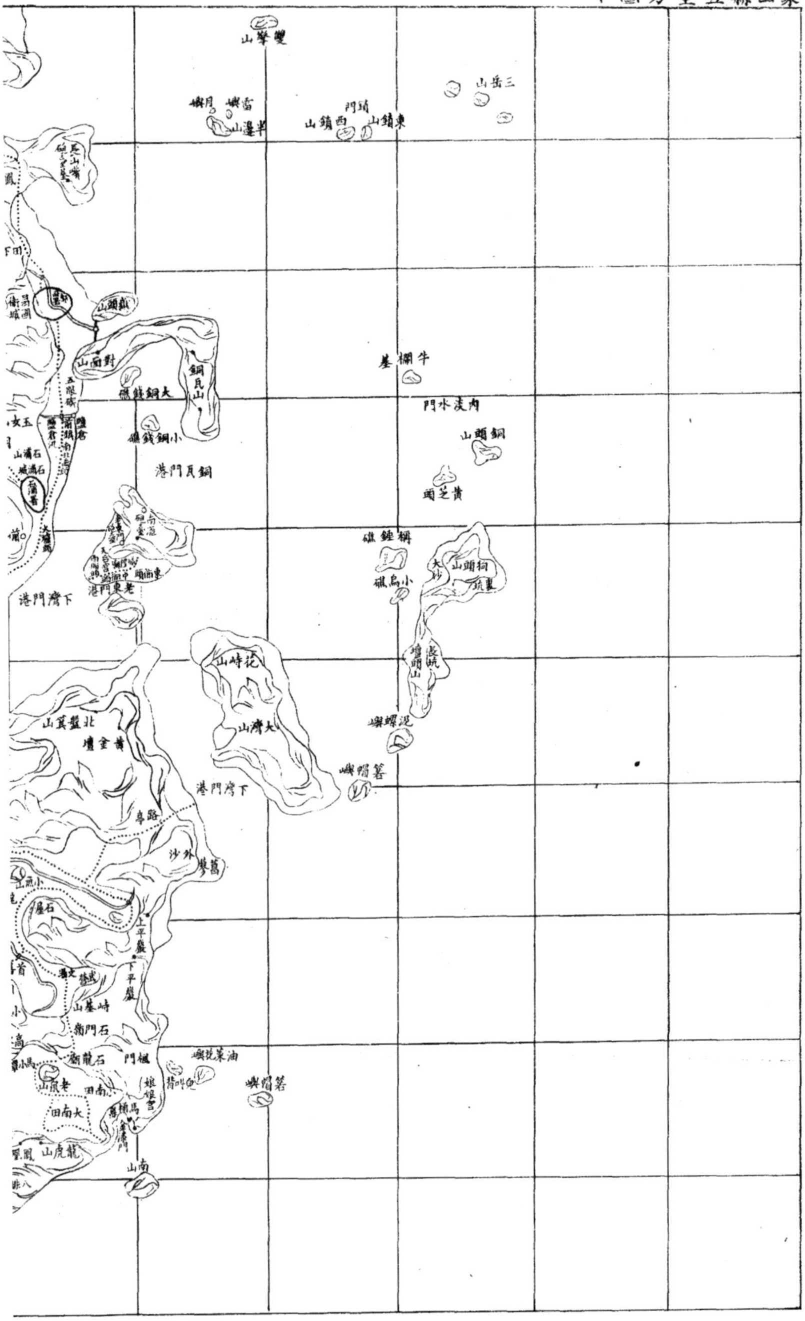
雙峯山
三岳山
雷嶼
月嶼
半邊山
東鎮山
西鎮山
靖門
戴頭山
對面山
銅瓦山
大銅錢礁
小銅錢礁
銅瓦門港
牛欄基
內淺水門
銅頭山
稱錘礁
小烏礁
下灣門港
老東門港
花岙山
北盤箕山
黃金壇
泥螺嶼
箬帽嶼
路亭
外沙
上平巖
下平巖
石門衛
石龍衛
箬帽嶼
南田
大南田
龍虎山
南山

第四張

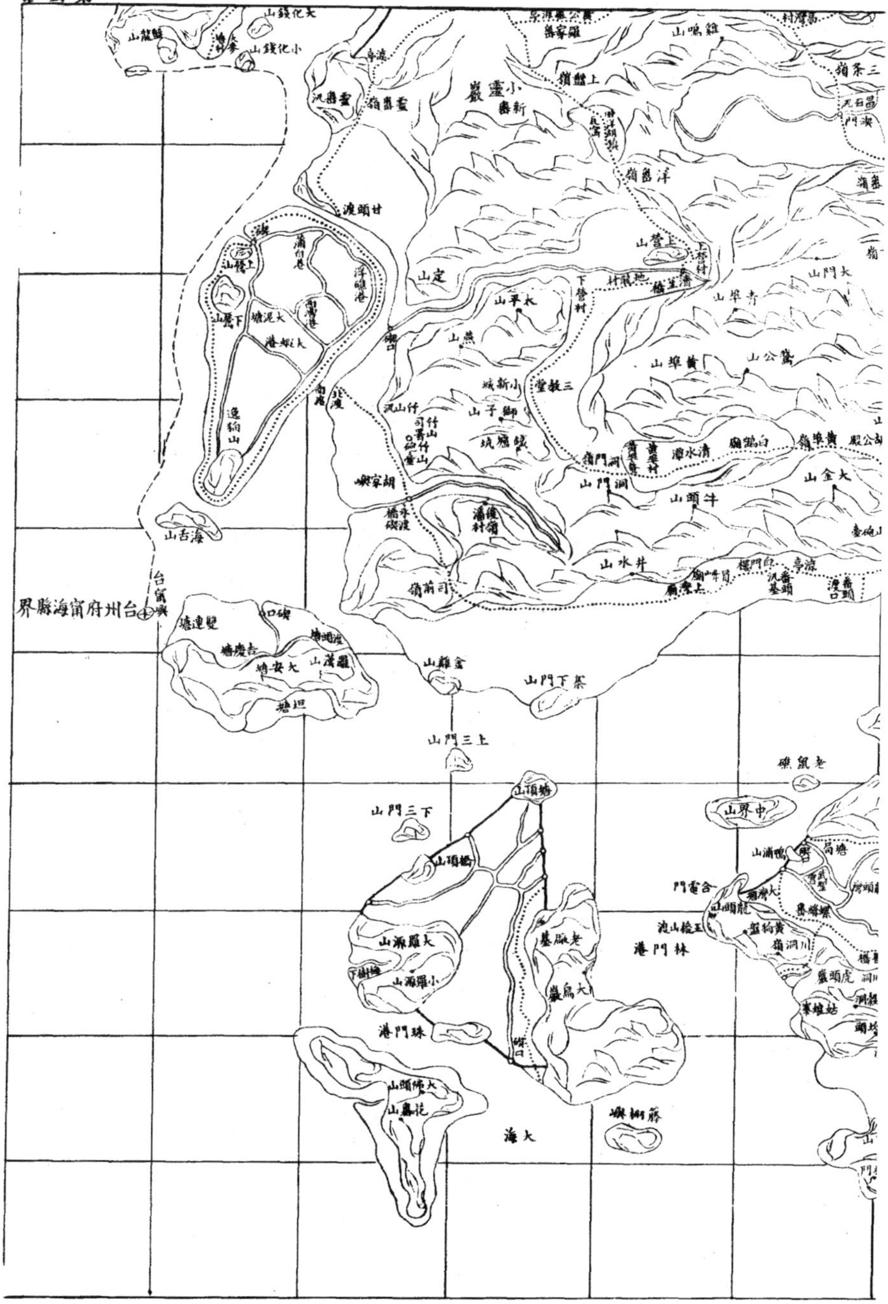
台州府甯海縣界
海古山
上三門山
下三門山
金雞山
大羅源山
小羅源山
林門港
珠門港
大海
中界山
牛頭山
大金山
井水山
定山
黃華山
大平山
胡家嶼
小靈巖
甘頭渡
雞鳴山
洋湖嶺

象山縣沿革

禹貢揚州之域春秋屬越戰國屬楚秦會稽郡鄮縣地晉以後為臨海郡寧海縣地唐神龍元年於舊寧海縣東界海曲中象山東䴢置象山縣屬台州廣德二年改屬明州五代因之宋紹興五年屬慶元府元至元十四年屬慶元路至正二十七年屬明州府明洪武十四年屬寧波府

國朝因之

甯波府象山縣

水路道里記

東大河

經流

象鼻山東北麓　東大河自此發源東南流至登明橋一里五分

塔山橋　自登明橋南少東流折而東至此三里二分

龔家河村　自塔山橋東南流至此二里四分

烏龍山南　自龔家河村西南流過太平橋又東南流至此六里一分

茶堂菴西　自烏龍山南首東南流至此二里

賢昌碶　自茶堂菴西首南少東流至此四里六分入海

西大河

經流

象鼻山南麓　西大河自此發源南少東流穿城至南門外二里四分

平橋西　自南門外東南流至此二里五分

王家塔東　自平橋西首西南流至此二里五分

董家村　自王家塔東首南少東流至此三里一分分一支東少北流過洋心市通東大河

慶豐碶　自董家村東南流折而東至此七里一分

碶橋　自慶豐碶東流折而南至此三里

小碶門　自碶橋南流折而東至此四里二分入海

龍溪

經流

小石坑山　龍溪自此發源東流至龍溪橋一里五分

本心橋　自龍溪橋南少東曲折流至此四里八分

宅山橋　自本心橋南少東流至此一里九分

永鎮橋　自宅山橋東南流至此三里二分入海

緣溪

經流

蒙頂山　緣溪自此發源東北流至緣溪橋五分

戳穀橋　自緣溪橋東少南流至此二里二分

歐陽橋　自戳穀橋東北曲折流至此六里八分

茅山廟　自歐陽橋西流折而北至此六里三分

潘埠碶橋　自茅山廟北流至此五里八分入海

東嶺水

經流

東嶺　東嶺水自此發源西北曲曲流至平潭十里

田碶　自平潭西北流至此二里一分

賴碶　自田碶西北曲折流至此四里三分

巖潭村　自賴碶北流折而西又折而東北至此二里一分

下沈村　自巖潭村西北流至此一里七分

碶口　自下沈村北流折而東少北至此一里九分入海

浮礁港

經流

逸狗山　浮礁港自此發源東北流至大蝦港口三里六分

西漕港口　自大蝦港口東北流至此一里二分

蒲白港口　自西漕港口東北流折而西北至此六里二分

上鶯山麓　自蒲白港口西流至此二里强（有大泥塘水自南來注之）入海

陸路道里記

東門（一名賓暘門）

幹路

東亭廟　自東門外東行至此六分

塔山橋西　自東亭廟東行至此一里一分

太平橋　自塔山橋西首東南行至此二里一分

趙嶴嶺　自太平橋東南行折而東至此五里二分（嶺高十七丈）

灰窯山嶺　自趙嶴嶺東行過半路亭又東少北行折而東南至此六里六分

爵溪所城東門　自灰窯山嶺東南行至此一里七分（城周三里七分共四門）

前嶴嶺南麓　自東門西行穿城出西門又南少西行至此六里一分

赤坎村　自前畀嶺南麓東南行至此二里五分又東南行二里抵海濱

枝路

登明橋北　自東亭廟北行至此二里一分

旋倒山西麓　自登明橋北首北行過虎嘯橋至此三里

湯家店亭　自旋倒山西麓東北行至此二里九分

干嶺西麓　自湯家店亭東北行過平橋又東北行折而東南至此九里三分

夕照亭　自干嶺西麓東少北行過嶺至此三里六分

塗茨鎮　自夕照亭東北行過大嶺（嶺高三十九丈）至此二里六分

廣生廟　自塗茨鎮東北行過謝聖橋至此七里四分

眠犬山東麓　自廣生廟東北行至此二里九分

錢倉所城西門　自眠犬山東麓東北行至此二里一分（城周五里二分共四門）入城

積善橋　自旋倒山西麓西北行至此一里九分

海口橋　自積善橋西北曲折行至此四里一分

三官堂　自海口橋北行至此三里六分

童翁嶺　自三官堂西北行至此三里八分嶺高三十五丈

黄避嶴　自童翁嶺西北行至此七里一分

西山下街　自黄避嶴東北行過西山下嶺至此三里八分

聚英橋　自西山下街東北行至此三里五分

西澤渡亭　自聚英橋北行過萬安橋又西北行至此三里七分抵海濱

蓬嶺　自塗茨鎮西北行過金雞嶺至此六里嶺高五十三丈

朱溪市　自蓬嶺西北行至此三里九分

甬東橋　自朱溪市西北行至此七分

竹浦嶺　自甬東橋曲折西行至此七里嶺高三十五丈又西少北行六里五分至聚英橋與本條枝路合

湯嶴嶺　自眠犬山東麓西北行至此三里九分嶺高二十五丈

甯靜碶橋　自湯嶴嶺西北行至此五里五分

鳴鳳橋　自甯靜碶橋西南曲折行至此六里九分

永椿橋　自鳴鳳橋西南行至此一里六分又西南行三里六分至甬東橋與本條枝路

合

樟樹嶺　自三官堂東北行至此一里三分

路下章村　自樟樹嶺東北行折而西北至此五里四分又西北行四里八分至西山下街與本條枝路合

枝路

黃橋北　自塔山橋西首東北行過王字山脚又東南行至此四里一分

繪棚嶺　自黃橋北首東北行至此五里嶺高四十六丈

缸嶴東　自繪棚嶺東北行折而西北至此二里八分又東北行五里九分至干嶺西麓與自東亭廟起之枝路合

南門一名來薰門

幹路

聚福亭　自南門外東南行至此三里一分

洋心市　自聚福亭南少東行至此三里五分

慶豐碶　自洋心市東南行至此四里

岳頭　自慶豐碶南少東行至此三里九分

南盤　自岳頭西南曲曲行至此十二里二分

南堡鎮　自南盤西北行至此二里五分

山頭王村　自南堡鎮西南行折而南少西過東溪嶺至此八里

烏江　自山頭王村西南行至此六里五分

新橋鎮　自烏江東南行至此五里五分

高塘山東麓　自新橋鎮東南行至此一里八分

高灣村　自高塘山東麓東南行至此六里三分

昌石汎　自高灣村東南行過三條嶺嶺高十七丈至此三里八分

鳳凰嶺　自昌石汎東南行折而南至此四里七分嶺高三十一丈

昌國衛城西門　自鳳凰嶺南少東行至此三里五分城周四里八分共三門

鹽倉前鎮　自西門東南行穿城出南門又南行至此五里九分

石浦城東門　自鹽倉前鎮南少西行至此三里三分城周三里三分共三門

番頭渡口　自東門西南行至此六里四分

上灣廟　自番頭渡口西少北行折而西南至此六里八分

司前嶺　自上灣廟西行折而西北至此十一里三分嶺高八丈

永渡橋碶　自司前嶺西北行至此四里五分

北渡　自永渡橋碶西北行至此五里五分抵海濱過渡往海中逸狗山及上下鷲山等處

枝路

朝宗碶　自聚福亭曲曲東南行至此四里

茶亭菴　自朝宗碶東少北行折而東南至此四里九分

前嶴廟　自茶亭菴東南行至此一里七分又東北行一里五分至前嶴嶺南麓入東門

幹路

枝路

田灣嶺　自南盤東少南行至此四里四分

許家嶺　自田灣嶺南行至此五里一分

王家濫村　自許家嶺南行至此四里

前山嶺　自王家濫村東南行折而西南至此六里嶺高十二丈又西南行三里一分至高灣

村入幹路

枝路

羅家嶴西　自高塘山東麓西少南行至此六里一分

上盤嶺　自羅家嶴西首東南行至此二里三分（嶺高三十五丈）

田洋湖鎮　自上盤嶺東南行至此二里二分

上營村　自田洋湖鎮東南行過洋嶴嶺（嶺高十丈）至此七里五分

下營村　自上營村西少南行至此三里五分

三教堂　自下營村西南行至此三里八分

洞門嶺　自三教堂東南行至此五里一分（嶺高三十四丈）

黃埠村　自洞門嶺東少南行至此二里五分

黃埠嶺　自黃埠村東少北行至此七里又東南行二里九分進石浦城北門出東門入

幹路

靈嶴嶺　自羅家嶴西首西南行至此七里三分（嶺高十九丈）

甘頭渡　自靈嶴嶺西南行折而東南至此五里六分抵海濱

西門一名迎恩門

幹路西路向

烏溪橋　自西門外西行過彭姆嶺嶺高十九丈又西北行至此八里一分

塔嶺村　自烏溪橋西北行折而西南至此二里

大雷寺　自塔嶺村西少南行至此四里四分

牆頭鎮　自大雷寺西行至此一里二分

艤舟亭　自牆頭鎮西北行至此二里

歐陽橋　自艤舟亭西行過西沙嶺嶺高三十八丈至此三里八分

戳穀橋脚　自歐陽橋西南曲折行至此四里五分

車嶺　自戳穀橋脚西北曲折行至此四里三分

永安橋　自車嶺西北行至此二里五分

土橋村　自永安橋西北行至此二里

鎮安橋脚　自土橋村西北行至此四里二分

下沈村　自鎮安橋脚西行過牛臥嶺嶺高三十一丈至此四里七分

排頭廟村　自下沈村西南行折而西少北至此六里五分

界嶺　自排頭廟村西行至此三里二分嶺高三十四丈與台州府甯海縣分界

枝路

方前市　自艤舟亭西北行至此一里二分

蓮池廟　自方前市北行至此四里八分

長白沙村　自蓮池廟西北行至此五里九分

淡港渡　自長白沙村西南行至此三里五分

聞臯嶺　自淡港渡西行至此五里二分嶺高十一丈

鄭思臯村　自聞臯嶺西少南行至此三里一分

西周市新橋腳　自鄭思臯村西南行過塔嶺嶺高十八丈至此三里八分

西周渡頭　自新橋腳西北行至此二里二分抵海濱

枝路

黃泥橋　自戳穀橋西南行至此一里五分

於家溪村　自黃泥橋西南行至此三里八分

東嶺　自於家溪村西南行至此一里四分
平潭　自東嶺西北行至此七里六分
賴嶴　自平潭西北行至此五里二分
公塘　自賴嶴北行至此一里九分
如意亭　自公塘西南行至此二里
坐巖亭　自如意亭西南行至此三里三分
石門嶺　自坐巖亭南行至此二里八分與台州府寗海縣分界
幹路西南路向
路下林村　自西門外南行至此四里一分
黃土嶺　自路下林村南少東行至此三里五分嶺高二十一丈
三叉路村　自黃土嶺西南行至此三里九分
行者嶺　自三叉路村西南行至此四里嶺高二十八丈
安溪橋東　自行者嶺西南行至此三里一分
坟山嶺　自安溪橋東首西行過大碶橋至此六里七分嶺高三十三丈

永鎮橋　自坟山嶺西南行折而西北過蠏鉗嶺嶺高十七丈至此五里六分

后王　自永鎮橋西北行至此三里六分

小箭嶺　自后王西少北行折而西少南至此六里五分與台州府甯海縣分界

枝路

姆嶺　自三叉路村東南行至此二里一分

壺尚嶺　自姆嶺西南行至此五里二分又東南行二里至南堡鎮入南門幹路

枝路

溪口村　自安溪橋東首西北行至此三里三分

陳家莊　自溪口村西北行至此二里七分

石鼓嶺　自陳家莊西北行過鳳甯橋至此六里七分嶺高三十九丈

東嶽廟　自石鼓嶺西北行至此三里七分又北少東行一里九分至大雷寺入向西幹路

枝路

靈巖嶺　自永鎮橋南行至此七里二分嶺高十七丈

隹前嶺　自靈巖嶺南少東行至此四里七分嶺高二十八丈

眠牛嶺　自隹前嶺南行折而西至此二里四分嶺高九丈

馬嶴嶺　自眠牛嶺西行至此五里一分嶺高二十四丈與台州府甯海縣分界

枝路

太平橋　自后王西北行至此二里五分

金家嶴　自太平橋北行至此一里九分

大何婆嶺　自金家嶴西北行至此三里七分嶺高三十九丈又西北行一里二分至黃泥橋與向西幹路內自戳轂橋起之枝路合

北門一名拱極門

幹路

當境廟　自北門外北行至此三里三分

化爐山南麓　自當境廟東北行至此一里二分又南少東行一里九分至登明橋北與東門幹路內自東亭廟起之枝路合

定海廳圖

拼圖式

	中上上	左上上	
右上	中上	左上	左左上
右	中	左	
	中下	左下	

定海廳五里方圖左上上

第一張

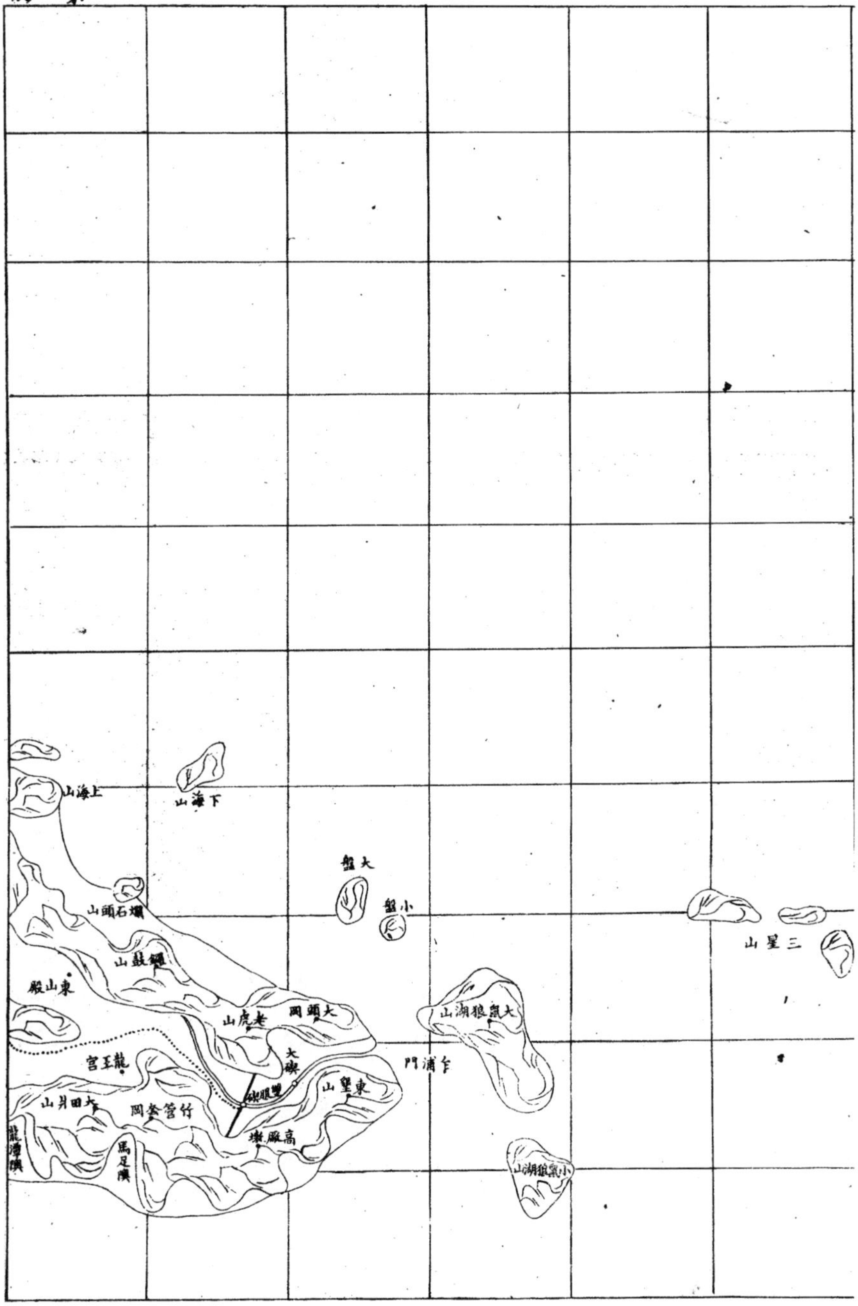

浙江全省輿圖并水陸道里記·寧波府

定海廳五里方圖中上上

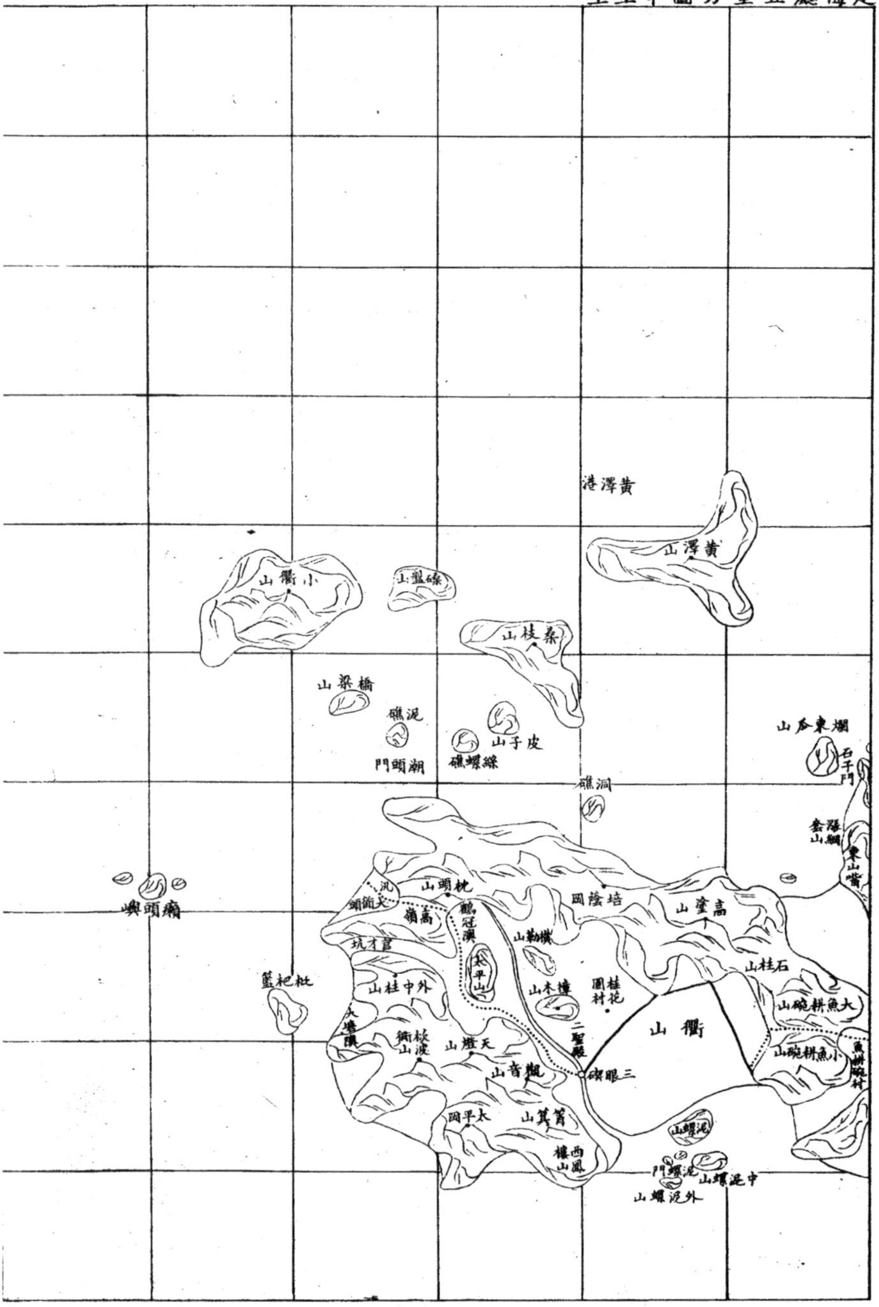

黃澤港
黃澤山
小衢山
綠盤山
桑枝山
橋梁山
泥礁
皮子山
綠螺礁
潮頭門
洞礁
癩頭嶼
枇杷籃
枕頭山
高嶺
培陰國
高塗山
石桂山
外中桂山
太平山
天燈山
觀音山
太平岡
衢山
三眼碶
大魚耕碗山
小魚耕碗山
泥螺山
中泥螺山
外泥螺山

第二張

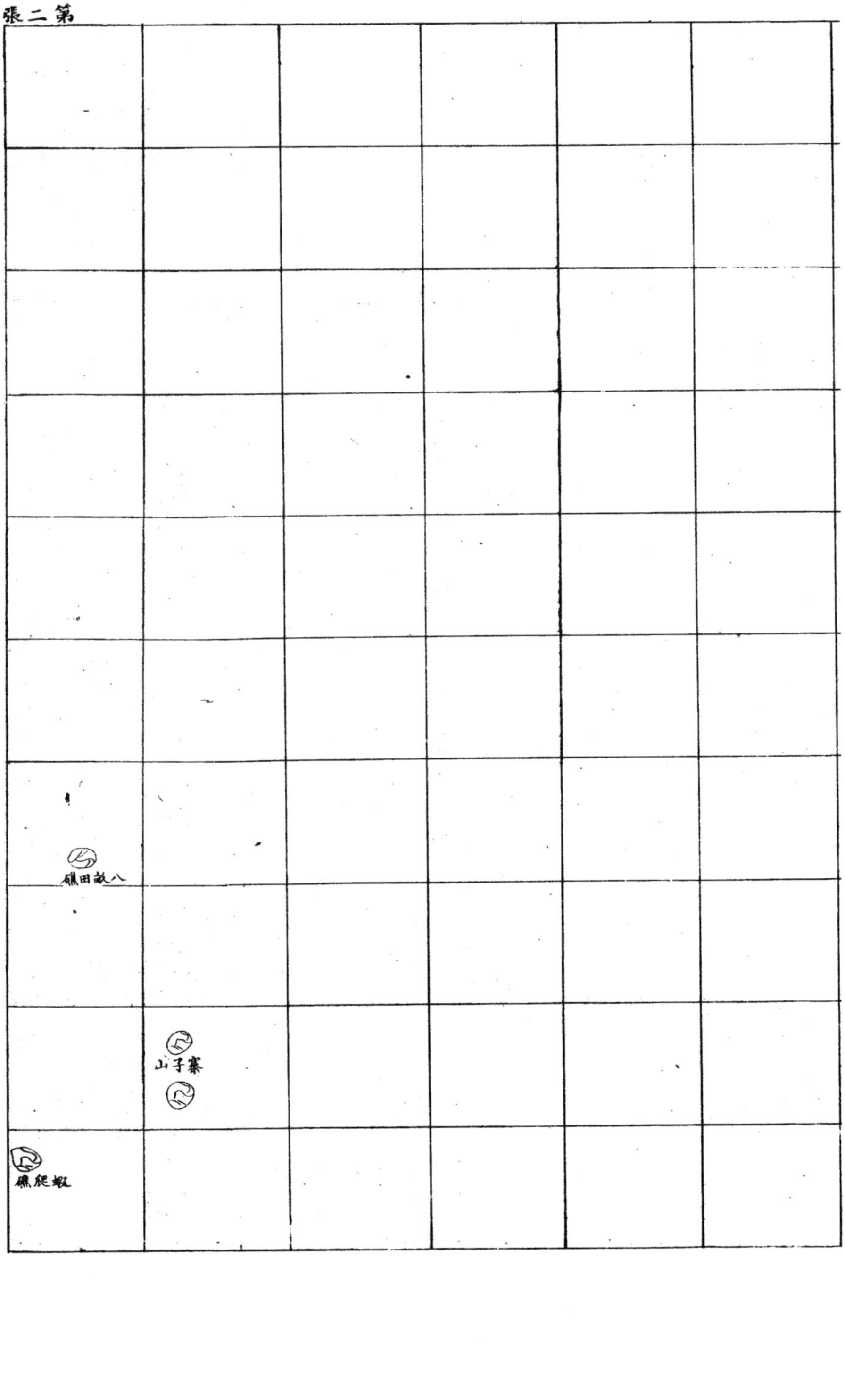

定海廳五里方圖左左上

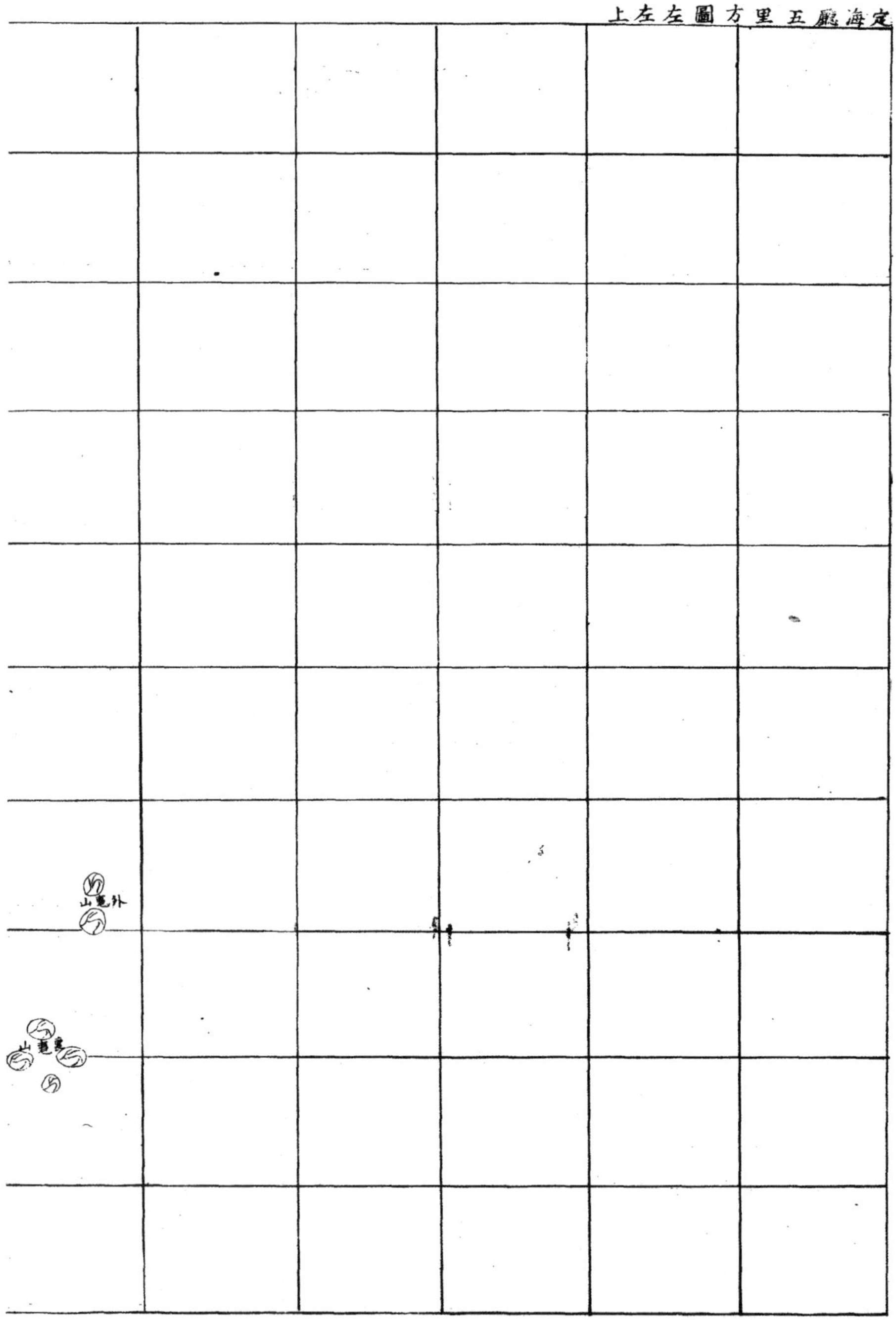

第三張

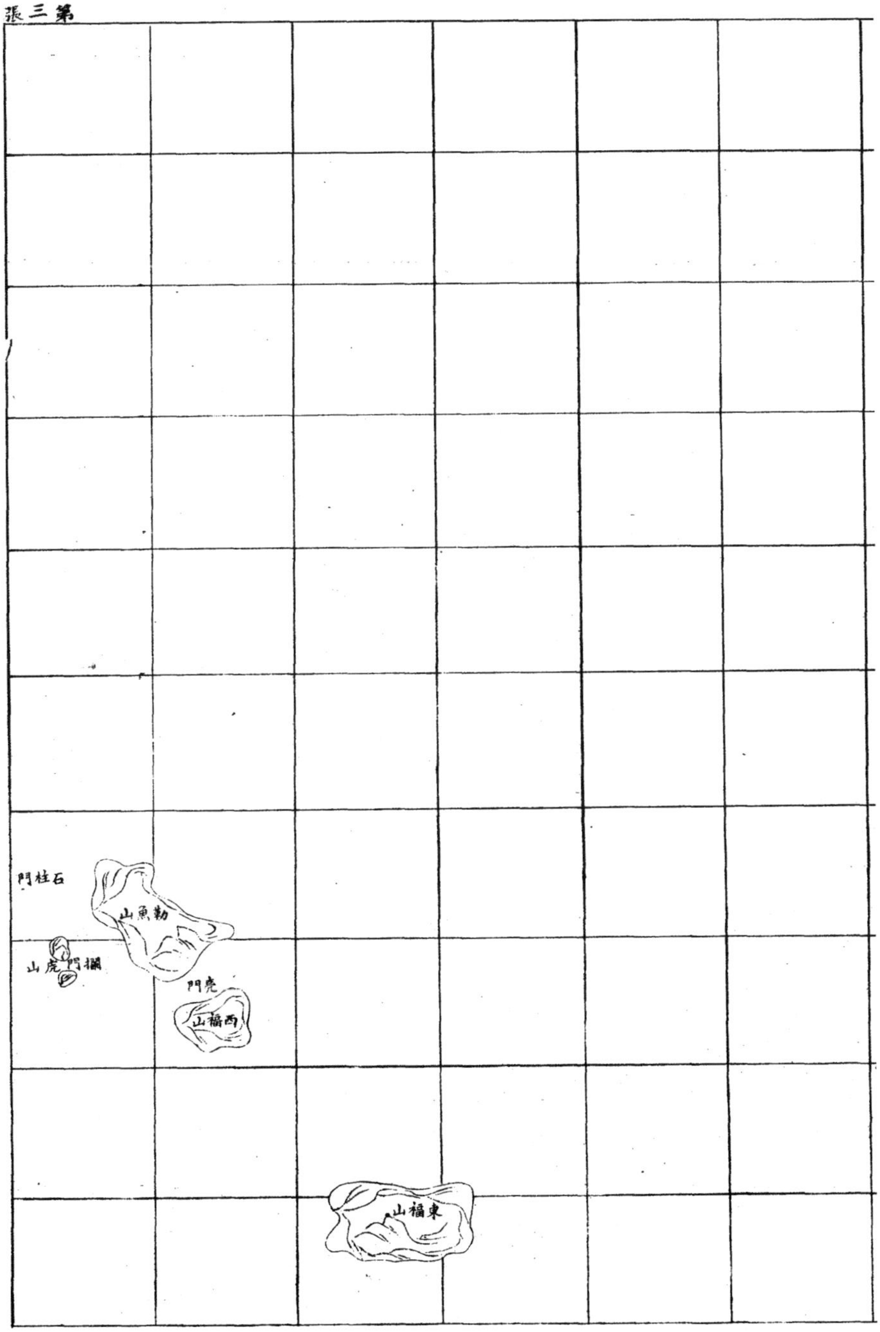

定海廳五里方圖左上

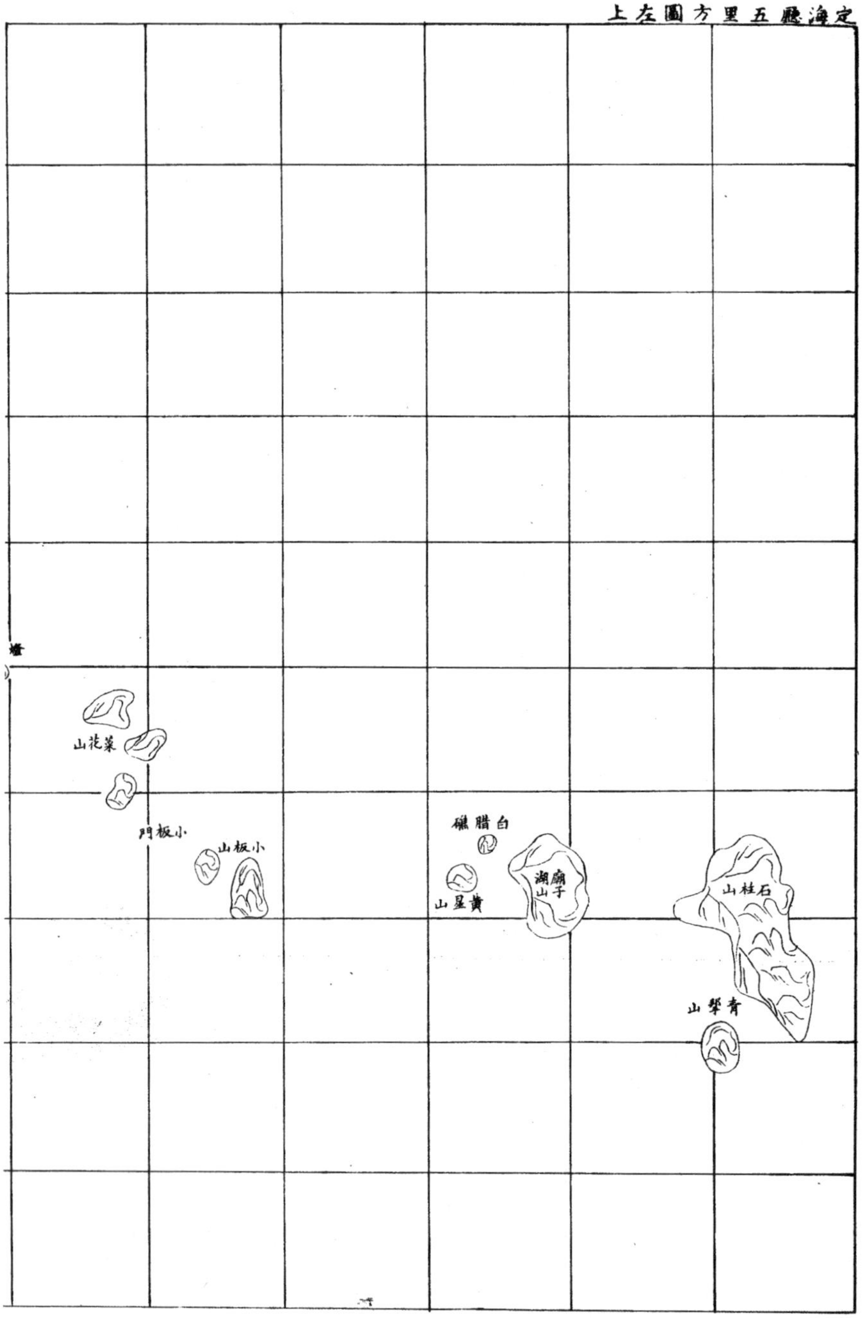

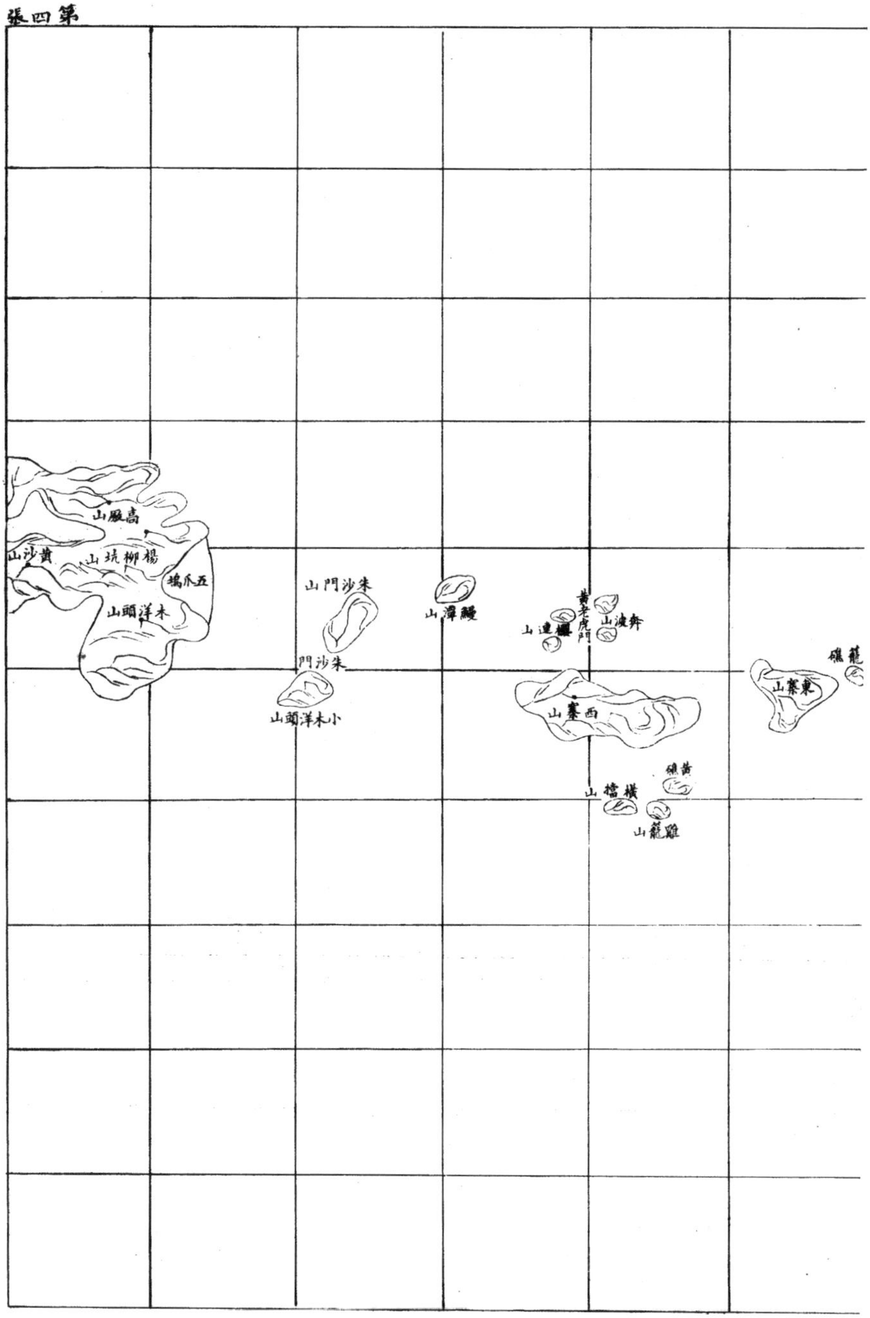
第四張
黃沙山
楊柳坑山
五爪塢
木洋頭山
朱沙門山
朱沙門
小木洋頭山
西寨山
東寨山
雞籠山
黃礁
龍礁

定海廳五里方圖中上

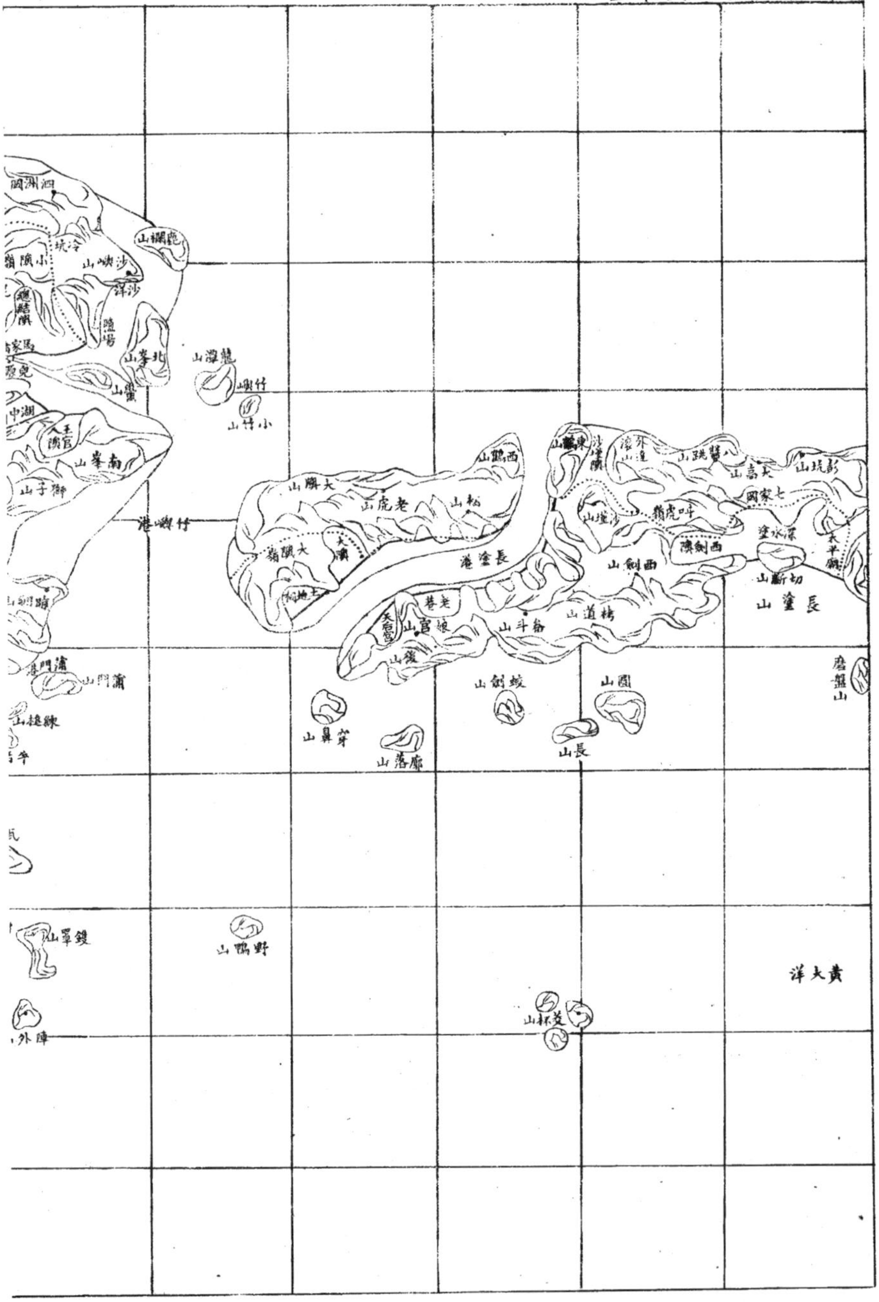

第五張

定海廳五里方圖右上

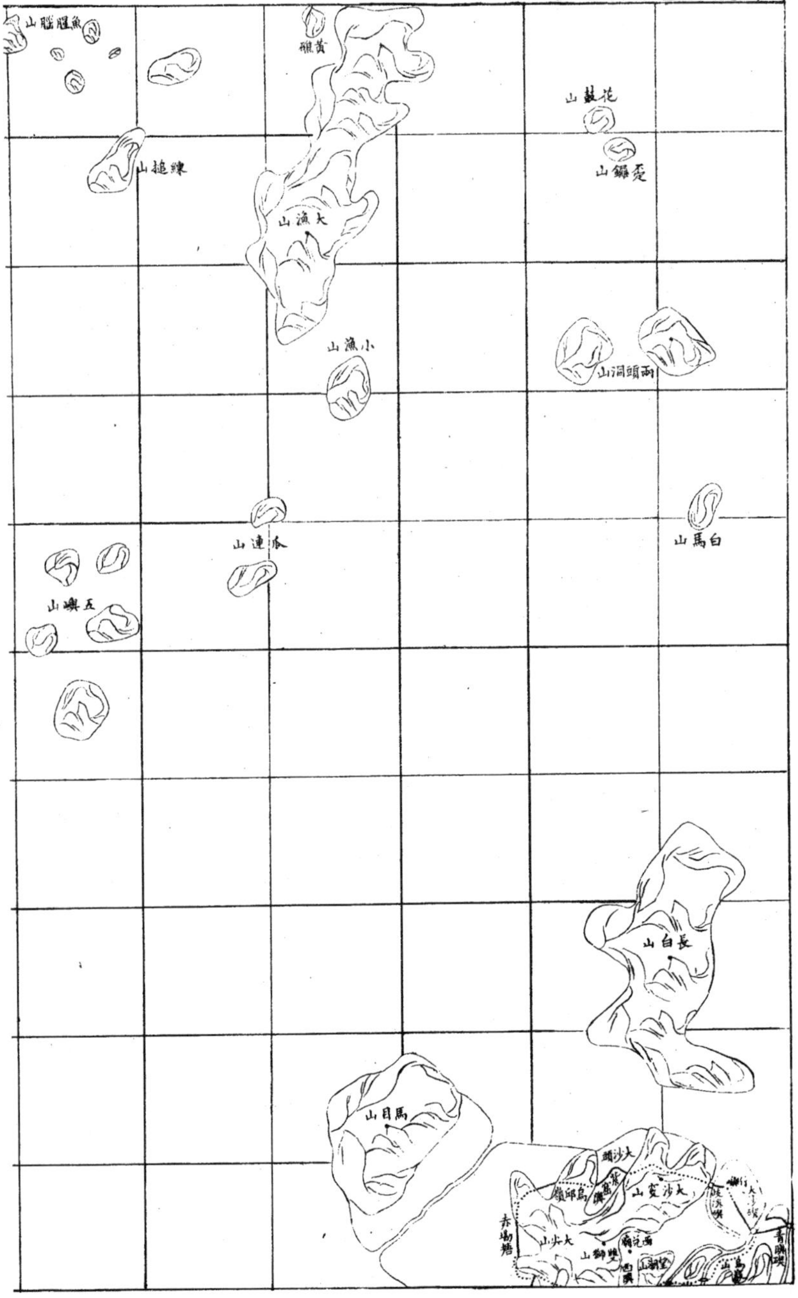

第六張

定海廳五里方圖左

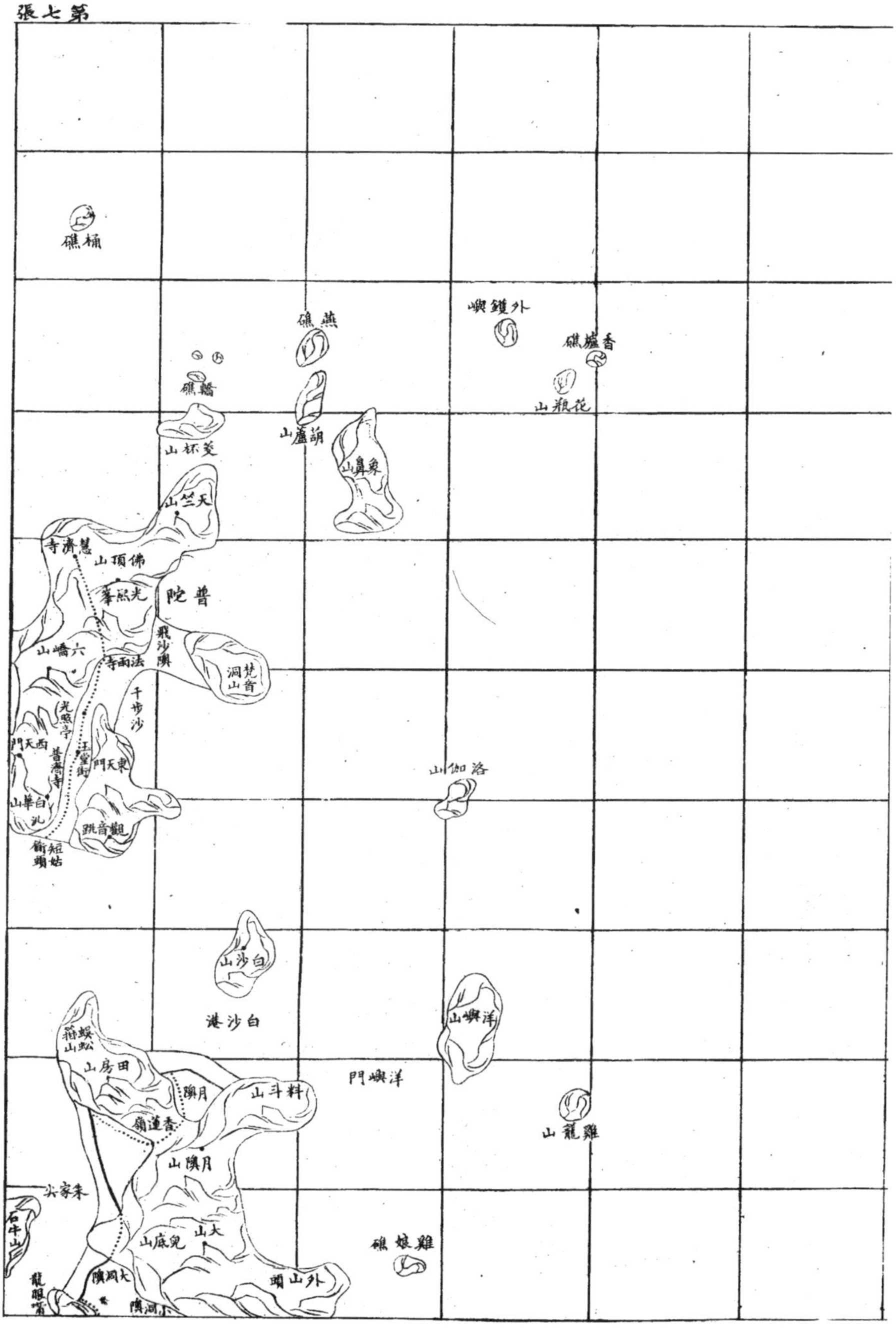

第七張
桶礁
外鑊嶼
燕礁
香爐礁
花瓶山
葫蘆山
茭杯山
象鼻山
天竺山
慧濟寺
佛頂山
光熙峯
普陀
飛沙澳
六嶠山
法雨寺
梵音洞山
千步沙
西天門
玉堂街
普濟寺
東天門
白華山
觀音跳
短姑道頭
洛伽山
白沙山
白沙港
洋嶼山
洋嶼門
田房山
料斗山
月嶴
香蓮嶺
月嶴山
雞籠山
朱家尖
石牛山
大山
兜底山
雞娘礁
外山嘴
大洞嶴
小洞嶴

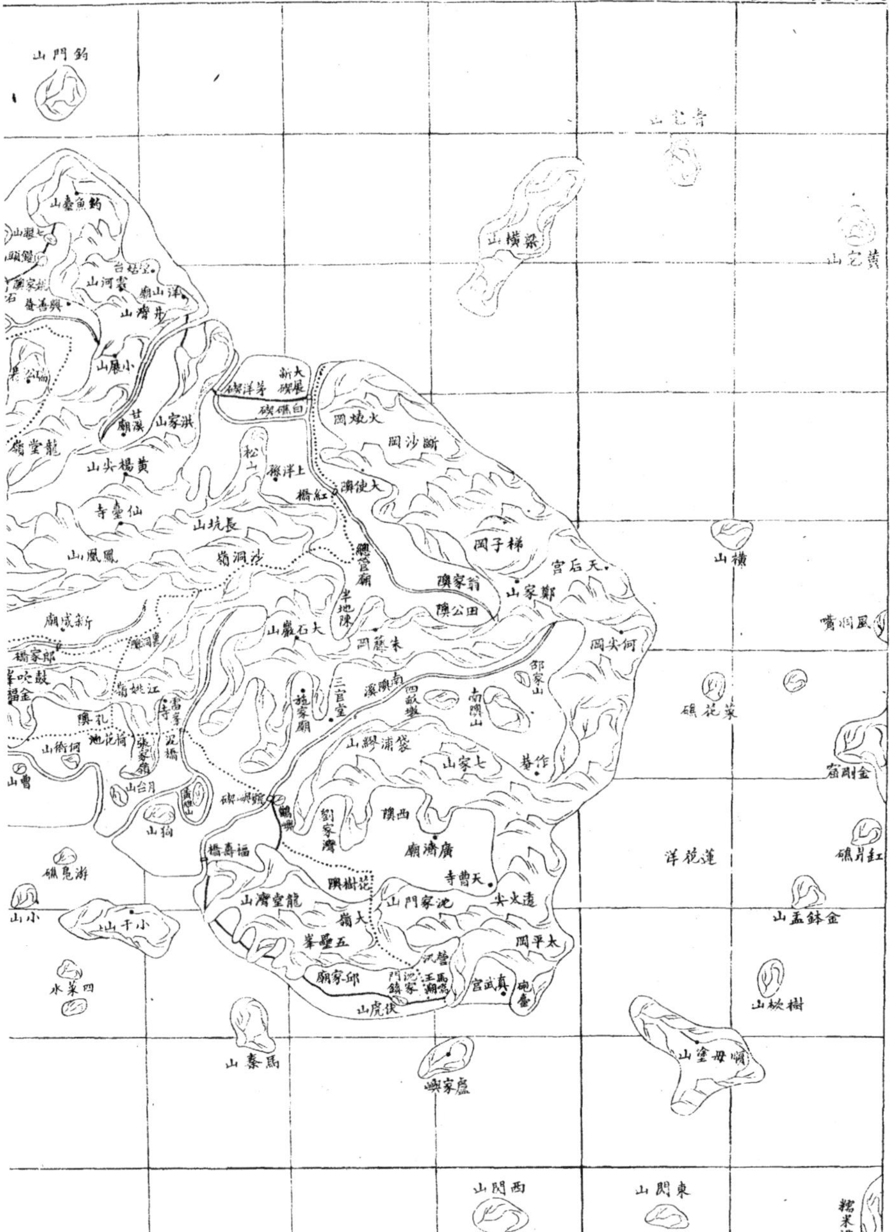

釣門山
梁橫山
釣魚臺山
黃楊尖山
仙臺寺
長坑山
鳳凰山
大使嶴
斷沙岡
梯子岡
天后宮
鄭家山
何尖岡
大巖石山
袋浦嶺山
七家山
廣濟廟
天曹寺
龍堂嶴山
五壘峰
真武宮
伏虎山
橫山
蓮花洋
菜花礁
紅片礁
金鉢盂山
順母塗山
盧家嶼
馬秦山
小干山
小山
游龜礁
四菜水
西閃山
東閃山
雞冠礁

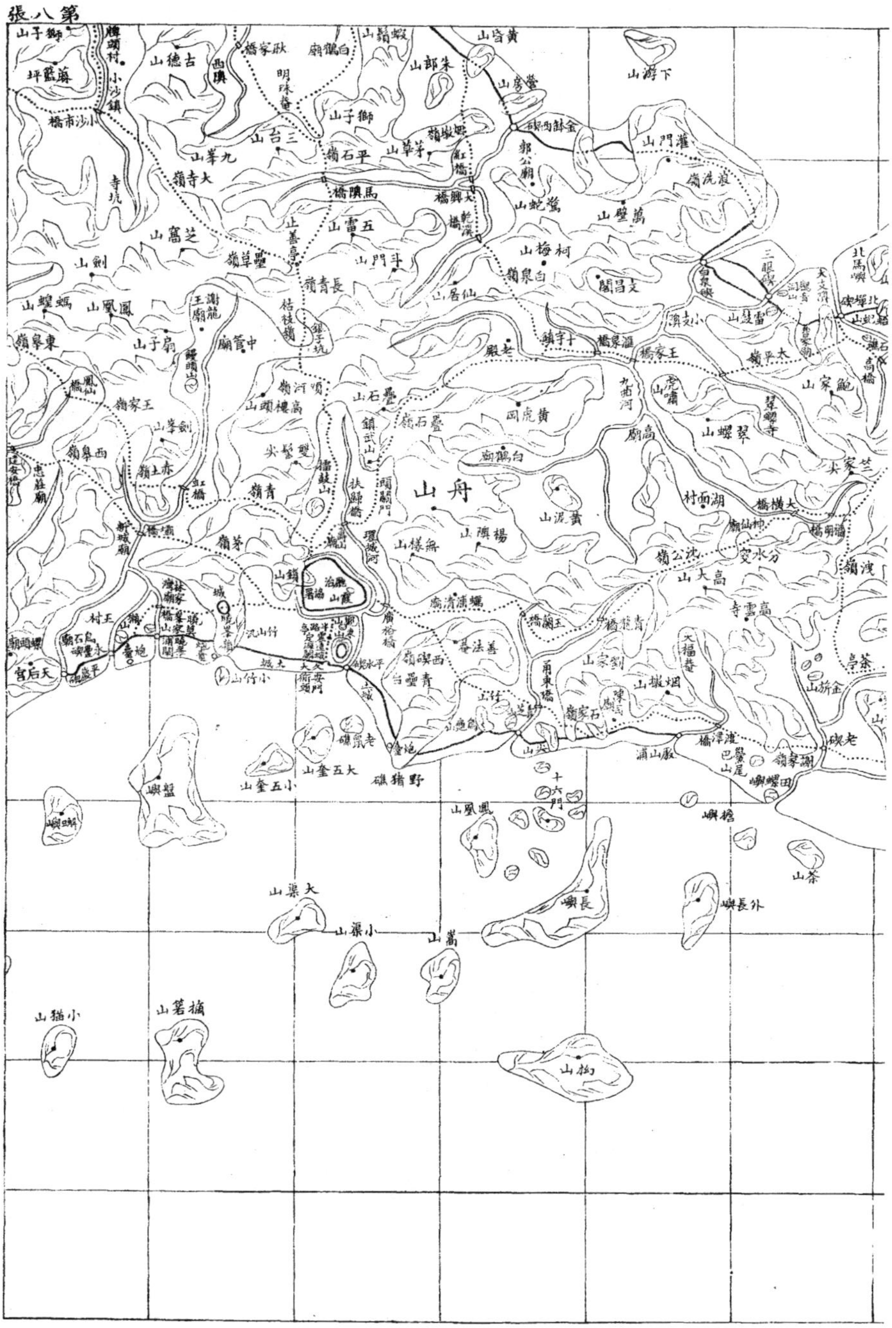
第八張
舟山
大渠山
小渠山
長嶼
外長嶼
茶山
小猫山
摘箬山
盤嶼
野猪礁
大五奎山
小五奎山
鳳凰山
十六門
下游山
黃茅山
道頭

定海廳五里方圖右

中釣山
外釣山
半洋礁
野鴨山
外洋螺山
文公廟
三仙山
南石洞
天童山
黄牛礁
大貓山
小榭山
長坑
田灣
外湖
大榭
七頂山
將軍山

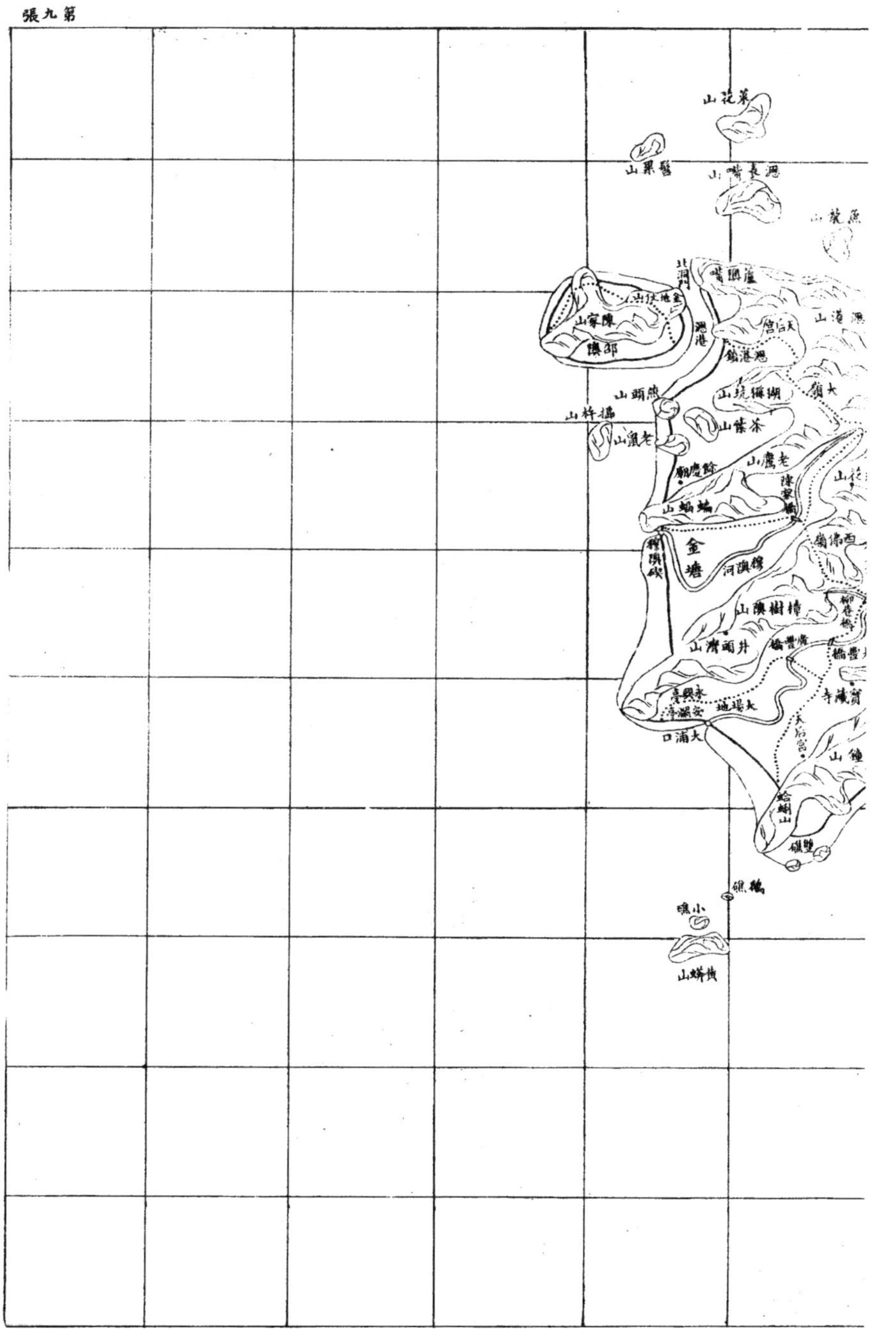
第九張
萬花山
金塘
大浦口
蛤蜊山
老鷹山
大嶺

定海廳五里方圖左下

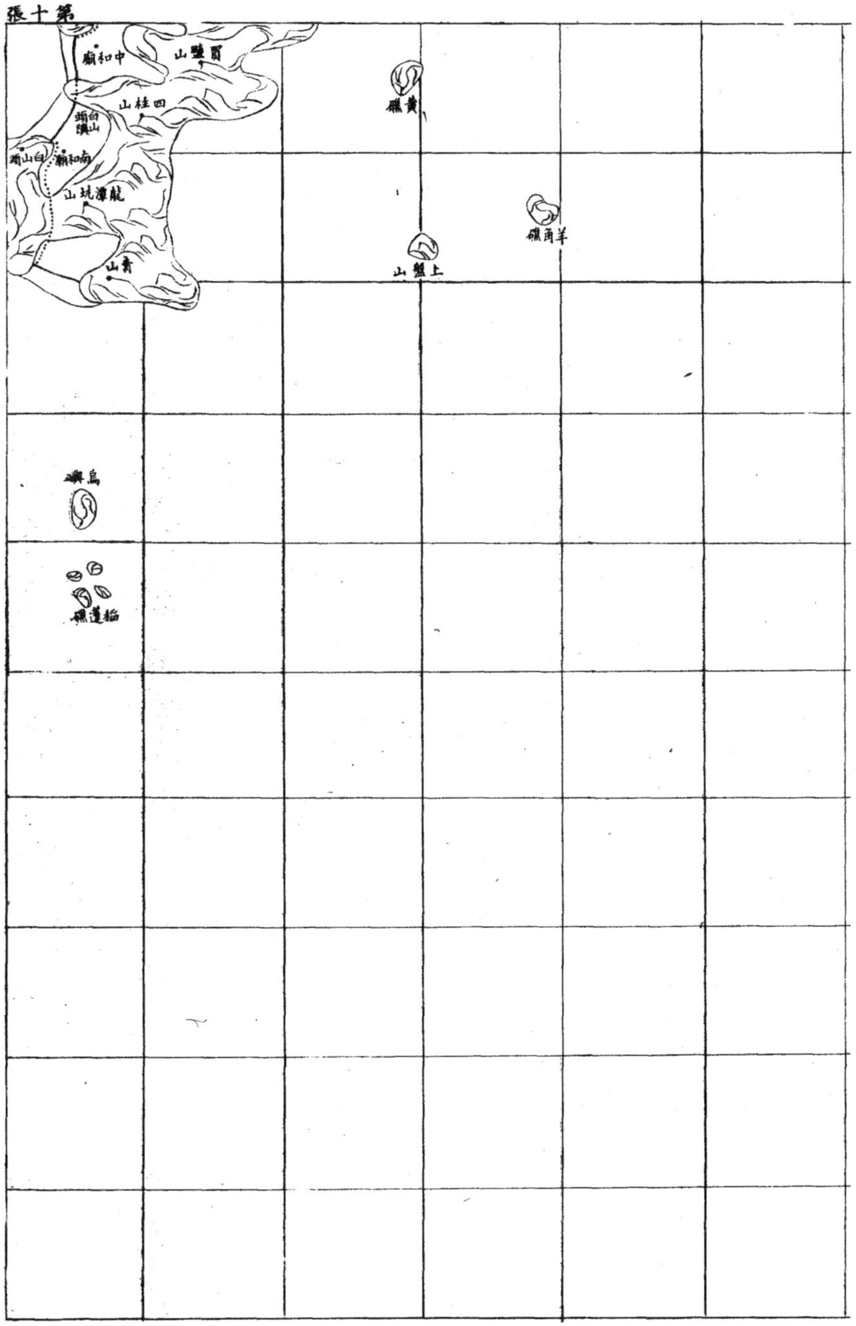
第十張
中和廟
買鹽山
四桂山
白山頭
南和廟
白山頭
龍潭坑山
青山
黃礁
上盤山
羊角礁
烏嶼
稻蓬礁

定海廳五里方圖中下

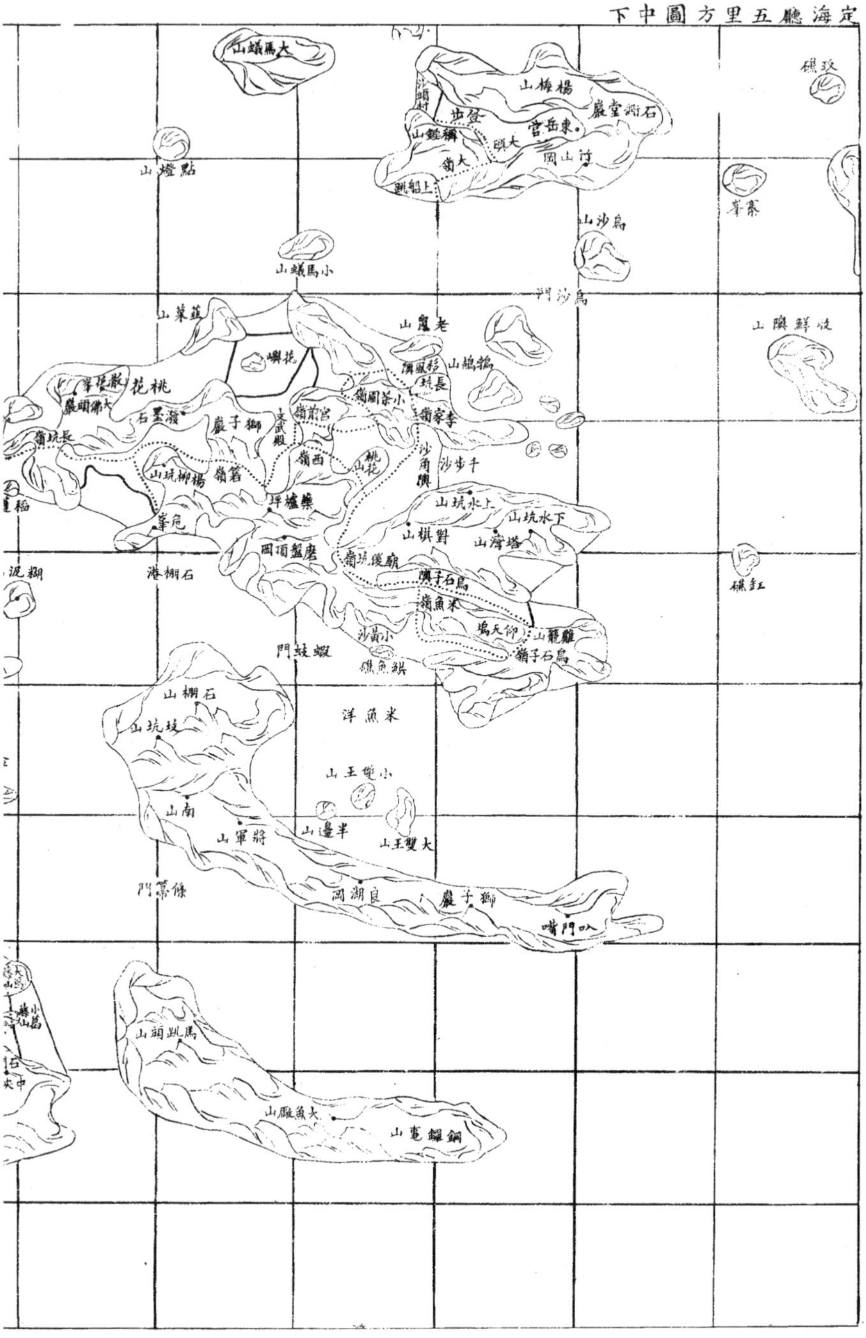
大馬蟻山
楊梅山
東岳宮
登步
點燈山
小馬蟻山
烏沙山
烏沙門
寨峯
老鼠山
桃花
花嶼
獅子巖
千步沙
上水坑山
下水坑山
對棋山
磨盤頂岡
石棚港
蝦蛄門
米魚洋
石棚山
南山
將軍山
半邊山
大雙王山
條帚門
良湖岡
紅礁
銅鑼竈山

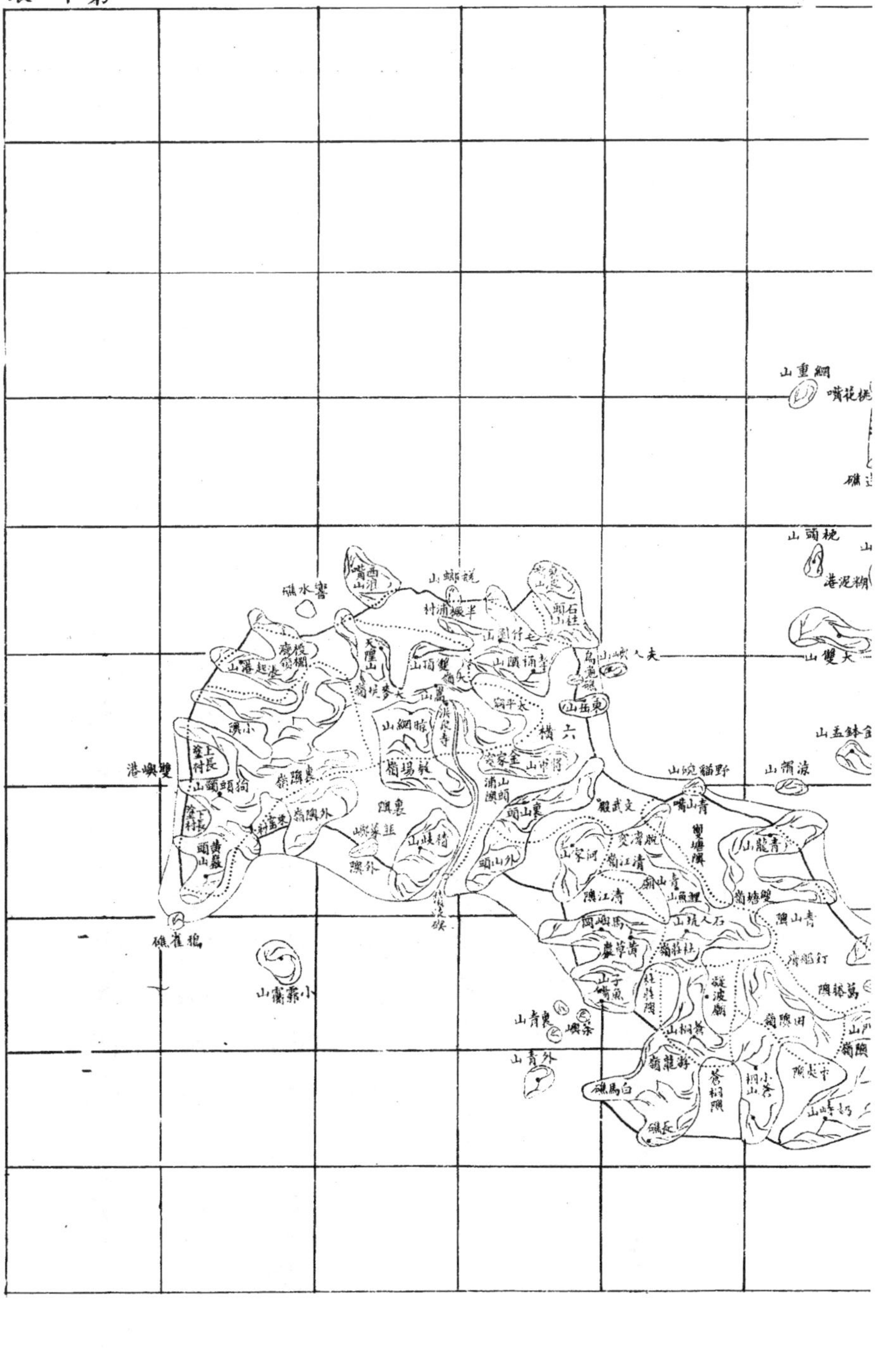

定海廳沿革

禹貢揚州之域春秋越甬東地戰國屬楚秦會稽郡句章縣地唐鄮縣地開元二十六年置翁山縣屬明州大歷六年為海寇袁晁竊據遂廢翁山不治宋熙甯六年以故翁山地置昌國縣仍屬明州紹興五年屬慶元府元至元十四年升昌國州仍置昌國縣以隸之後廢縣以州屬慶元路至正二十七年屬明州府明洪武二年降為縣二十年省縣入定海

國朝康熙二十六年改置定海縣於舟山屬甯波府道光二十一年升為定海廳

甯波府定海廳

水路道里記

環城河

經流

疊石山　環城河自此發源南流至扶歸橋五里二分

廣裕橋　自扶歸橋南少東流至此三里八分

城東南隅　自廣裕橋西少南流至此一里一分有鎖山北麓之水繞城過北門外東門外自北來注之有鎖山南麓之水繞城過西門外南門外自西來注之

平水碶　自城東南隅南少西流至此二里五分入海

九曲河

經流

龍堂嶺　九曲河自此發源西南流至福明橋一里九分

大橫橋　自福明橋西南流折而西北至此一里八分

高廟北　自大橫橋西北流至此七里三分

王家橋　自高廟北首北少西流至此二里三分有十字鎮水自西來注之

小支隩北　自王家橋東北曲折流至此三里一分分一支東北流過三眼碶入海

白泉碶　自小支隩北首北少東流至此一里六分入海

南隩溪

經流

鄭家山　南隩溪自此發源西南流至南隩山北四里

三官堂　自南隩山北首西少南流至此六里三分

鸛嶼碶　自三官堂西南流至此四里五分

福壽橋　自鸛嶼碶西南流折而南至此四里七分入海

天童浦

經流

螞蝗山　天童浦自此發源西少南流折而南至龍集橋四里四分

木碶橋　自龍集橋西南曲折流至此五里一分

天童碶　自木碶橋西南流至此三里一分

大灣村南：自天童碶西南流至此三里八分入海

附記東門外海程

朱家尖大洞嶴 自沈家門鎮航海東少南行至此二十一里

普陀短姑衜頭 自沈家門鎮航海東行折而東北過蓮花洋至此二十里

長塗港南 自沈家門鎮航海東行折而東北過普陀山前蓮花洋又北行過黃大洋又西北行至此八十一里

衜山大衜頭 自長塗港南口東北行穿港出北口又北少西行至此四十二里

附記南門外海程

金塘小嶴 自久安門外大衜頭航海西少南行過外洋螺山南首又西北行過半洋礁北首至此三十九里

大榭海尾跳 自久安門外大衜頭航海南少西行過摘箬山北首又西南行至此三十二里

六橫青山嘴 自久安門外大衜頭南少東行至此五十六里

桃花桃花嘴 自久安門外大衜頭南少東行至此四十六里

附記北門外海程

蘭秀南浦嶼　自三江衙頭航海東北行至此八里

岱山南浦　自三江衙頭航海北行至此三十三里

陸路道里記

東門

幹路

無樣山南麓　自東門外東南行至此二里二分

玉蘭橋　自無樣山南麓東行過蠣浦清廟又東北行折而東南至此四里五分

青龍橋　自玉蘭橋東南行折而東北至此三里七分

沈公嶺　自青龍橋東北行至此四里

神仙廟　自沈公嶺東少北行至此四里

洩嶺脚　自神仙廟曲曲東行至此四里一分

茶亭　自洩嶺脚南行過嶺至此八里六分

郎家橋　自茶亭東行至此三里三分

裏洞隩　自郎家橋東行至此三里四分

江姚嶺　自裏洞隩南少西行至此二里

荷花池　自江姚嶺南行至此一里七分

泥橋　自荷花池東行至此二里九分

鸛嶼礇　自泥橋東南行至此五里

花樹隩　自鸛嶼礇東南行至此四里九分

沈家門鎮　自花樹隩南行過大嶺又東南行至此七里二分抵海濱

枝路

甬東橋　自無樣山南麓東南行過西礇嶺至此五里三分

渡津橋　自甬東橋東南曲折行過石家嶺又東行至此六里七分

老礇　自渡津橋東少南行至此四里一分又東行五里八分過金福山腳至荷花池入

幹路

枝路

高橋　自洩嶺腳東北行過龍堂嶺又東北行折而西至此九里九分

石礁西　自高橋西北行至此一里八分

三眼碶　自石礁西首西北曲折行至此四里一分

浪洗嶺　自三眼碶西北行過白泉碶又東北行至此五里一分

金鉢西碶　自浪洗嶺西北行至此九里八分又西北行三里一分過營房山至黃昏山

脚入北門外向東北幹路

枝路

沙洞嶺　自裏洞隩曲曲東北行至此六里五分

紅橋　自沙洞嶺曲折東行過總管廟又北少西行至此六里六分

大展新碶　自紅橋北行至此五里一分抵海濵

南門

幹路

久安門頭大衢　自南門外南行至此一里一分抵海濵

西門

幹路

鎖山脚 自西門外西行至此一里六分

壩橋 自鎖山脚西北行過茅嶺至此五里三分

建安橋 自壩橋西北行過西皐嶺又西南行折而西北至此六里四分

鮑家山北 自建安橋西北行過竹山突又西行至此五里六分

岑港鎮 自鮑家山北首西北曲折行過小嶺及司前礇至此七里九分

五條突 自岑港鎮曲折北行至此五里二分

赤磡塘 自五條突北少東行折而西北至此八里

烏耶嶺 自赤磡塘北行折而東至此三里四分

歧隩礇 自烏耶嶺曲曲東行至此六里六分又東南行二里六分至大沙礇與北門外向西北幹路合

枝路

曉峯嶺城 自鎖山脚西行至此一里九分

獮山脚 自曉峯嶺城西行過曉峯橋又西南行至此三里七分

平巖礇 自獮山脚西南行至此二里一分抵海濱

北門

幹路（路向西北）

青嶺　自北門外西北行至此二里五分

赤土嶺　自青嶺西行折而北過虹橋又西行至此五里

鳳仙橋　自赤土嶺北行過王家嶺又西少北行至此五里五分

龍集橋　自鳳仙橋西北行至此四里九分

鄭思嶺　自龍集橋西北行至此四里一分

南隩　自鄭思嶺西北行過潘家橋又北行至此六里四分

大沙鎮　自南隩北行至此一里八分

大沙㠄　自大沙鎮北行過南離橋又東北行至此五里一分

小沙㠄（貓嶼渡口）　自大沙㠄東少北行過青隩㠄至此五里二分抵海濱

幹路（路向北）

熕河嶺　自北門外北行至此七里八分

止善亭　自熕河嶺北行至此四里八分

平石嶺　自止善亭北少東行過馬嶴橋又北行至此五里一分

三江衕頭　自平石嶺北少西行折而東北至此九里二分抵海濱

枝路

大寺嶺　自止善亭西北行至此四里五分

小沙鎮市橋　自大寺嶺西北行至此五里六分又北行六里二分至小沙礇入向西北幹路

枝路

耿家橋　自平石嶺西北行至此四里九分又西北行折而西南七里五分至小沙礇入向西北幹路

幹路路向東北

疊石嶺　自北門外北少東行至此七里七分

十字鎮　自疊石嶺東北行至此六里

乾溪橋　自十字鎮西北行至此五里五分

煙墩嶺　自乾溪橋北行至此五里一分

黃昏山腳　自煙墩嶺北行至此三里抵海濱

枝路

王家橋　自十字鎮東行至此三里二分

太平嶺　自王家橋東行至此五里二分又東少北行二里九分至石礁西與東門幹路內自洩嶺腳起之枝路合

附記　普陀陸路在城東五十里海中

玉堂街　自短姑衕頭北少東行至此二里九分

法雨寺　自玉堂街北少東行至此三里二分

慧濟寺　自法雨寺北少西行至此六里七分

附記　桃花陸路在城東南五十五里海中

廟後坑嶺　自仰天塢山腳西少北行過烏石子嶴至此七里二分

西嶺　自廟後坑嶺東北行折而西北至此五里六分

箬嶺　自西嶺西南行折而西北至此三里六分

危峯山腳　自箬嶺西北行折而東南至此六里一分

附記六橫陸路在城南少東五十八里海中

釘船灣　自小葛藤山腳西南行折而西北至此五里五分

杜莊嶼　自釘船灣西少南行至此四里六分

清江嶼　自杜莊嶼北行過杜莊嶺又西北行至此四里五分

文武殿南　自清江嶼北少東行過清江嶺又西北行至此三里一分

積岐碶　自文武殿南首西南行折而西北過裡山頭又西南行至此六里一分

大嶺　自天隍山腳東少南行至此五里三分

金家窔　自大嶺東少南行折而西南至此五里八分

裡嶴嶺　自金家窔西行過教場嶺又西少南行至此七里四分

黃巖頭山腳　自裡嶴嶺西南行至此五里一分

附記大榭陸路在城西南三十里海中

小橋　自華封碶東南行過清心村又南少西行至此五里六分

黃沙關　自小橋西行至此六里

北渡口　自黃沙關西少南行至此四里四分

南渡口　自北渡口南少東行過梅嶺至此五里九分

大西隩　自黃沙關南少東行過宋家嶺至此七里七分

東隩嶺　自大西隩東少北行至此四里八分

海尾跳山腳　自東隩嶺東南行至此四里

附記　金塘陸路在城西四十里海中

廣豐橋　自安瀾亭北行過永興亭又東少北行至此六里五分

柳巷鎮　自廣豐橋東南行折而北少東至此五里八分

陳家橋　自柳巷鎮西北行過西佛嶺至此六里一分

大嶺　自陳家橋東北行折而西北至此五里

瀝港鎮　自大嶺西北曲曲行至此四里二分

小李嶺　自柳巷鎮東北行至此三里一分

小隩　自小李嶺東北行至此二里八分

附記　蘭秀陸路在城北少東三十里海中

高家橋　自霖雨碶東北曲折行至此三里五分

迎鳳橋　自高家橋北少東行折而西至此五里一分
十字岡　自迎鳳橋南少東行至此三里
南浦隩　自十字岡西南行至此六里六分
大蘭山　自南浦隩南行折而西北至此三里一分
附記岱山陸路在城北少東六十里海中
小嶺　自東沙角東南行過鐵板沙村至此四里三分
石橋鎮　自小嶺東行至此二里八分
岑港司署　自石橋鎮東行過虎山北首又東南行至此七里七分
王家橋　自岑港司署南少西行至此五里八分
蓬山書院　自王家橋東南行折而東北至此十里二分
五虎礁腳　自蓬山書院東北行至此三里五分
小隩嶺　自五虎礁腳東少南行折而南至此五里一分
馬家橋　自小隩嶺南少東行折而西至此七里
磨心嶺　自馬家橋西少南行過鳳凰山腳又南少東行至此八里弱

大高亭隩　自磨心嶺東南曲折行至此四里五分

宮前鎮永豐碶　自大高亭隩南少西行至此五里一分

外茶前山腳　自石橋鎮南少西行至此六里九分

新衢頭渡　自石橋鎮北少東行至此四里八分

附記長塗陸路在城東北五十五里海中

大隩　自大隩嶺東首東北行過嶺又東南行至此五里八分

松山東　自大隩東少北行至此六里一分

東鶴山腳　自松山東麓東北行渡長塗港港闊一里五分至此一里五分强

西劍隩　自東鶴山腳東北行折而東南至此六里九分

七家岡　自西劍隩東北行至此二里一分

太平廟前　自七家岡東北行折而東南又折而南至此五里二分

附記衢山陸路在城東北九十二里海中

鶴冠隩　自大衢頭東少南行過高嶺至此四里九分

三眼碶　自鶴冠隩南行過太平山前又西南行至此七里五分